罗贯中研究

羅學

（第六辑）

中国三国演义学会学刊

胡世厚　郑铁生　主编

中州古籍出版社

2018 年·郑州

编辑委员会

名誉主任　王琳玉　王剑峰

主　　任　刘世德

副 主 任　关四平　郑铁生　胡世厚　刑蕴武　范光耀
杜贵晨　王玉国　卫向东　岳兔立　卫绍生
王益庸　曾　良　石　麟　竺　青　李德书

委　　员　(以姓氏笔画为序)
王保玉　王增斌　田同旭　刘永成　张弦生
张见素　孟繁仁　吴晋华　罗二栋　罗朝宇
高希珍　康守勤　啜希忱

主　　编　胡世厚　郑铁生

常务副主编　范光耀

副 主 编　康守勤　啜希忱　刘永成

编辑部主任　高希珍

副 主 任　任小军

编　　辑　张见素　陈晓春　刘亚峰

编辑部地址：山西省清徐县罗贯中研究会

邮箱：qxlgzyjh@163.com　　电话：0351-5726094

2017 年 9 月罗学论坛暨第二十四届中国《三国演义》学术研讨会在清徐召开

2017 年 9 月罗学论坛暨第二十四届中国《三国演义》学术研讨会与会学者合影

罗学论坛暨第二十四届中国《三国演义》学术研讨会、全国市县《三国演义》研究机构第四届研讨会会场剪影

2018 年《三国演义》高端论坛在湖北师大召开

卷首语

2017年9月，山西清徐县召开了“罗学论坛暨第二十四届中国《三国演义》学术研讨会”。这次大会时逢在全国实施中华优秀传统文化传承发展工程之际，给了我们极大地鼓舞，更增添民族文化的自信心。

三十多年来，中国三国演义学会召开了许多次《三国演义》学术研讨会和专题研讨会，其目的就是为了继承中华优秀传统文化，但那时只是一批热衷《三国演义》研究、具有文化自觉的学者的高度热情而团结、组织、带领全国三国演义研究学者进行的学术活动。正是凭着他们对中华文化的热爱、对学术事业的赤诚，薪火相承，老中青三代学者走到了今天。如今党中央给了我们更大的理论底气。2017年1月26日，《人民日报》刊发了中共中央办公厅、国务院办公厅《关于实施中华优秀传统文化传承发展工程的意见》(以下简称《意见》)，《意见》指出：“文化是民族的血脉，是人民的精神家园。文化自信是更基本、更深层、更持久的力量。中华文化独一无二的理念、智慧、气度、神韵，增添了中国人民和中华民族内心深处的自信和自豪。”这是建设社会主义文化强国，增强国家文化软实力，实现中华民族伟大复兴的中国梦的必由之路。党的十八大以来，习总书记多次强调文化自信，并不断突出文化自信的重要地位。2014年10月15日，习近平在文艺工作座谈会上指出，增强文化自觉和文化自信，是坚定道路自信、理论自信、制度自信的题中应有之义。2016年5月17日，习近平在哲学社会科学工作座谈会上指出，我们说要坚定中国特色社会主义道路自信、理论自信、制度自信，说到底是要坚定文化自信。在庆祝中国共产党建党九十五周年大会上的讲话中，习总书记把文化自信与道路自信、理论自信、制度自信并列，并指出文化自信是更基础、更广泛、更深厚的自信。在5000多年文明发展中孕育的中华优秀传统文化，积淀着中华民族最深层的精神追求，代表着中华民族独特的精神标识。所以我们对罗贯中和他的著作的研究，应当提到文化自信的高度去规划、去提升、去开创，才不愧于复兴中华的伟大的时代，才不愧于我们伟大的祖国,不愧于中华民族的优秀传统文化。

《意见》指出“深入阐发文化精髓”,要“着力构建有中国底蕴、中国特色的思想体系、学术体系和话语体系”。从血雨腥风、金戈铁马的三国时代到史传典籍《三国志》《汉书》《后汉书》的播扬,从遍及勾栏瓦肆的三国话本、说唱、绘画、戏曲到长篇小说《三国演义》问世,从乡间僻壤话说三国到现代影视《三国演义》风靡世界,三国文化传承了1800多年,雄辩地证明在我国传统文化史上没有任何一个断代史,像三国文化这样有丰富的内涵、有深厚的传播力、有长久的生命力,这是一笔宝贵的精神财富,值得我们去深入挖掘研究,从建设中国特色社会主义事业的实践需要,去阐发其当代的价值。我们所进行的这一切,放在大范畴之内都属于三国文化。所以2017年清徐会议重要的收获,就是明确和界定了中华传统文化与三国文化关系,以及在三国文化这个范畴之内所包含的内容。

三国文化包含什么内容呢?

一、《三国演义》学术体系

这是三国文化的核心部分,是基础内容。虽然我们以《三国演义》学术体系称之,其实范畴很大,首先是《三国演义》的成书、版本、文本和传播的研究;其次是罗贯中生平、思想和创作的作家研究;再次是罗贯中其他小说、戏剧的版本和文本的研究。而外还有为小说“按鉴演义”提供素材的三国史书、笔记等,以及《三国演义》研究史、传播史。之所以用《三国演义》学术体系命名,是因为《三国演义》是罗贯中的代表作,是中国历史演义的开山之作,也是这一学术体系研究的核心。没有了《三国演义》,也就没有了这一学术体系研究的价值、灵魂和自信。

二、三国物质文化

三国物质文化主要指三国历史文化的文物、遗址、遗迹等。如镇江的铁瓮城、许昌的“三绝碑”、成都的武侯祠、勉县的武侯墓、襄樊的古隆中、富阳孙权故里等。三国文化遗迹、遗址、文物数量多、影响大,遍及全国各地。此外还有三国文化创生的名胜古迹、故居,如黄州赤壁、许昌的霸陵桥、南阳卧龙岗、运城关帝庙等。这一切包括有三国名人文化、三国军事文化、三国文物文化,据不完全统计,中国三国文化遗产有上百处。

三、三国非物质文化

由《三国演义》学术体系、三国物质文化衍生、推动和创作而产生三国非物质文化。如三国戏、说唱、绘画、雕塑、书法等。以戏曲为例，胡世厚主编的《三国戏曲集成》即将问世，收录了从元至今创作的三国戏548种，其中完整剧本437种。这是十分丰厚的文化遗产，足以显示三国非物质文化的厚重和广博。再如曹操书写的摩崖石刻《衮雪》、岳飞书写的前后《出师表》、上海美术出版社的《三国演义》连环画以及当代的电视连续剧《三国演义》等。三国非物质文化在新时期还有诸多的创生，各地都利用本地三国文化资源，新建文化设施，如镇江的铁瓮城遗址公园、富阳的孙权纪念馆、舒城的周瑜公园、许昌的"三国欢乐城"等。

以上是对三国文化范畴的界定和描述，目的是把中华传统文化与三国文化的关系、三国文化范畴的三大内涵，都提出一个明确的界定。这样，在坚实的理性基础上提升我们自身的文化自觉、文化自信、文化自豪，努力钻研《三国演义》、弘扬三国文化、创新三国文化产业，为实现中华民族伟大复兴的中国梦做出新的更大的贡献。

本期学刊刊登了胡世厚《六年心血铸就〈三国戏曲集成〉》、杜贵晨《〈三国戏曲集成〉的意义》，公布了2018年秋上海复旦大学出版社将推出八部十二册胡世厚主编《三国戏曲集成》，第一次完成和搜集整理了自元代至清代以及近现代的三国戏。这是在中国三国演义学会主持下的一项巨大的三国文化工程，也是我们践行党中央和国家在全国实施中华优秀传统文化传承发展工程的具体体现。它的最终落地，离不开中国三国演义学会老一辈学者的开拓，离不开清徐罗贯中研究会的鼎力支持。清徐罗贯中研究会很注重文化大项目的建设工程，《三国戏曲集成》连同八年前出版的刘世德主编的《罗贯中全集》，这两项三国文化大工程都是在他们的努力下，努力争取清徐县党政领导的支持，千方百计筹措资金，支持中国三国演义学会实现的。我们要感恩伟大祖国的灿烂辉煌的文化遗产，感恩中国三国演义学会，感恩罗贯中故里清徐党政领导和罗贯中研究会。

胡世厚　郑铁生

2018年8月25日

目　录

《三国演义》与中华传统文化

罗学与儒家文化论略 …………………………………… 关四平 (1)

三国文化的传统意蕴及当代价值 ………………… 张　玲　王玉国 (12)

罗贯中文化在清徐的传承和应用 ……………………… 啜希忱 (18)

罗贯中研究

罗贯中小说两大系列与三大思想内核 ………… 王增斌　范光耀 (26)

罗贯中家族来清徐早期历史新发现 ………………… 罗朝宇 (35)

罗贯中流徙江苏行踪考 ………………………………… 浦玉生 (43)

浅议传承发展罗贯中文化 ……………………………… 康守勤 (49)

《三国演义》研究

毛宗岗和《四大奇书第一种》 ……………………………… 陈翔华 (52)

《三国演义》版本研究 ……………………………………… 周文业 (64)

《三国演义》对《后汉书》中三国历史的借鉴和艺术性改造 ………………………………………………… 于耀程 (75)

假如孙登不早死,会被孙权废黜吗? …………………… 朱健文 (82)

长坂坡故事的进化 ………………………………………… 赵春阳 (95)

三国文化研究

"游击博士"的"最好教材" ………………………………… 董志新 (103)

明清文化视域下的《三国演义》序跋透视 ………………… 温庆新 (111)

由烟标看诸葛亮文化的魅力 ……………………………… 张晓刚 (122)

罗氏其他著作研究

刘知远在俗文学中 …………………………………………… 石　麟（135）
《隋唐志传》中的李白 …………………………………………… 蒋　志（151）
罗贯中《残唐五代史演义传》与欧阳修《新五代史》的传承关系
…………………………………………………………………… 刘文传（157）

三国演义戏剧研究

《三国戏曲集成》的学术价值与文化意义 ………………………… 杜贵晨（164）
清代花部三国戏简论 …………………………………………… 卫绍生（167）
《连环计》戏剧三种 ……………………………………… 古　今　宋培宪（175）
论明代三国戏中的诸葛亮形象 ………………………………… 杨　波（187）
“打鼓骂曹”本事·改编·颠覆·补缀述评
……………………………………………………………… 单　怡　单长江（196）

访谈·回忆

六年心血铸就《三国戏曲集成》 ………………………………… 胡世厚（208）
刘世德先生和他的新著 ………………………………………… 楠　冲（212）
诚恒精神不老春 ………………………………………………… 李金坤（215）
清徐会议我结识了王学泰先生 ………………………………… 郑铁生（223）

书评·文博

《三国演义》多层面研究的范本 ……………………… 马　达　张弦生（227）
绵阳市境内三国文化遗存考述 ………………………………… 士　心（234）

信息·补遗

罗学论坛暨第二十四届中国《三国演义》学术研讨会综述
…………………………………………………………………… 苏欣莉（251）
清徐共识 ………………………………………………………… 秘书处（255）
中国三国演义学会“2018《三国演义》高端论坛”会议综述
……………………………………………………………… 学会秘书处（256）

罗学与儒家文化论略

——以《三国演义》与儒家民本思想为中心

关四平

一、引 言

“罗学”与传统文化是一个大课题，也是一个值得认真细致研究的好题目。这个问题可以从各个层面、多个角度去研究。既可以从作家的文化观念、文化理想等层面去研究，也可以立足文本，从罗学所包括的文本内涵去挖掘其与传统文化的关系；既可以从罗学整体作品去概括，也可以从某部作品的某一方面切入去管中窥豹。本文可以作为“罗学与传统文化”系列论文之一，即是以居罗学核心地位的《三国演义》为文本依据，探讨其与传统文化核心地位的儒家思想中的重要组成部分——民本思想的关系。

儒家思想居中国传统文化的核心地位，因此，要研究“罗学与传统文化”这样的大题目，应从罗学与儒家思想的关系入手。罗贯中创作的小说中，明确标明作者为罗贯中且影响巨大者，首推《三国演义》，因此，研究“罗学与传统文化”的题目，也应首先从《三国演义》起笔。儒家思想博大精深，民本思想是其中一个重要的闪光点，从《三国演义》来看儒家民本思想，以小见大，可以看得更具体，更形象，更清楚，所以，就立了这么一个题目，以求抛砖引玉。

《三国演义》产生的时间是在元末明初，也就是说是在理学思想主导社会思潮的时代背景下产生的。所以说，第一，它受儒家思想影响很大，是儒家思想的具体体现；第二，它受理学思想的影响可能更大一些。当然，《三国演义》中还有佛家思想、道家思想等，但儒家思想无疑居于主导地位。

二、《三国演义》的爱民图景及民本思想

罗贯中在《三国演义》中的爱民描写可谓浓墨重彩，淋漓尽致，丰富多彩，粲然可观。这在中国古代小说中是相当突出的，稳居首位。即使置于罗学之中，也

是如此,起码比《水浒传》更为突出。这无疑是作者罗贯中爱民情感与民本思想的形象化外现与尽情宣泄,是罗贯中顺应历史与时代潮流、适应千百万大众的迫切要求而为之代言的结果,具有超时空的思想意义与不朽的文化价值,是中国传统文化的精华之一。以前,学界对此虽有论述,但强调的程度似尚嫌不够,笔者拟在当代社会现实的视域下,来重新思考这一重大问题,觉得尚有进一步挖掘其思想文化价值之必要。

目前,关于《三国演义》的主题有十几种说法,笔者觉得这些主题说都有道理,不能说谁对谁错,但都是只看一个方面,有的只看表面的问题,有的虽然深刻,但也是从一个侧面深入下去,尚缺乏全面性与概括性。有鉴于此,笔者觉得要回归文本,看看文本到底是怎么说的,最好用文本的原话来概括之。文本的原话就是作者在作品里面要寄托的东西,最能充分体现作者的主观命意。笔者认为:桃园三结义誓词中最重要的八个字是“上报国家,下安黎庶”[①],而这八个字就是《三国演义》的主题。也可将其紧缩为四个字:“报国安民”。这本来就是儒家民本思想的内涵。由此可见,我们今天谈的问题,就是《三国演义》的主题,或曰主要思想内涵。而这个内涵就是在今天仍然要进一步弘扬的有当代价值的老百姓最欢迎的主导思想。因此说,我们研究的东西,不是象牙塔里的老古董,不是脱离大众的死学问,而是接地气的有针对性的永不过时的有生命力的活的学问。

罗贯中把他的民本思想主要寄托在蜀汉,而以曹操做对比,用来反衬蜀汉。

(一)开宗明义,确立理想

罗贯中主要把他的爱民理想寄托在刘、关、张身上,借助人物之口,通过桃园结义的誓词传达出来,其中最重要的就是八个字“上报国家,下安黎庶”。黎庶就是老百姓,而当时的形势是天下大乱、急需救危扶困之时,所以,笔者认为这就是《三国演义》的主题。这写在第一回,为的是开宗明义,而这个主题思想又贯穿全书,这叫首尾贯穿,一以贯之。孔子不是讲“吾道一以贯之”嘛?罗贯中这个思想也是一以贯之,所以笔者觉得把它作为全书的主题比较合适。

若以此主题为中心探讨其与其他主题说法的关系,亦可见其核心地位。如“忠义”主题,为什么要讲忠义?忠义如果不落实到“为民”上,这个忠义还有什么意义?再如“人才”主题,刘备的确是要人才,但他要人才干什么?当时人才的典型代表是诸葛亮,他为什么要“三顾茅庐”请诸葛亮出山?最终不还是为了实现其理想吗!他的理想是什么?就是誓词中的“上报国家,下安黎庶”啊!可见,在作者笔下,刘备并非仅仅是为了自己当皇帝,而是为了国家,为了苍生。这样写来,刘备和诸葛亮这样的人才才有意义。如果是为了自己升官发财,那还值得一写吗?

(二)爱民诚心,打动诸葛

这一点和第一点是相呼应的,这可从三个方面来看。

第一，"三顾茅庐"行为后面所包含的思想内涵尤为重要。刘备二顾时未遇诸葛亮，刘备就给诸葛亮留了一封信，其中"虽有匡济之诚，实乏经纶之策"一句的"匡济"二字最重要，"匡"是匡世，就是上报国家，"济"是济民，就是下安黎庶。可见此信与前面的誓词是相呼应的，是一以贯之的。如果他跟诸葛亮说，我请你出山是帮我当皇帝，你帮我，你也升官发财，那刘备、诸葛亮就都不高大了，罗贯中和《三国演义》自然也就不伟大了。

第二，诸葛亮回来看到了此信，三顾时他所言："昨观书意，足见将军忧民忧国之心。"显然又是和"匡济"二字相呼应的。这里要强调一点："忧民忧国"，是把民放到国的前边了，用以突出其"爱民"思想是第一位的。

第三，刘备为何而哭？诸葛亮表示拒绝出山时，作者写道："玄德泣曰：'先生不出，如苍生何？'"可见，刘备"三请诸葛"是为老百姓着想，这话说得多简洁，多好啊！说明他真是爱民啊！"男儿有泪不轻弹，只缘未到伤心处"，刘备是为百姓伤心，他这个眼泪是为老百姓流的。前面写的是"泣"，"有泪无声谓之泣"，后面哭得就更厉害了，"泪沾袍袖，衣襟尽湿"，这得淌多少眼泪啊！刘备这么一哭，诸葛亮真的被他彻底打动了，表示同意出山辅佐他，共同去实现他们为民为国的理想。

（三）新野丰足，初见成效

刘备到了刘表那里，刘表也不大信任他，仅仅给他一个新野县令。那他当这个七品芝麻官的效果如何呢？徐庶来见刘备时说的老百姓唱的民谣"新野牧，刘皇叔，自到此，民丰足"，足以证明他是小试牛刀，初见成效，百姓口碑，最为有力。这就为他到蜀国的大见成效埋下伏笔。

《三国志平话》里有过这样的描写："正行之次，见里堠整齐，桥道平正，人烟稠密，牛马繁盛，荒地全无，田禾多有。"这是在曹操眼里看到的，也就更有意味，因为曹操是刘备的对立面，他的所见肯定是真的。罗贯中笔下的刘备新野政绩，也吸收了《三国志平话》的内容，同时也是汲取了人民大众渴望爱民好皇帝的理想。

（四）百姓拥戴，望其安民

刘备在徐州时，老百姓希望他来主政，也主要源于他的爱民。因此，陶谦要把徐州太守之位让给刘备，可刘备一再推辞，三让徐州。百姓闻之的反应是："徐州百姓拥挤府前，哭拜曰：'刘使君若不领此郡，我等皆不能安生矣！'"刘备"权领徐州事"后，他做的第一件事就是"安民"："一面亲自出城，召谕流散人民复业。"人民因为战争而流离失所，刘备把他们召回来，让百姓安居乐业。

（五）爱民高峰，携民渡江

刘备"携民渡江"体现了他什么思想呢？笔者认为是"愿为民死"。换句话说，就是百姓的利益高于一切，甚至比自己的生命还重要。天下真有这样的皇帝吗？要是谁能做到这样，那真会令老百姓感动不已。作者分以下几个角度浓墨重彩

状写之:

一是不忍抛弃百姓。曹操大军将至,众将皆曰:“不如暂弃百姓,先行为上。玄德泣曰:‘举大事者必以人为本。今人归我,奈何弃之?’百姓闻玄德此言,莫不伤感。”

二是集中描写渡江场景。刘备欲撤走时,荆州的百姓皆曰:“我等虽死,亦愿随使君!”众百姓渡河时,有的中箭,有的痛哭,“玄德于船上望见,大恸曰:‘为吾一人而使百姓遭此大难,吾何生哉!’欲投江而死。左右急救止。闻者莫不痛哭。”

三是祈祷刘表魂灵保佑百姓。刘备路过刘表墓时祭奠曰:“罪在备一身,与百姓无干,望兄英灵,垂救荆襄之民!”至此危急之时,他想的仍然不是自己,而是百姓。

当然,这个情节也招来人们对刘备的批评,将其作为刘备虚伪的一个主要论据。鲁迅先生对此也有批评。这里有必要说明以下几点:

第一,这个材料有史料根据,不是罗贯中杜撰的。陈寿在《三国志》中写道:“先主曰:‘夫计大事必以人为本’,今人归吾,何忍弃之?”[②]把史传和《三国演义》对比,一个是“何忍弃之”,一个是“奈何弃之”,哪个感情更深?哪个更体现刘备内心的善良?我倒觉得史传的这个“何忍弃之”比“奈何弃之”还要好。

第二,对鲁迅的评价应辩证地看。鲁迅所说“欲显刘备长厚而似伪”,[③]是包括两方面内涵的辩证统一。“欲显刘备长厚”,是说作者主观命意,罗贯中就想把刘备写得这么好;“而似伪”则是客观效果。这种主观命意与客观效果的矛盾,是罗贯中创作时所始料不及的。退一步说,鲁迅说的是“似伪”,而未肯定其“是伪”。

三国学界一般认为“拥刘反曹”思想是《三国演义》中的,《三国志》是褒扬曹魏的,论据之一乃纪年是以曹魏为正统的。笔者认为纪年只是一个形式,《三国演义》所写的刘备这些好的方面,在《三国志》都能找到根据;写曹操的那些坏的方面——害民、杀人,大多在《三国志》和裴松之的注中都是有根据的。所以,笔者得出结论,历史上的刘备就比曹操好得多。[④]用老百姓的评价来说,刘备就是个好人,曹操就是坏人。所以,罗贯中是严格的现实主义者,有史家的求实精神,在历史上本来就比较好的刘备形象中,投入他的理想——历史上好皇帝应该具备的爱民品质。这才形成其箭垛式的好皇帝典型。

(六)曲终奏雅,实现理想

刘璋虽然懦弱,但刘璋还是爱民的,表现之一就是:当刘备要打到成都时,刘璋身边的人建议他坚壁清野,但刘璋为了老百姓的利益交出了政权,这也不失为爱民之举,也有其可爱、可敬之处,应给予肯定,虽然有人可能认为其愚蠢。即使这样,百姓还是择明君而迎之:“玄德入成都,百姓香花灯烛迎门而接。”刘

备开仓赈济百姓，居民大悦。这就首尾呼应，卷首开宗明义确立的“报国安民”理想在《三国演义》这个艺术世界中得以实现。蜀国就是孔子提出的那个安居乐业的理想国，当年刘备的“上报国家，下安黎庶”的理想就在诸葛亮治理下的蜀国实现了：“两川之民，忻乐太平，夜不闭户，路不拾遗。老幼鼓腹讴歌。”“米满仓廒，财盈府库。”老幼是弱势群体，鼓腹是物质生活获得极大满足；“讴歌”是精神生活的满足。在诸葛亮治下，二者都得到了极大满足。这就是罗贯中的中国梦，罗贯中爱民思想的理想国。

三、《三国演义》民本思想视域下的操、卓害民暴行

罗贯中在《三国演义》中，以其民本思想为标准，揭露出曹操和董卓的一系列害民行径。这是用操、卓的害民暴行与刘备的爱民善行做对比、衬托。

描写曹操害民最主要的是第十回的徐州屠城。从曹操的号令就可看出和刘备的语言是截然相反的：“尽杀徐州所辖之民并四下郡县百姓……草木不留，吾之愿也。”这是多么残暴的语言啊！虽然事出有因，当时陶谦的部下把他父亲一家老小都给杀了，但是这与百姓何干？听其言，观其行，再看曹操的行动：他率领三军，穿着孝服，“操大军所到之处，杀戮人民，发掘坟墓”。一个统治者有这么一次害民行径，就会被永远钉在历史的耻辱柱上了。

曹操之所以这样，有他人生哲学的指导：“宁可我负天下人，休教天下人负我。”在第四回后面有两句诗：“设心狠毒非良士，操卓原来一路人。”这说明诗人是把曹操和董卓放在一类了：他们的共性特征之一都是害民的统治者。当然，曹操还是比董卓要好，起码比他明智，起码不胡来。这里可通过一段董卓害民的暴行来加以比较：“时当二月，村民社赛，男女皆集。董卓命军士围住，尽皆杀之，掠妇女财物，装载车上，悬头千余颗于车下，连轸还都，扬言杀贼大胜而回。”这样的豺狼行径必然让老百姓对其恨之入骨。董卓被杀后，“百姓过者，手掷董卓之头，至于碎烂”等泄愤描写，就是有力的证明。

实际上，作者罗贯中是把历代统治者暴虐害民的丑行集中到曹操和董卓身上，塑造出这两个暴君典型。历代人民大众的拥刘反曹就根源于此。从溯源来说，这应该追溯到秦始皇。郭沫若 1947 年写的《十批判书》批判得十分到位：他说韩非所需要的人只有三种：“一种是牛马，一种是豺狼，一种是猎犬。牛马以耕稼，豺狼以战阵，猎犬以告奸，如此而已。愚民政策是绝对必要的。”[⑤]韩非这个理论完全是被秦始皇用在实践当中了：“秦始皇和秦二世都是韩非子的高足弟子。”[⑥]在秦始皇的统治理论当中，老百姓就是奴隶，秦始皇“是极端专制，不让人民有说话的余地的。就连学者们‘偶语诗书’都要‘弃市’，‘以古非今者’要夷三族。他的钳民之口，比他的前辈周厉王还不知道要厉害多少倍。”[⑦]

这里我们再看司马迁笔下秦始皇是个什么形象:“蜂准、长目、挚鸟膺,豺声,少恩而虎狼心。”[8]“以刑杀为威。”“始皇为人,天性刚戾自用,起诸侯,并天下,意得欲从,以为自古莫及己。”[9]这就把他屠杀百姓与其虎狼本性联系起来了,因而具有了人性深度。

四、罗贯中的民本思想

王圻在《稗史汇编》里说罗贯中是“有志图王者”。[10]游国恩先生主编的《中国文学史》上评价罗贯中是“一个有抱负、有理想并有一定的军事、政治斗争经验的人物”[11]。这可和王圻的说法互证。罗贯中当时想要图王,说明他的理想很高,他的理想也和他的民本思想有关。如果罗贯中实现了有志图王的理想,他就要把他的民本思想付诸实施,他就要像刘备那样爱民。也因此,他将其理想寄寓于《三国演义》当中。诸葛亮也是他理想的寄托者,诸葛亮很重要一个特点,也是爱民。罗贯中的民本思想可从两个方面观照。

(一)天下乃天下人之天下

在嘉靖本中,罗贯中六次借助笔下人物形象之口反复强调这个思想:“天下者非一人之天下,乃天下人之天下也。”这个思想是针对“家天下”思想的。因为按照“家天下”的思维,这天下是皇帝的。这是陈腐落后的封建专制思想。而罗贯中借此古语要表达的是:这个天下不是一个人的天下,乃是天下人之天下。“天下人”是谁呀?主要就是老百姓嘛!显然这是与罗贯中的民本思想合拍的。这就否定了家天下观,是比较进步、先进的思想观念。这个思想与孟子的“民贵君轻”思想也有着一致性。

但到了毛宗岗却把这六处话全部删除了,这说明到了康熙时代,随着清朝封建专制的强化,这个思想就犯忌讳了。这就从另一个方面证明了其先进性。

这个原文的出处最早来自《吕氏春秋·贵公篇》,原文为:“天下非一人之天下,天下之天下也。”《吕氏春秋》是吕不韦门客编的。有人说吕不韦是想用这个思想为秦始皇当皇帝做舆论准备,这也不无道理。

(二)民为邦本,本固邦宁

民为邦本就是民本嘛,是从儒家思想来的,邦是国家,本是根本,说人民是国家的根本,根本牢固了,国家才能安宁。《三国演义》当中,罗贯中借助书中人的口,多次出现这句话。从以上几方面就足以管窥罗贯中的民本思想是贯穿全书,是根深蒂固的。

五、儒家的民本思想

(一)孔子的民本思想

孔子的民本思想可概括成安民思想。当子路请教孔子：什么样的人是君子，君子应该做什么时，孔子回答了三个递进式的答案：孔子先是说："修己以敬。"然后，子路问："如斯而已乎？"孔子回答说："修己以安人。"然后，子路还不满足，还是问："如斯而已乎？"子曰："修己以安百姓。修己以安百姓，尧舜其尤病诸。"这个"安"，杨伯峻先生解释为："使所有老百姓安乐。"[12]李泽厚就解释成"使老百姓安乐"(《〈论语〉今读》)，没加"所有"二字。但对"安"这个字，他们都解释成安乐，看法是一致的。笔者觉得若要说得更明确一点，即安居乐业。这是老百姓最关心的生活条件。所以，孔子说对君子的最高要求就是"修己以安百姓"。就是修养自己使老百姓安居乐业。尧舜也没完全做到这点，那就需要后人更加努力地去实现这个目标。这是孔子最著名的民本思想的表述。

孔子在《论语·季氏》中讲："远人不服，则修文德以来之。"[13]"修文德"，即修养文德教化。这也是孔子民本思想的表述和体现。然后，"既来之，则安之"。这个"安之"即"安民"，使民安居乐业。

(二)孟子的民本思想

孟子的民本思想主要可概括为惠民思想，也就是"民贵君轻"思想，即："民为贵，君为轻，社稷次之。"[14]孟子是继承了孔子"修己以安百姓"的思想，从地位上来强调老百姓是国家的根本，最贵重，最重要。

"君为轻"这个思想非常了不起，非常先进，所以说中国的儒家思想确实是很伟大的。在一般人看来，最重要的是皇帝，因为君权神授，那还了得吗！但是，孟子却认为君为轻。

"社稷次之"这个观点尤其值得欣赏，为什么呢？我们老是在讲"为国为民"，总是把国放在民的前边。其实孟子是把民放在国的前边。首先是老百姓生活好了，然后国家自然就强大了。民富自然国强。可见，孟子思想现在看来也是很伟大的。

(三)荀子的民本思想

荀子是先秦儒家思想的集大成者。其民本思想可概括为"民水君舟"说。荀子在《王制》篇中写道："传曰：'君者，舟也；庶人者，水也。水则载舟，水亦覆舟。"这是个辩证的观点。这个比喻形象而又生动，深刻而有说服力，把君和民的关系说得无比透彻。唐太宗、魏征也说过这样的话。可见其对后世影响之大。但在《王制》里，荀子明确说明这是他引述的"传曰"而非其原创，这表明此思想在当时学界乃至社会上，已经很有影响了，实际上仍然是儒家的思想。

（四）《国语》中的民本思想

《国语》中民本思想的最精华名言即是："防民之口，甚于防川。川壅而溃，伤人必多，民以如之。"[15]邵公拿治河来做比喻，先讲封堵民口的害处，再从正面说明应该怎么去做："是故为川者决之使导，为民者宣之使言。"这个思想非常了不起，把怎么治理社会说得非常透彻。邵公认为应该鼓励老百姓大胆表达意见，就是特别重视人民大众的看法，这就是以民为本。这种思想至今仍然有重要的现实意义。

六、《三国演义》和《水浒传》民本思想比较

这里笔者拟通过两部小说的比较来说明《三国演义》中刘备的民本思想确实是在古代小说当中写得最好的，《水浒传》也不如。《水浒传》的宋江也打着爱民的旗号，他叫"替天行道，扶国安民"，实际上作者也是写了他很多爱民的表现，如打下来城池后，给老百姓分点粮食，等等；但他也有害民的表现。

这里仅举两例：一个是攻打大名府。战前的大名府是与民同乐，老百姓一片安宁幸福，千家万户像现在的灯展一样，各种灯百花齐放，非常繁荣、和谐。但是，等到梁山的队伍攻进去之后，北京城马上变成了人间地狱："百姓黎民，一个个鼠窜狼奔，一家家神嚎鬼哭，四下里十数处火光亘天，四方不辨。"因为梁山人进来以后第一件事情就是放火。俗语说得很明白："欲做官，杀人放火受招安。"这里涉及对农民起义的评价问题，事实是，所谓农民起义，不光杀当官的，老百姓也杀呀。《水浒传》对宋江是肯定的态度尚且如此呢，其他可想而知矣。接着，狱吏蔡福马上去找吴用，说这不行啊，老百姓都给杀没了。之后又找柴进，柴进又找吴用，说"休教杀害良民"，但这时"城中将及伤损一半。但见：烟迷城市，火燎楼台。千门万户受灾危，三室六街遭罹难……可惜千年歌舞地，翻成一片战争场"。这就是农民起义给老百姓带来的结果，老百姓是得福了，还是遭殃了？而这是谁下的令啊？梁山为什么打大名府啊？其实就一个理由，宋江要报仇，要给卢俊义报仇。报仇也行，打下城池后，谁害卢俊义你就找谁吗，冤有头债有主，你放火干什么？你杀无辜的老百姓干什么？

还有第三十四回，宋江为了让秦明上山，就断他的后路，结果你看造成什么样的情景："原来就有数百人家，却都被火烧作白地，一片瓦砾场上横七竖八，杀死的男人妇女不计其数。"这是谁杀的？梁山好汉杀的呀！秦明气得说："你坏了百姓人家，杀害良民。"你为了一个秦明上山就杀害老百姓？就杀那么多无辜者？刘备干过这事儿吗？在《三国演义》中一次都没有。

从研究文学的层面说，应该是道德评价第一，历史评价第二；在历史学范畴中可能是历史评价第一，道德评价第二。在道德评价上秦始皇害民、残忍、血腥、

暴虐，我们就要否定他；刘备仁慈、善良、对老百姓好，那我们就肯定他，这是我们搞文学的首先要看到的。

当然，从历史评价上来说，比如秦始皇，我们说他也有功绩，什么统一天下呀，统一度量衡，统一文字啊，等等，这也不应否定。如果从历史评价角度来说，焚书坑儒是为了巩固政权，但是道德评价上焚书坑儒是要否定的。

七、民本思想的当代文化观照

从文化发展史的层面观照，民本思想无疑是中国传统文化无比丰厚内涵的精华之一，在当代仍然有其巨大的文化价值和思想意义。因为无论到什么时代，国家是由民构成的，“民为邦本”这个命题永远都是真理，永远不会过时。

当然，若立足于当代文化层面观照，民本思想毕竟产生于君主极权社会体制之下，因此，难免有其局限性，必须将其延伸发展到民主思想，才能与时俱进，适应当代社会发展的需要。也正为此，在社会主义核心价值观的十二个关键词中，有“民主”而无“民本”。那么，二者究竟有何区别呢？这个比较也是必要的，很有意义的。二者的相同点是都把民众的利益放在第一位，都是提倡和践行爱民，人民的利益高于一切。二者的最大区别在于：“民本”是“以民为本”的简略语，其主语是君，是君以民为本。君若是贤君，就可能以民为本（树根）；若是碰上暴君、昏君，则会以民为末（树梢）。即使是明君，也可能有头脑发热、利令智昏、一意孤行、为所欲为的时候，那时就很难保证其“以民为本”，就可能会自觉不自觉的“以民为末”了。可见，主动权完全在君的手里，而民则只能被动地接受君来决定其社会地位和命运。相比之下，民主的主语是民，意为：民来做主。主动权在民的手里，由民来决定何人来做国家的最高掌权者，掌权者是为民服务。若是掌权者对民不好，不爱民，惹民不满意，民就可以罢免掌权者，换爱民的掌权者来执政。显然，后者比前者先进，人民的利益有比较把握的保障。在此，还是以《三国演义》为例来说明民本思想的局限性。尽管在作者笔下刘备爱民的程度是自古及今最高的，达到了有时甚至愿意为民去死的程度（如携民渡江），但是，他当上了皇帝以后就有了某些变化。刘备为了给关羽报仇，不听诸葛亮、赵云和秦宓的苦劝，不顾百姓的利益，不惜劳民伤财，悍然发动了猇亭战役，结果被陆逊火烧连营，大败亏输，使国家和百姓的利益遭受重大损失。这时他就不以民为本了，而且又没有任何人、任何办法来制约、阻止他的错误决策，所以造成的后果是相当可怕的。由此看来，光是有民本思想还是不够的，还必须有民主思想对权力加以必要的制约，这样百姓的利益才能有保障，国家的命运才能避免因为个人的失误而遭受重大挫折。

八、结 语

《三国演义》的文化价值和文学价值相当丰厚,涉及的领域相当广阔。从涉及的领域说,包括政治学、军事学、历史学、民族学、天文学、地理学、外交学、人才学、伦理学、诗学、人学、哲学等诸多领域。前辈著名学者何满子先生在20世纪80年代就曾指出:《三国演义》"不是依靠,甚至主要不是依靠小说的艺术力量取得成功的。这里要牵涉到社会意识形态结构的许多方面,如果从这个题目伸展开来,足足可以写一部关于我国民族精神现象问题的卷帙浩繁的巨著"[16]。李时人先生也曾指出,《三国演义》"是一部'史诗'性质的作品,在某种程度上也可以说它是一部代表我们民族一定历史时期文化精神的'文化经典'"[17]。这种丰富深厚的价值,值得广大《三国演义》爱好者和研究者去挖掘、探讨。

罗学既然作为一门专门的学问提出来,就首先要界定清楚此概念的内涵与外延,基本明确其研究的对象和范围。在这方面可以借鉴"红学"与"曹学"关系的把握和处理经验。当然罗学与曹学的差异还是很大的,相比之下,罗贯中的生平事迹材料少得多。有鉴于此,愚认为,今后罗学的研究是否应注意一个侧重,一个核心,五种关系。简而言之,一个侧重,就是必须以罗贯中创作的作品的研究为侧重点。当然,关于罗贯中的生平事迹还要下大功夫挖掘、梳理、总结,但那不能作为侧重点。一个核心,就是必须以《三国演义》为核心,涟漪般的扩展开来。五种关系包括,罗学与"三国学""水浒学"的关系;罗贯中与施耐庵的关系;罗贯中与《水浒传》的关系;罗贯中创作的杂剧与小说的关系;《三国演义》与罗贯中创作的其他小说的关系,等等。当然,这其中还有一系列复杂的交叉关系,但如果处理好了,把握好分寸,无疑将有助于罗学的开展与学术的繁荣。

《罗贯中全集》的付梓问世,为罗学研究提供了目前最为集中、完整、全面的罗贯中创作的小说、戏曲文本,功不可没。这是罗学的深厚基础,也是罗学进一步发展的必备条件。我们由衷感谢为《罗贯中全集》的出版付出辛劳的诸位先生和同仁!且愿意以他们为榜样,为罗学研究的明天而共同努力。

注释:

① 罗贯中《三国志通俗演义》,上海古籍出版社1980年版,第5页。

② 陈寿《三国志·蜀书·先主传》,裴松之注,中华书局1959年版,第877页。

③ 鲁迅《中国小说史略》,《鲁迅全集》第九卷,人民文学出版社1981年版,第129页。

④ 参见关四平《史笔寓褒贬,抑曹尊蜀汉——论〈三国志演义〉"拥刘反曹"思想的史传渊源》,《明清小说研究》2001年第2期。

⑤⑥ 郭沫若《十批判书·韩非子的批判》,人民出版社1954年版,第332、337页。

⑦ 郭沫若《十批判书·吕不韦与秦王政的批判》,人民出版社1954年版,第384页。

⑧⑨ 司马迁《史记·秦始皇本纪》,中华书局1959年9月第1版,第230、258页。

⑩ 王圻《稗史汇编·文史门·杂书》,北京出版社1993年版,第1537页。

⑪ 游国恩等主编《中国文学史》第四册,人民文学出版社1964年版,第18页。

⑫《论语·宪问》,见杨伯峻《论语译注》,中华书局1980年12月第2版,第159页。

⑬《论语·季氏》,见杨伯峻《论语译注》,中华书局1980年12月第2版,第173页。

⑭《孟子·尽心下》,见杨伯峻《孟子译注》,中华书局1960年1月第1版,第328页。

⑮ 司马迁《史记·周本纪》将原文改为:"防民之口,甚于防水。"

⑯ 何满子《在评价〈三国演义〉的文学成就以前》,载《三国演义学刊》第1辑,四川省社会科学院出版社1985年7月第1版,第153页。

⑰ 李时人《〈三国演义〉:亚史诗和亚经典》,载《光明日报》1994年11月9日。

(作者工作单位:哈尔滨师范大学文学院)

三国文化的传统意蕴及当代价值

——基于两办《关于实施中华优秀传统文化传承发展工程的意见》的思考

张　玲　王玉国

2017年1月26日，《人民日报》刊发了中共中央办公厅、国务院办公厅《关于实施中华优秀传统文化传承发展工程的意见》（以下简称《意见》）。《意见》指出“文化是民族的血脉，是人民的精神家园。文化自信是更基本、更深层、更持久的力量。中华文化独一无二的理念、智慧、气度、神韵，增添了中国人民和中华民族内心深处的自信和自豪”，是建设社会主义文化强国，增强国家文化软实力，实现中华民族伟大复兴的中国梦的必由之路。党的十八大以来，总书记多次强调文化自信，并不断突出文化自信的重要地位。2014年10月15日，习近平在文艺工作座谈会上指出，增强文化自觉和文化自信，是坚定道路自信、理论自信、制度自信的题中应有之义。2016年5月17日，习近平在哲学社会科学工作座谈会上指出，我们说要坚定中国特色社会主义道路自信、理论自信、制度自信，说到底是要坚定文化自信。在庆祝建党九十五周年大会上的讲话中，习总书记把文化自信与道路自信、理论自信、制度自信并列，把“三个自信”发展、丰富成为“四个自信”，文化自信是更基础、更广泛、更深厚的自信。在5000多年文明发展中孕育的中华优秀传统文化，在党和人民伟大斗争中孕育的革命文化和社会主义先进文化，积淀着中华民族最深层的精神追求，代表着中华民族独特的精神标识。因此，我们必须要从中华优秀传统文化中源源不断汲取智慧和力量，不断增强文化自信和文化自主，为建成社会主义文化强国而努力奋斗。

习总书记指出：“党内政治生活、政治生态、政治文化是相辅相成的，政治文化是政治生活的灵魂，对政治生态有潜移默化的影响。”三国文化既孕育了中华传统文化的优秀因子，又承载着有识之士为天下大治“鞠躬尽瘁，死而后已”的政治理想，是传统文化中不可多得的宝贵的精神财富，对当前社会的政治文化建设有着重要的借鉴意义。

一、三国文化的传统意蕴

儒家思想的先驱孔子曾说："郁郁乎文哉，吾从周！"可见，对国家的认同是从文化着眼的。西方社会学界有种观点认为，在形成一个民族的诸多因素中，地缘、血缘因素都不如文化来得重要。中华传统文化是在长达数千年的演进和发展中，形成了具有民族气质的特色文化，其中尤以儒家的政治文化和道德文化互融互通最为典型，这在三国文化中得到了鲜明的体现。具体可表现为：明君贤臣的政治追求、公正法治的治世理想、尊德重教的家风传承。

（一）明君贤臣的政治追求

儒家思想追求的政治文化是以道德为前提的，是一种政治道德观，因而将人格理想与政治理想连缀为内在关系相统摄的逻辑链条，即修身、齐家、治国、平天下，起点是追求个人道德完善的修身，进而在此基础上建立合乎道德的政治秩序，实现齐家、治国、平天下的个人奋斗目标和理想追求。

《三国演义》中"尊刘贬曹"的思想倾向，即是一种政治道德观使然。正如饶宗颐先生所言："历史如仅为描述而缺乏道德批评，则不成为史学。……历史之作，正所以明人事之真是非，而折衷于正。……以正统而论，正之为义尤重于统，自古以来已视为天经地义。"[①]正统观是"尊刘贬曹"的道德注解。西晋陈寿撰《三国志》，因西晋袭魏而来，故以曹为尊，视为正统，至于东晋习凿齿的《汉晋春秋》、南宋朱熹的《紫阳纲目》、元代虞氏的《三国志平话》都视刘为正统，明代罗贯中的《三国演义》成为"尊刘贬曹"的集大成者。清代毛宗岗在他的《读三国志法》中说："读三国志者，当知有正统、闰运、僭国之别，正统者何？蜀汉是也，僭国者何？吴魏是也"[②]。正由于此，《三国演义》定位刘备为"中山靖王之后，汉景帝阁下玄孙"，具有皇位继承的合法性，名正言顺，于是以蜀汉为正统，认为刘备是汉室的继承人，而曹操就是乱臣贼子的形象。为了强化"尊刘贬曹"的思想倾向，《三国演义》将刘备塑造为"唯德可以服人""宁死不忍作负义之事"这样一位具有仁爱思想的道德明君，而与之相应的曹操成了"宁可我负天下人，不可天下人负我"的乱世奸雄。

元末明初，人们饱受战乱之苦，渴望明君出现治理国家，罗贯中塑造的刘备形象体现了那个时代人们的心理需求。为了配合刘备的这种明君形象，作品还塑造了具有修齐治平政治追求的诸葛亮这一贤臣的理想角色，体现的正是儒家政治文化对士人的要求，同时也是作者个人政治理想的精神寄托。从诸葛亮身上，后人看到了他忠诚、勤政的政治品质，忠心不事二主是他抱定的理想的君臣关系，这使得他和刘备形成了明君贤臣的鱼水关系，一旦明君刘备亡故，则贤臣诸葛亮只能望天兴叹，鞠躬尽瘁，死而后已，以身殉道。

（二）公正法治的治世理想

社会主义核心价值观提出了对社会层面的要求是“自由、平等、公正、法治”，在《三国演义》中，无论是曹操还是诸葛亮都是秉承法家思想的代表。春秋战国时期各国政治家形成法、术、势三派。“法”是法律，偏重于刑，以商鞅为代表；术是指君主驾御群臣的技巧、方法，以申不害为宗；“势”则是指与权力紧密相联的政治地位、权势，以慎到为代言。韩非子在上述三人学说的基础上，提出了“以法为本”，“法、术、势”三者合一的完整的政治思想体系，成为先秦法家思想的集大成者。韩非子之法与管仲之法有所不同，具体说来，韩非子以法为法，而管仲礼、法并重。《国语·齐语》中鲍叔曾说：“臣之所不若夷吾（夷吾即管仲）者五：宽惠柔民，弗若也；……制礼义可法于四方，弗若也。”[③]《左传·僖公七年》桓公与诸侯谋郑盟于宁母，管仲说：“臣闻之：招携以礼，怀远以德，德、礼不易，无人不怀。”[④]虽然观点不尽相同，但韩非子对管仲治国之术给予了充分肯定：“汤得伊尹，以百里之地，立为天子；桓公得管仲，立为五霸主，九合诸侯，一匡天下；孝公得商君，地以广，兵以强。”[⑤]刘劭《人物志》肯定了管仲法家的身份：“建法立制，富国强人，是谓法家，管仲、商鞅是也。”[⑥]倡导里仁为美的孔子对以礼法治国的管仲大加赞赏，孔子曾说：“管仲相桓公，霸诸侯，一匡天下，民到于今受其赐。微管仲，吾其被发左衽矣。”“桓公九合诸侯，不以兵车，管仲之力也。如其仁，如其仁。”[⑦]

《三国志·诸葛亮传》中，诸葛亮“每自比于管仲、乐毅”，即是以管仲的治国之术为旨归，达到富国强兵的目的。诸葛亮真正得以实施管仲的治国之术是在刘备死后，以之治理蜀国：“及备殂没，嗣子幼弱，事无巨细，亮皆专之。于是外连东吴，内平南越，立法施度，整理戎旅，工械技巧，物究其极，科教严明，赏罚必信，无恶不惩，无善不显，至于吏不容奸，人怀自厉，道不拾遗，强不侵弱，风化肃然也。”陈寿评曰：“诸葛亮之为相国也，抚百姓，示仪轨，约官职，从权制，开诚心，布公道；尽忠益时者虽仇必赏，犯法怠慢者虽亲必罚，服罪输情者虽重必释，游辞巧饰者虽轻必戮；善无微而不赏，恶无纤而不贬；庶事精炼，物理其本，循名责实，虚伪不齿；终于邦域之内，咸畏而爱之，刑政虽峻而无怨者，以其用心平而劝戒明也。可谓识治之良才，管、萧之亚匹矣。”诸葛亮贯以公正法治，延续了蜀国的寿祚，是以“亮死至今数十年，国人歌思，如周人之思召公也。”[⑧]

（三）尊德重教的家风传承

习总书记在十八届中央纪委六次全会上强调指出：“我们着眼于以优良党风带动民风社风，发挥优秀党员、干部、道德模范的作用，把家风建设作为领导干部作风建设的重要内容。弘扬真善美、抑制假恶丑，营造崇德向善、见贤思齐的社会氛围，推动社会风气明显好转。”并明确要求：“每一位领导干部都要把家风建设摆在重要位置，廉洁修身、廉洁齐家。”可见，家风建设之于党风社风的重要作用。在中国传统文化语境中，历来重视家风的传承。《颜氏家训·治家》篇云：

“夫风化者，自上而行于下者也，自先而施于后者也。是以父不慈则子不孝，兄不友则弟不恭，夫不义则妇不顺矣。父慈而子逆，兄友而弟傲，夫义而妇陵，则天之凶民，乃刑戮之所摄，非训导之所移也。笞怒废于家，则竖子之过立见；刑罚不中，则民无所措手足。治家之宽猛，亦犹国焉。”[9]治家犹如治国，好的家风上下承袭，世代沿习，成为后世族人自觉遵守的规范，不可逾越的戒律，由一家而延及数家，进而至于国，则社风可以大治。

诚如孔子所说：“奢则不孙，俭则固。与其不孙也，宁固。”在孔子看来，奢侈惯了，就会做出逾越礼法的行为，俭朴则可以稳固一个人的操守。诸葛亮非常重视家风的建设，提出了“静以修身，俭以养德”的信条，《诫子书》中这样写道：“夫君子之行，静以修身，俭以养德。非淡泊无以明志，非宁静无以致远。夫学须静也，才须学也。非学无以广才，非志无以成学。慆慢则不能励精，险躁则不能冶性。年与时驰，意与日去，遂成枯落，多不接世，悲守穷庐，将复何及！”[10]诸葛亮认为德才兼备的品行，是依靠内心安静、精力集中来修养身心的，是依靠俭朴的作风来培养品德的。事实上，诸葛亮也是躬身践行自己的信条，在其给刘禅的表中说：“成都有桑八百株，薄田十五顷，子弟衣食，自有余饶。至于臣在外任，无别调度，随身衣食，悉仰于官，不别治生，以长尺寸。若臣死之日，不使内有余帛，外有赢财，以负陛下。”[8]诸葛亮的言行直接成就了其子孙的节义行为，在绵竹之战中，其子诸葛瞻和孙子诸葛尚力战殉国。干宝曰：“瞻虽智不足以扶危，勇不足以拒敌，而能外不负国，内不改父之志，忠孝存焉。”[8]陈寿评曰：“亮所与言，尽众人凡士，故其文指不得及远也。然其声教遗言，皆经事综物，公诚之心，形于文墨，足以知其人之意理，而有补于当世。”[8]习总书记在党的十八届二中全会上讲话时，曾引用诸葛亮《自表后主》中的“不使内有余帛，外有赢财”，提醒党员领导干部不要为家人和后人谋取私利。

二、三国文化的当代价值

两办《意见》是基于习总书记关于传承发展中华优秀传统文化系列讲话的新思想、新观点、新论断，进一步明确了增强文化自信的指导思想、方针原则、目标任务，对中华优秀传统文化传承发展的主要内容进行了规限，如关于“中华传统美德”：“中华优秀传统文化蕴含着丰富的道德理念和规范，如天下兴亡、匹夫有责的担当意识，精忠报国、振兴中华的爱国情怀，崇德向善、见贤思齐的社会风尚，孝悌忠信、礼义廉耻的荣辱观念，体现着评判是非曲直的价值标准，潜移默化地影响着中国人的行为方式。”前述三国文化所体现的明君贤臣的政治追求、公正法治的治世理想、尊德重教的家风传承，在近两千年的传统文化中不断积淀成为主流因子，是中华传统美德的具体呈现，无疑是符合《意见》要求的。中

国三国演义学会建会时间长、会员分布广、学术成果丰,是全国研究、宣传三国文化的主体组织之一,我们应在关四平会长的领导下,结合《意见》的重点任务,从全国的实际出发,从如下几个方面来阐发三国文化的当代价值。

(一)着力阐发三国文化的精髓

《意见》指出“深入阐发文化精髓”,要“着力构建有中国底蕴、中国特色的思想体系、学术体系和话语体系”。从《三国志》到《三国演义》,至于今天,三国文化传承了1800年,留下了宝贵的精神财富,值得后人去深入研究领会,从建设中国特色社会主义事业的实践需要,去阐发其当代价值。中华大地,承载着丰富的三国文化积淀,中国三国演义学会自成立以来竭力挖掘、宣传三国文化,组织全国学者进行了大量的研究工作,取得了不菲的成绩。今后应在以下两个方面发扬光大。

1. 延续壮大全国学术研讨会。中国三国演义学会自成立以来每一两年召开一次国际或全国《三国演义》学术研讨会,同时出版一本论文集,2017年为第二十四届,以后应永久延续,各地三国研究机构积极支持、勇于办会,让我们这一文化品牌更加艳丽。

2. 继续办好“全国市县三国研究机构学术会议”。该“学术会议”于2014年在江苏镇江成立,八省近20个机构参入,轮流坐庄,每年一次,现已举行四次,分别在镇江、许昌、绵阳和清徐举行。希望参入单位自觉遵守“镇江共识”精神,认真落实,同时将业绩显著的组织吸纳进来,不断壮大。

(二)着力开展三国文化的普及工作

《意见》指出“贯穿国民教育始终”,要“围绕立德树人的根本任务,遵循学生的认知规律和教育教学规律,按照一体化、分学段、有序推进的原则,把中华优秀传统文化全方位融入思想道德教育、文化知识教育、艺术体育教育、社会实践教育各环节,贯穿于启蒙教育、基础教育、职业教育、高等教育、继续教育各领域。”中国三国演义学会在全国应进一步担起三国文化的普及工作,要做好三件事情。

1. 继续办好《三国文化》杂志和《罗学》辑刊。以“弘扬三国精华、促进文化繁荣、加强同仁联谊、彰显人文情怀”为办刊宗旨的《三国文化》,获得了广泛的认可,《罗学》作为三国文化的学术刊物得到了学术界的好评。这两个刊物是中国三国演义学会的脸面和招牌,应克服经费筹措等方面的困难,继续办好。

2. 继续办好各基层组织的刊物。多年来绵阳、富阳、东平、舒城、建德、许昌职业技术学院等组织都每年出版刊物,应继续办好。同时希望其他机构也创办刊物。

3. 要帮助强化和新建基层组织。要普及三国文化,在县市和有关基层机构成立学会是一项重要措施。中国三国演义学会应积极促成。有的市县原来有学会并干得有声有色,但因为领导更替,后继无人而不断弱化,如梓潼、赤壁,我们应积极呼吁当地政府或有关部门加大关心力度,使他们重展雄风。同时在三国文化底蕴比较丰厚的地方促成建立学会。

（三）着力推进三国文化遗产的保护与利用

《意见》指出“保护传承文化遗产”，要“加强历史文化名城名镇名村、历史文化街区、名人故居保护和城市特色风貌管理，实施中国传统村落保护工程，做好传统民居、历史建筑、革命文化纪念地、农业遗产、工业遗产保护工作，规划建设一批国家文化公园，成为中华文化的重要标识”。在此方面我们应做好三件事。

1. 编著出版《中国三国文化遗产》一书。中国三国演义学会牵头，各地组织参入，将各地由政府公布的各级文物保护单位的三国文化遗产和重要的三国旅游景点列入其中。

2. 各基层组织要积极主动地参与到本地三国遗产的保护与利用工作中去。要敢于建言、勇于参入、加强监督，首先要确保三国遗产得到完整保护，其次研究怎样合理应用。

3. 应积极支持各地以弘扬三国文化为主题的旅游项目。如镇江的铁瓮城遗址公园、富阳的孙权纪念馆、舒城的周瑜公园、许昌的“三国欢乐城”等，中国三国演义学会及广大会员都应该从舆论上、学术上给予支持和声援。

三、结语

三国文化源远流长，具有鲜明的民族特质，历经千年，传承至今，积淀了宝贵的精神财富，结合习总书记关于中华优秀传统文化的系列讲话精神以及两办《意见》，中国三国演义学会及三国文化的爱好者和研究者应当把传承和弘扬三国文化作为自己的使命，古为今用，充分发掘三国文化的传统意蕴，阐发其当代价值，对于实施中华优秀传统文化传承发展工程，增强文化自信，建设社会主义文化强国具有重要意义。

参考文献

① 胡晓明《澄心论萃》，上海文艺出版社，1996 年版。
② 黄霖，韩同《文选注》，《中国历代小说论著选(上)》，江西人民出版社，2000 年版。
③ 韦昭注《国语》，齐鲁书社，2005 年版。
④ 杨伯峻《春秋左传注》，中华书局，1990 年版。
⑤ 王先慎《韩非子集解》，中华书局，1998 年版。
⑥ 刘劭《人物志》，中州古籍出版社，2004 年版。
⑦ 程树德《论语集释》，中华书局，1990 年版。
⑧ 陈寿《三国志》，中华书局，1959 年版。
⑨ 颜之推《颜氏家训》，中华书局，2007 年版。
⑩ 欧阳询《艺文类聚》，上海古籍出版社，1982 年版。

（作者工作单位：张玲，镇江市博物馆社教部副主任；王玉国，江苏省镇江市三国演义学会，中国三国演义学会副会长兼首席副秘书长、文博研究员。）

罗贯中文化在清徐的传承和应用

啜希忱

罗贯中文化不只是《三国演义》《水浒传》等著作,还包括罗贯中的籍贯、生平、经历以及他的创作思想和精神内涵,其内容是极其广泛的。罗贯中文化是中华优秀传统文化的一部分,研究学习罗贯中文化,不能只停留在学术研究的层面上,而且要认真学习,深入挖掘,深刻理解罗贯中文化的思想内涵和精神实质,取其精华,认真研究,继续传承,发扬光大,使罗贯中文化形成软实力,为社会的文明和进步,为文化的繁荣和发展,以及为经济和旅游事业的开发和利用发挥作用做出贡献,这就需要我们在认真做好学术研究的基础上,做好罗贯中文化的传承和应用。

20 多年来,罗贯中研究会在清徐县委、县政府的领导下,在社会各界的关心支持下,为罗贯中文化的研究、传承和应用,做出令人瞩目的成就,引起了全国学术界以及社会各界的关注,为本地区的经济发展做出了积极的贡献,受到社会各界的好评。

一、《罗氏家谱》与罗贯中研究会

20 世纪 30 年代,国内文人郑振铎、赵万里等发现,元末明初无名氏著《录鬼簿续编》中有"罗贯中,太原人"的记载,初步澄清了几百年来罗贯中的籍贯、时代等问题。鲁迅先生对这一发现给予高度评价。那么,太原有无罗氏家族,罗贯中的籍贯、生平、家世仍被人们所关注。

1984 年,山西省社科院研究员孟繁仁先生发现了一篇《题晋阳罗氏家族谱图》的文章,从而获得了元代太原确有罗氏家族的证据,并开始搜寻查访太原罗氏的考察。他和清徐县志办原副主任郭维忠先生于 1986 年在清徐县大北村发现了《罗氏家谱》一至五卷。据《罗氏家谱》中提供的资料考证,家谱中注明罗氏第六代罗锦的"次子外出",即有可能是罗贯中,因罗贯中当时"不务正业",长期隐身于社会下九流的戏曲艺人行列而被家族除名。从家谱还查到罗贯中"侄子罗定在湖广"。与清代小说《善恶图》中的情节一致。澳大利亚著名学者柳存仁先

生指出："从《罗氏家谱》中找到有罗定，罗贯中是清徐人就无可争议了。"

1988 年，由孟繁仁和郭维忠合写论文《太原〈罗氏家谱〉与罗贯中》一文在《文学遗产》第 3 期发表，受到全国学术界的高度关注，从此在清徐也掀起研究罗贯中及其著作的热潮。

1991 年，在中国三国演义学会的支持下，在清徐县委和县政府的关心重视下，罗贯中研究会在清徐成立，由时任县委副书记朱祥平任会长，郭维忠任秘书长。中国三国演义学会、山西古典文学学会，山西大学文学院等单位致函致电祝贺，冯其庸、柳倩、胡富国、姚奠中、曹中厚等领导名人题词题匾祝贺。从此，清徐有了专门研究罗贯中文化的学术机构，也有了一支研究罗贯中文化的业余队伍。

1992 年，由孟繁仁、郭维忠编著的《罗贯中新探》论文集在中州古籍出版社出版，进一步论述了罗贯中是清徐人的观点，在全国学术界产生极大影响。《人民日报》(海外版)等多种报刊给予报道。

1996 年，罗贯中研究会进行调整，由时任县委副书记范光耀任会长，时任文联主席啜希忱任副会长兼秘书长。1997 年，全省罗贯中专题研讨会在清徐召开，省、市有关领导和专家学者 30 余人参加了研讨会，引深了对罗贯中文化的研究。2002 年，罗研会秘书长由刘永成担任。

二、三国城与汾河大桥

罗贯中研究会成立后，得到清徐县委、县政府以及社会的支持。为了加深罗贯中故里的影响，利用罗贯中这一文化资源，发展清徐的文化旅游事业，于 1993 年清徐县政府与山西省三晋开发公司、太原市工商银行在清徐共同兴建三国城旅游景点。三国城选址在清徐城北，中隐山南麓的清泉湖畔，是背山面水的风水宝地，风光秀丽，景色迷人，总建筑面积为 21616 平方米。三国城于 1993 年破土动工，1995 年完工，总投资 7000 余万元。10 月 9 日，在三国城举行了隆重的竣工剪彩仪式，即日向游人开放。

三国城总体结构为仿明清皇宫式四周封闭的合体建筑，主要由城墙、门楼、角楼、关圣大殿、献殿、戏台、南北两廊厢房展宫等组成，气势宏伟，雄浑典雅，富丽堂皇，把历史意境和古今情趣融为一体，把 60 个三国故事运用现代声光电现代艺术手法，淋漓尽致地展现人间。城中松柏四季常青，各种花卉万紫千红，特别是关圣大殿，占地 8600 平方米，高 34 米，关羽像高 9.55 米，是全国最高的关圣坐像。城门楼上"三国城"三字由山西省政协原副主席、山西大学教授姚奠中先生手书。三国城开放后，游人如织，好评如潮，曾经轰动一时，为宣传清徐、宣传罗贯中和三国文化起到极大的作用。但以后因种种原因，管理不善，逐渐衰落，现已是今非昔比。

1994 年 5 月 13 日，在省、市、县各级部门的共同努力下，清徐人民盼望已久的“贯中汾河大桥”建成通车,山西省原省委书记胡富国为贯中汾河大桥题字竖碑。贯中大桥的建成通车,便利了清徐河东与河西区的交通,促进了清徐的经济发展,受到清徐人民的欢迎。

1996 年 1 月 28 日,清徐罗氏后裔第 21 代罗二栋先生和友人联合投资,在新城文场东北角兴建的“贯中大厦”落成剪彩。该大楼高八层,安装有电梯,是当时全县最高、最现代的建筑。楼顶有山西省书法主席徐文达先生书写“贯中大厦”四个大字,贯中大厦成为清徐标志性建筑,如今已被山西美锦集团收购。

三、罗氏祖茔与罗氏祭祖活动

清徐罗氏是本县大姓之一,清徐罗氏祖茔位于县城 8 公里的马峪乡后窑村西北面,在陡峭群峰中,有一片约 2000 平方米的开阔地,2 米多高的墓冢 6 个,墓碑 4 通,保存完好。碑文注明罗氏始祖罗仲祥于后唐由四川成都府落籍梗阳(清源古称)之缘由,碑文内容与清徐《罗氏家谱》序言中所述内容相一致。墓地靠西面北,有桃李杏树百余株,枝繁茂盛,景色宜人。1991 年,罗氏祖茔被清徐县人民政府批准为县级文物保护单位。

近几年来,清徐罗氏后裔多次集资,对祖茔逐年扩建修葺。墓地面貌焕然一新。扩建后的罗氏祖茔占地面积达 6000 平方米。扩建了玉石牌楼三座,青石台阶 800 余阶,祖茔又新建了记事碑、功德碑、名人墙等建筑。祖茔重修了坟墓、墓碑,新植松柏树木数百株,桃红梨白,绿树成荫。清徐县政府为祖茔建设给予大力支持,并修了进山旅游公路、停车场等,罗氏祖茔已经成为清徐的又一名胜景点,为清徐的旅游事业增光添彩。

清徐罗氏为有罗贯中祖先而感到骄傲与自豪,非常重视对罗氏祖宗的祭祀活动。每年清明节前,全县罗氏后人以及附近县区的罗氏后代都要从四面八方来到罗氏祖茔进行祭祖活动。他们不分男女老幼,不论身份,人数多达数百人,有时达千余人,罗贯中研究会也派代表参加。

每年农历三月初三,是传说中罗贯中的生辰纪念日,罗贯中研究会和罗氏公会每年都要在这一天举行座谈会、研讨会或书画笔会,共同缅怀罗贯中先生这位伟大的世界历史文化名人。

四、全国学术研讨会与外出交流考察

罗贯中研究会对罗贯中的籍贯、生平及其著作的研究取得丰硕成果,引起了全国学术界的高度评价和认可,得到中国三国演义学会的支持。1999 年 9 月 15 日,中国第十二届《三国演义》学术研讨会在清徐东湖宾馆开幕,全国性的学术会议在县城举行尚属全国首例。来自全国23个省市和台湾、香港等省区以及韩国、日本等国家的80余名专家学者参加了研讨会。会议由中国三国演义学会、山西省社科院和清徐县政府共同主办。太原市委原宣传部长黄征致开幕词，清徐县委原副书记张慧林、清徐县委原宣传部长鲁辉出席了会议。省委宣传部、省对外文化交流协会、省社科院、香港罗氏宗亲会、香港中文大学以及日本、韩国、澳大利亚等国家的大学发来贺电贺信。大会共交流学术论文52篇，《人民日报》《中国文化报》《山西日报》《太原日报》和省市电视台等新闻单位作了报道，会后编印了论文集。

2002年，罗贯中与中国《三国演义》学术研讨会在清徐召开。中国三国演义学会会长致开幕词，中共清徐原县委书记张春根致欢迎词，时任清徐县长冯晋生向大会专家学者介绍了清徐近年来的发展情况，山西文化名人姚奠中先生作了主要讲话。会议期间，与会人员在罗贯中纪念馆举行了隆重的"中国罗贯中与《三国演义》资料中心"成立揭牌仪式。会议共收到学术论文30余篇，并编辑成论文集。这次会议取得很多学术成果，会议引起了许多新闻媒体的广泛关注。新华社山西分社、《中国新闻报》以及省市报社和电视台十余名记者作了新闻报道。

2011年9月23日，清徐举办了《罗贯中全集》与中国第二十一届《三国演义》学术研讨会，开幕式在太原举行，并举行了《罗贯中全集》首发式。会议共收集交流论文95篇，由时任清徐县委书记车建华、县长张强主编编印成上下两集出版。清徐有范光耀、王增斌、罗朝宇、啜希忱、王保玉、关光远、焦琛、张卯春、马鸿雁、梁果珍、武保生、牛保林、高中昌、陈晓春、苗志崇、李永红、牛宝生等17人的论文选入论文集。以上三次全国性的学术会议在清徐举行，对罗贯中文化的研究传承和应用，扩大清徐的知名度，发展清徐的经济、文化旅游事业都具有重要的历史意义和现实意义。

从1991年起，罗贯中研究会陆续派出本县研究人员赴襄樊、聊城、菏泽、许昌、南京、汉中、镇江等地参加研讨会十余次，交流学习，实地考察，加深了对罗贯中文化的研究。

五、罗贯中纪念馆与资料中心

为纪念世界历史文化名人罗贯中，在清徐县委、县政府重视支持下，由清徐罗氏第21代后裔罗二栋先生投资100余万元，于2001年在风景秀丽的中隐山麓、三国城前、清泉湖畔兴建了罗贯中纪念馆。该馆占地面积4500平方米，建筑面积约500平方米，青砖碧瓦，雕梁画栋，仿明清建筑风格。主要由山门、罗贯中汉白玉雕像、主殿、厢房、曲廊、方亭、碧池、玉带桥、九龙壁等组成，院内有松柏、竹林、绿篱、花坛、草坪等树木花卉等，山门两旁有一对青雕石狮，大门上悬有中国文化名人冯其庸先生手书"罗贯中纪念馆"牌匾,罗贯中雕像底座上有山西省原政协副主席、山西古典文学学会会长姚奠中先生题写的五言绝句:"文坛称巨擘,功在两奇书。探迹穷幽隐,深渊可得珠。"中间大殿是纪念馆主展厅,厅内主要有介绍罗贯中家族、生平以及其著作研究的图表和实物展览。殿堂内资料内容丰富,文物琳琅满目,庭院东西各有厢房三间,为罗贯中研究会办公场所。

该馆于 2010 年重新装修、彩绘、美化布展,馆内环境更加优雅,文物资料更加丰富,实现声光电一体的现代效果,为全国独有。它以优美的环境和深厚的文化内涵,成为人们缅怀古人、游览观光、清雅休闲之胜境。

罗贯中纪念馆西厢房是中国罗贯中与《三国演义》研究资料中心。于 2002 年建成。该中心由中国三国演义学会指导,由清徐罗贯中研究会筹建和管理的学术研究机构,主要任务是收集、整理、保存全国乃至全世界的有关罗贯中及其著作研究的各种文字资料、电子资料、图片、音像等实物,积极为全国及海内外专家学者提供咨询和服务。2002 年在清徐举行罗贯中与《三国演义》学术研讨会期间,与会专家学者在馆内举行了资料中心揭牌仪式,并参观了资料中心。目前资料中心已收集到全国各地各版本的书籍、专著 500 余册,论文 3000 余篇,实物 100 余件,该中心为全国独有,受到专家学者的关注和好评。

六、电视连续剧《罗贯中》与晋剧《罗贯中》

1995 年 9 月 13 日,由中央电视台,山西电视台,清徐县委、县政府,太原电视台联合摄制的 8 集电视连续剧《罗贯中》在清徐三国城举行开机仪式,这是在我县拍摄的第一部电视连续剧,片名题字由山西省原省委书记胡富国亲手书写,国级一级编剧、太原市原文联主席梁枫为编剧,国级一级导演孙伟为总导演,太原市委原宣传部长李雁红为总策划,太原市原副市长杨季春为总顾问,清徐县委原书记张璞为总监制,主要演员有王斑饰演罗贯中,张继钊饰演施耐庵,曹颖饰演朱秀娘,雍和平饰演张士诚等。清徐赵家堡暖气片公司、同戈站暖气片公司、迎宪焦化厂、东于煤矿等单位捐资赞助。电视剧于 1996 年拍摄完成。先后在中央电视台电视剧频道、第二频道,山西电视台、西安电视台、太原电视台、清徐电视台播放,受到观众好评。1999 中国第十二届《三国演义》学术研讨会在清徐召开期间,清徐电视台专门为与会人员和全县观众重播,受到专家学者的好评。

1996 年,太原市贯中晋剧团成立,由张钦担任团长。该团以演出三国戏为主,主要剧目有《空城计》、《黄鹤楼》、《小宴》、新编三国戏《讨荆州》等。2009 年,由清徐籍著名剧作家常青为编剧的新编历史剧《罗贯中》由太原市贯中晋剧团演出成功,受到广大戏迷的好评。

2010 年,该剧团为传承罗贯中文化,特聘请省市著名编导人员,对罗贯中

生前创作的唯一遗留至今的戏曲剧本《宋太祖龙虎风云会》进行改编和精心排练后，在三晋大地城镇乡村广为演出，受到观众好评，成为晋剧团常演不衰的保留剧目。

七、罗贯中铜像与文学艺术创作

多年来，罗贯中文化已经成为清徐人民的精神财富。2010 年 1 月 7 日，在清徐县委和县政府的高度重视下，由县政府出资，聘请省内著名雕塑艺术家雕塑制作的罗贯中青铜站像在清徐新城醋都广场落成揭幕。清徐县四大班子领导，省市著名专家学者，罗贯中研究会和清徐罗氏代表，参加了隆重的揭幕仪式，罗贯中铜像成为清徐最有代表性的标志性建筑。

随着罗贯中文化的研究、传承和发展，激发了清徐广大文学艺术爱好者的创作热情，促进了清徐文化艺术的繁荣和发展。1999 年，由清徐民间剪纸艺人杨宗新创作的《三国演义剪纸艺术集》出版，清徐书法家梁振家书法《三国演义》手抄本完成，县书法协会主席亢星华小楷手抄《三国演义》诗词作品完成展出，两人的作品均被罗贯中纪念馆收藏。同年，由徐保德、岳爱民合作的《三国人物传奇》出版面世。2010 年，由太原市楹联家协会和清徐县政府共同举办的“贯中杯”海内外有奖征联大赛在清徐举行，共征集海内外以罗贯中文化为题的楹联作品 4000 余副，其中本县参赛人数达 50 余人，有 20 余人获奖。2011 年，由啜希忱编撰的长篇历史小说《罗贯中传奇》由中国文史出版社出版，并获得太原市优秀图书奖。2015 年，清徐县老年书画协会举办以罗贯中文化为主题的书画大赛，共创作书画作品 100 余件，展出后编印成书画集出版。2017 年，由张见素创作的《三国评论》和罗朝宇创作的《清徐罗氏》论文集相继出版，他们为罗贯中文化的传承做出贡献。

20 多年来，为研究和传承罗贯中文化，有郭维忠、王保玉、焦树志等 20 余人撰写的罗学论文共 80 余篇；有张卯春、牛宝生、李永红等 30 余人创作的散文随笔共 30 余篇；有高中昌、王茂华、石履山等 40 余人创作的诗词散曲作品共 100 余首；有高中昌、王泽、闫佑、徐保德等 10 余人在三国城、罗贯中纪念馆楹联 20 余副，还涌现出马红雁、梁果珍、牛保林、苗志崇、武保生等创作新人，这些都反映清徐本土的文艺爱好者们为研究和传承罗贯中文化而精心创作的繁荣景象。

八、《罗贯中全集》和《中国三国戏集成》

为了弘扬中华传统文化，传承罗贯中文化，建设文化强县，中共清徐县委、县政府在中国三国演义学会的指导下，于 2011 年编辑出版了《罗贯中全集》共三卷。中国三国演义学会会长刘世德先生任主编，清徐原县委书记车建华、原县

长张强为全集作序。全集共收集罗贯中生前所写的《三国演义》《水浒全传》《隋唐两朝志传》《残唐五代史演义》《三遂平妖传》五部长篇小说和《龙虎风云会》剧本一部，全集由三晋出版社出版。

2011 年 9 月 23 日，清徐举办《罗贯中全集》与中国第二十一届《三国演义》学术研讨会，并在太原举行了开幕式和《罗贯中全集》首发式，反映了清徐人民为弘扬和传承中华优秀传统文化、缅怀和纪念世界历史文化名人罗贯中、热爱罗贯中、热爱家乡的思想感情，全集的出版发行为热心于研究罗贯中及其著作的专家学者提供了一个极好的条件，这也是罗贯中研究会为传承罗贯中文化做出的又一大贡献。

从 2013 年起，由清徐罗贯中研究会和上海复旦大学出版社合作出版大型文献性工程《中国三国集成》，经过四年多的共同努力，于 2017 年正式出版发行，并为在清徐即将召开的罗学论坛暨第二十四届中国《三国演义》学术研讨会献上了一份厚礼。这套大型图书由中国三国演义学会副会长胡世厚先生主编，共 10 集，全书收集整理了我国从元明以来至今的 1000 余个三国戏剧本。其中第十卷为以晋剧为主的山西梆子三国戏剧本，共计 78 个。这套戏曲集内容丰富，剧种齐全，资料翔实，它填补了我国戏曲研究史上的空白，成为我国文库史料中的珍贵文献。编辑这部大型图书，采用民间集资的方法，得到太原市委宣传部大力支持，经过精心策划，严谨编辑，认真工作，圆满竣工，为中国戏曲和文学艺术的繁荣和发展做出了又一大贡献。

九、罗贯中学会与《罗学》学刊

为了引深罗贯中文化的研究和传承，适应时代的发展和形势的要求，对罗贯中文化的研究不能只停留在《三国演义》的研究上，而是要扩大研究领域，开展多层次更全面的学术研究。深入研究罗贯中文化的思想内涵和精神实质，为此，罗贯中研究会在中国三国演义学会的支持牵头下，于 2012 年 9 月 8 日，在清徐成立“中国罗贯中学会”。这标志着罗贯中文化的研究和传承进入一个新阶段。罗学学会由中国三国演义学会会长刘世德担任，罗贯中研究会会长范光耀担任罗学学会副会长。

同年 10 月，罗学学会经过不到半年的努力，罗学学会主办的《罗学》学刊出版发行，为罗贯中文化研究提供了又一个新的平台，是培养学术发展和创造力的园地。创办《罗学》的宗旨是以新时期、新形势广泛团结相关学人，促进罗贯中文化的传承和应用，进一步弘扬中华优秀传统文化。《罗学》学刊编委会名誉主任由时任清徐县委书记韩良会、县长王琳玉担任，刘世德任编委会主任，范光耀任副主任。学刊主编由中国三国演义学会副会长胡世厚、郑铁生担任，康守勤、

啜希忱任副主编。《罗学》学刊现已提升为中国三国演义学会会刊。

《罗学》学刊从2012年创刊至2017年已经出版五期，共发表全国各地专家学者的论文200余篇。其中清徐籍作者有：范光耀、康守勤、啜希忱、王增斌、孟繁仁、张卯春、王茂华、王保玉、罗朝宇、张见素、任小军、陈晓春、曹永祥等的论文共21篇。他们怀着对罗贯中文化的热爱，从不同视角，用不同内容发表了对罗贯中文化的研究成果，为传承罗贯中文化的繁荣和发展文化事业做出了贡献。

十、罗贯中品牌与罗氏企业

20多年来，清徐罗贯中研究会在清徐这块沃土上，在罗贯中文化研究、传承和应用方面，做出了显著卓越的成果。"罗贯中"已经成为清徐的品牌和标志，也成为清徐一张响亮的文化名片。许多用罗贯中命名的企业商标、建筑、文艺作品数不胜数，充分反映出罗贯中文化在清徐已经形成一种巨大的无形文化资产，为清徐的经济建设、精神文明建设以及文化旅游事业的发展做出了积极的贡献。

清徐罗氏是名门望族，几百年来精英济济，人才辈出。这和罗氏礼仪诚信、耕读传家的优良家风是分不开的。当前，罗氏后裔既有在法国著名的博士后科学家罗灵爱，也有在企业界的优秀企业家罗建纯。由罗建纯创建的紫林醋业就是清徐罗氏企业的先进典型。

由清徐罗氏第24代后裔罗建纯同属祖先罗贯中一支。他创建的山西紫林醋业股份有限公司是以酿造食醋为主导产业的国家级农业产业化经营重点龙头企业。该公司携手著名影星徐帆女士为企业形象代言，以"醋都尚品、紫林厚道"为品牌传播语言，坚持传统工艺，科学研发，自创品牌，诚信经营的战略发展，在激烈的市场竞争中突出超常规、跨越式发展，成功跻身于国内食醋行业前列。主要产品有山西老陈醋、保健醋、陈醋、果醋、醋饮料、料酒等100余种产品，在国内外畅销，产品荣获中国驰名商标，企业荣获全国乡镇企业创名牌企业，产品荣获全国用户满意产品、国家质量免检产品等荣誉。罗建纯荣获太原市优秀企业家、太原市优秀经理、太原市精神文明建设积极分子等称号。

除此之外，清徐罗氏还有不同岗位的优秀企业家罗河马、罗树立、罗铁成等，他们都是清徐企业界的精英，他们身上都浸透着罗贯中文化的精髓，他们是清徐罗氏的骄傲，也是清徐人民的榜样。

党的十八大以来，习近平总书记曾多次提出，要学习和传承中华优秀传统文化。清徐作为罗贯中故里，要充分发挥特色的地域文化，打好文化名人罗贯中这张牌，更要进一步做好罗贯中文化的传承和应用，把清徐的文化旅游事业发展起来，为清徐的美好明天做出积极的贡献。

（作者工作单位：清徐县罗研会）

罗贯中小说的两大系列与三大思想内核

王增斌　范光耀

今存题记为罗贯中所写的小说共8种,除《三国演义》无著作权争议外,其他7种中,《残唐五代史演义传》《水浒传》《三遂平妖传》出自罗手应无疑问。而《隋唐两朝志传》《小秦王词话》与《说唐传》三书,与罗贯中有直接关系的,只有第一种《隋唐两朝志传》。《粉妆楼》其书虽然出现最晚,争议也较大,但书中的一些描写与情节处理却与罗氏小说颇多暗合之处。罗氏小说大致可分为历史演义系列与英雄传奇系列两个主要系列,两者各自自成体系,又共同形成了一个完整系统,突出地体现了历史的概括性、政治的批判性与忠义主旋律的宏赞性三个主要思想核心。

一、罗贯中小说的系统性

人称罗贯中编有"十七史演义",我更相信所谓"十七史演义"应该是罗氏所编著小说的总称,而不是别有一部《十七史演义》。郑振铎《插图本中国文学史》第四十八章云:"罗氏之著作,传世者不少,但往往皆没其姓名,或为后人所增润删改,大失其本来面目。但这些著作,大都皆为历史小说、讲史及英雄传奇。"这两个系列各自成系统,但综合分析,两系列又能形成一个完整的体系。

(一)历史演义类之自成系统,其直接的证据是《隋唐两朝志传》与《残唐五代史演义》的衔接

1.《隋唐两朝志传》第一百二十一回《柳公权用笔谏帝》:从唐宪宗之死,写到穆、敬、文、武、宣、懿,均一带而过,重点放在唐僖宗时田令孜的专权、王仙芝的造反:

先写僖宗13岁被宦官拥立登基。再写宦官田令孜的专权:"改元乾符元年,封崔彦昭为平章事,封宦官田令孜为中尉。时令孜有宠,帝专事游戏,政事一委令孜处决,呼为阿父。"续写百姓无以为生,揭竿而起:"赋敛愈急,水旱相继,不以实闻。百姓流殍,无所控诉,所在相聚为盗。是岁,濮州人王仙芝聚众数千人起于长垣,与贼党尚君长攻陷郡县,势如破竹。"

最后一回（第一百二十二回），写到曾元裕斩杀王仙芝即戛然而止，全书可谓不该终而终。其回末总评云：

是集自隋公杨坚于陈高宗大建十三年辛丑岁受周王禅即帝位起，历四世禅位于唐高祖，以迄僖宗乾符五年戊戌岁，唐将曾元裕剿戮王仙芝止，凡二百九十五年。继此以后，则有《残唐五代志传》详而载焉，读者不可不并为涉猎以睹全书云。

2.《残唐五代史演义》开头三回紧承《隋唐两朝志传》：

《残唐》开头与《隋唐》结尾，实际是相推叠加的，其行文风格及故事，两书几乎全同。不过值得注意的是，《残唐》为了凑60回之数，有意把一回的内容拉成数回。开头前三回，实际完全可合并为一。如第一回毫不及残唐历史正文，仅引“宋待制孙甫史论”后，下列隋炀荒淫、十八路烟尘之名，一带唐太宗至懿宗历史而过即结束：

……当时那十八处烟尘，皆被唐太宗扫灭，混为一统天下，建号大唐，其世系：太宗、高宗、中宗、睿宗、玄宗、肃宗、代宗、德宗、顺宗、宪宗、穆宗、敬宗、文宗、武宗、宣宗、懿宗，传至懿宗已十六代，共二百五十余年。欲知后事，且看下回分解。

第二回由懿宗到僖宗即位，仅引出佞臣田令孜主持科考：

僖宗名儇，懿宗少子也……僖宗设朝……众臣朝毕，僖宗问：“天下甚荒，黎民反乱，何以治之？”言未尽，闪出佞臣田令孜……奏说：“臣闻天下荒乱……。”帝准奏，即命次日出榜招贤，天下举子，尽到咸阳。只因招选诸贤士，竦动英雄杰士心。

欲知开科取士如何，且看下回分解。

到第三回，黄巢才出场。

黄巢的出场，两书也运用了同样的行文风格与语言。

如《隋唐两朝志传》第一百二十一回写黄巢：

时有一人姓黄名巢，字巨天，曹州冤句人也。形容古怪，眉横一字，齿排二牙，鼻生三窍，面如金色。善骑射，喜任侠，粗涉书传。尝举进士，中武举状元。帝嫌其丑陋，罢黜不用，遂与仙芝共贩私盐。至是聚众攻掠州县，民之困于重敛者，争来归附。

《残唐五代史演义》第三回写黄巢：

> 却说曹州冤句县赤墙村，一人姓黄名宗旦，世为盐商，娶妻田氏回家，径从巢林经过，见一小儿席地而坐，身穿黄衣，叫田氏为娘，化一道黄气冲入田氏怀中，田氏归即有孕，怀胎二十五月，一日诞下，形容怪异，身长二尺，眉横一字，牙排二齿，鼻生三窍，左臂生肉滕蛇一条，右臂生肉隋球一个，背上有八卦，胸前有七星。

两书相较，描写黄巢怪貌之四句，除了“齿排二牙”“牙排二齿”，文字全同。有所不同的是，后书为了重点表出残唐历史，对其怪相做进一步渲染，并增加了对黄巢奇特孕育过程的描写。

（二）英雄传奇类之自成系统，我们或可从《水浒传》到《三遂平妖传》，再到《粉妆楼》看出一些端倪来

《水浒传》开头讲到宋仁宗的出世，“乃是上界赤脚大仙”下凡，“降生之时，昼夜啼哭不止，朝廷出给黄榜，召人医治。感动天庭，差遣太白金星下界，化作一老叟，前来揭了黄榜”：

> 那老叟直至宫中，抱着太子，耳边低低说了八个字，太子便不啼哭。那老叟不言姓名，只见化一阵清风而去。耳边道八个甚字？道是：“文有文曲，武有武曲。”端的是玉帝差遣紫微宫中两座星辰下来辅佐这朝天子。

有趣的是，《三遂平妖传》结尾则写仁宗皇帝的“驾崩”：

> 是夜，仁宗到福宁殿中沐浴，坐定，跣脱双履，奄然而崩。此乃预知生死之期。满宫中都听得仙乐嘹哓，异香馥郁，仍归赤脚大仙之位矣。

（三）罗氏历史演义与英雄传奇两大系列的衔接统一

罗氏历史演义与英雄传奇两大系列衔接的直接证据是《残唐五代史演义》与《水浒传》——前书的结尾与后书的引首直接勾连。

《残唐五代史演义》第六十回《周世宗禅位宋祖》，先对赵匡胤的登基极力渲染：

> 读诏已毕，宣徽使引匡胤就庭，北面听受，宰相掖升崇元殿，服衮冕，即

皇帝位，称号太祖皇帝，群臣朝贺。改周显德七年为建隆元年，以所领镇为宋州归德军，国号曰宋。奉周恭帝为郑王，封弟光义为殿前都虞侯，封赵普为枢密直学士。立太庙，追帝其祖考，尊母杜氏为皇太后。当日，太祖设太平筵宴，大会群臣。自是，文官武将，济济彬彬，布满于朝。上有尧舜之风，下有鼓腹之乐。

再写华山隐士陈抟，闻听赵匡胤即位的表现："闻宋代周，欣然喜曰：'天下自此定矣！'"下面文字，紧接着说："余见《宋传》，此编不多录也……"再下是"后贤"的一首诗：

后贤有诗云：
纷纷五代乱离间，一旦云开复见天；
草木百年新雨露，车书万里旧山川。
……

读者应特别注意"余见《宋传》，此编不多录也"数字。

《水浒传》百回本引首以一词一诗开始：

其诗曰：
纷纷五代乱离间，一旦云开复见天。
草木百年新雨露，车书万里旧江山。
寻常巷陌陈罗绮，几处楼台奏管弦。
人乐太平无事日，莺花无限日高眠。

下面文字，首先解说该诗的来源出处："话说这八句诗，乃是故宋神宗天子朝中一个名儒，姓邵讳尧夫，道号康节先生所作。为叹五代残唐，天下干戈不息……"接着，不失时机地对赵宋开国之君赵匡胤加以颂扬："后来感的天道循环，向甲马营中生下太祖武德皇帝来。这朝圣人出世，红光满天，异香经宿不散。乃是上界霹雳大仙下降。英雄勇猛，智量宽洪。自古帝王，都不及这朝天子……"然后写华山陈抟道士闻听赵宋王朝建立后的表现：

那时西岳华山有个陈抟处士，是个道高有德之人，能辨风云气色。一日骑驴下山，向那华阴道中正行之间，听得路上客人传说，如今东京柴世宗让位与赵检点登基。那陈抟先生听得，心中欢喜，以手加额，在驴背上大笑，攧下驴来。人问其故。那先生道："天下从此定矣！"正应上合天心，下合地理，中合人和。

以上文字，与《残唐五代史演义》遥相呼应。不同的是，《水浒传》故事，是从宋仁宗在位时的一场大瘟疫开场，故不得不对仁宗朝政重点渲染：

> 庙号仁宗天子，在位四十二年，改了九个年号。自天圣元年癸亥登基，至天圣九年。那时天下太平，五谷丰登，万民乐业，路不拾遗，户不夜闭。这九年谓之一登。自明道元年至皇祐三年，这九年亦是丰富，谓之二登。自皇祐四年至嘉祐二年，这九年，田禾大熟，谓之三登。一连三九二十七年，号为三登之世。那时百姓受了些快乐。谁想到乐极悲生。嘉祐三年上春间，天下瘟疫盛行……不因此事，如何教三十六员天罡，下临凡世，七十二座地煞，降在人间。哄动宋国乾坤，闹遍赵家社稷。

并由此而引出整个《水浒传》故事。

二、罗贯中小说的基本思想内核

罗贯中小说所体现的基本思想内核，可以《三国演义》一书为标准，因为其书是罗贯中小说中唯一没有著作权争议的作品。

对于《三国演义》，拙著《中国古代小说通论综解》(中国文联出版社 1999 年出版，2007 年再版)曾提出理解其书的三个层面：

> 其一是作品本身所体现的客观内容，其二是作者创作本书的主观思想意图，其三是读者阅读作品时所产生的某种心理感受。

就作品所体现的客观内容而论，《三国演义》主要表现为两个基点：一是所反映的是汉末至西晋这近 100 年中国由统一到分裂、复由分裂再统一的历史发展过程——所谓“天下大势，分久必合，合久必分”的历史规律。二是在这个基本大框架上，客观描写了造成这种分久必合、合久必分的主要社会力量——即通过描写乱世英雄的升沉变迁，来展现驱动这种历史车轮的巨大动力。

就作者创作主观意图而论，可注意者有以下三点：

首先是以刘汉为尊的皇权正统思想。

其次是对圣君贤相的追慕歌颂。

第三是抨击残暴，反对专权乱国者。

就读者阅读作品所产生的心理感受而论，《三国演义》给人最深刻的印象是

体现于诸多人物形象的忠义思想。

如果把以上三个层面思想再加以概括抽象，实际第一方面指的是罗贯中作品的历史概括特质；第二点指的是罗贯中作品对荒淫败国奸佞专权之政治批判特质；第三点指的是罗贯中作品忠义思想之时代主旋律的颂扬。

以上与罗贯中有关的作品，基本上完整体现了这三个层面的思想。

就第一点历史的概括认识价值而论，《水浒传》与《三遂平妖传》，主要揭示的是北宋官民矛盾的特殊性。

官和民在阶级社会里分别代表了两个不同的阶级或阶层的利益。在利益关系上，官民关系更多地表现为利益矛盾，他们作为不同的利益主体，有着不同的利益立场和利益诉求。

《水浒传》一书要害在广泛存在于官场、政府内的腐败，明代余象斗《题水浒传叙》：

> 当是时，宋德衰微，乾纲不揽，官箴失措，下民咨咨，山谷嗷嗷，英雄豪杰，愤国治之不平，悯民庶之失所，乃崛起山东，乌合云从，据水浒之险以为依，涣汗大号，其势吞天浴地，奔鲸骇驾，可谓涣奔其机，涣有丘矣……

今人总结，《水浒传》所展示的北宋徽宗政权，"集中了政治腐败、吏治腐败、司法腐败、狱政腐败、社会腐败于一体，外表光鲜的宋朝花花世界，已呈现出'金玉其外，败絮其里'的特征"。

《隋唐两朝志传》与《残唐五代史演义》的历史概括与认识价值，在于表现国家治乱盛衰的历史大循环，是《三国演义》天下大势合久必分、分久必合另一种形式的体现。

彭利芝文《试论中国古代易代小说之流变》说：

> 在元末明初的乱世环境中诞生的最初的三部易代小说——《三国志演义》《残唐五代史演义》《隋唐两朝志传》描写了中国历史上东汉末至西晋、隋唐之交、晚唐至宋王朝这三个著名的由统一到分裂、再由分裂到统一的时代，且重点突出了汉末三国易代、隋唐易代以及唐、五代之递嬗。在易代兴废的主题中，《三国演义》《残唐五代史演义》着眼于统一王朝的崩溃……《隋唐两朝志传》虽曰两朝演义，实际上自隋炀帝荒淫误国始，集中描述了隋唐易代之际的历史，展现了一幅隋末群雄逐鹿图。①

以上所引诸位论者观点，都是对罗贯中小说认识价值的充分概括，可谓切中肯綮，值得重视。

《粉妆楼》其书比较特殊:由于整体故事出自虚构,以上所具的认识价值不太明显,但后两方面同样表现突出。

需要特别指出的是:由于历史演义与英雄传奇写作上的差异,对历史的概括前者侧重历史的真实性,后者则侧重艺术的真实性——作者更注重的是情理的虚构,塑造出的是有别于真正历史人物的艺术形象。

就第二点罗贯中作品对荒淫败国奸佞专权之政治批判特质而论,以上作品的政治批判特质同样十分明显。

翟建波《一幅北宋王朝的末世图——论金本〈水浒〉对封建社会的批判》:

> 《水浒》所描绘的不仅仅是一个个梁山泊好汉的英雄谱,而且是一幅幅北宋王朝的末世图。施耐庵对于封建统治阶级乃至封建制度揭露和批判的大胆,直率、有力、全面、至微,在古典小说中可以说是无与伦比的,上至朝廷权臣,下至贪官猾吏,政治制度,民风世俗,无一不受到辛辣的嘲讽和无情的鞭挞。②

《隋唐两朝志传》首回总批:

> 炀帝以逆谋而坐承大统,已不可君临天下;况奢纵不已,又欲车驾远游,以穷耳目之观。虽有高仆射之正谏,其如虞世基之从谀何也?亡道若此,而能保其不身弑国亡乎!

第二回总批:

> 阿房之建,乃始皇荒乱所为。帝游幸江都,而复创行宫避暑,极其奢丽,是其为亡秦之续矣。矧国政不理,而务征取高丽,以致天下骚动,盗贼蜂起,常能四时游戏也欤哉?

《残唐五代史演义》第四回卓吾子评:

> 僖宗以貌取人,失之巢贼,致令杀人八百万,血流三千里,唐家囫囫囵囵一个天下,分为五代,况起手开刀,天曹主杀法明,法明即多方求救,能幸免大数耶!③

就第三点罗贯中作品忠义思想之时代主旋律的颂扬而论,鼓荡于以上作品中的最集中的思想同样是其中极力张扬的忠义之气。

《水浒传》之忠义思想不言自喻。其《忠义水浒传》之全称，就是对这一思想的最明白无误的彰明。论及忠义思想，学者多喜欢将《水浒传》与《三国演义》比拼参照。

有人这样评价《三国演义》与《水浒传》：

忠义思想是中国传统道德思想的重要组成部分，是封建社会中人们立身行事的根本思想道德行为的准则。忠义思想作为中国几千年来约束人们思想的两大主题，一直被人们所不断评论，文学作为通过审美来影响人类社会的艺术形式，不能不以忠义思想为题材进行加工创造，而这种思想最为突出的文学作品就是《三国演义》和《水浒传》。

有所不同的是，《三国演义》所揭示的是帝王风云，《水浒传》所表现的是平民英雄。但无论两书所表现的人物是何种身份，他们所承载的作者的思想，却是惊人的一致！

《隋唐两朝志传》同样如此。其书贯穿始终的，就是对乱政佞臣的批判，忠义之气的张扬。如第一百零九回写张巡许远之死：

贼卒将巡解见子奇，子奇曰："我闻将军每战必皆眥裂齿碎，今日何至于此邪？"巡骂曰："我志吞逆贼，恨力不及耳！"子奇笑曰："村夫到此尚自口强！"遂唤押过许远来，子奇曰："汝协守此城，自为智谋有余，今竟何如？"远曰："我为君死，你辅贼，徒乃大彘也，安能久哉？"子奇曰："若肯同我以事新主，即免汝死，富贵可拟。"巡大骂曰："天朝男子，死即死矣，安肯为不义屈节士乎！"子奇见巡骂不绝口，唤武士持刀抉去齿舌。巡西向拜曰："臣力竭矣！不能全城。生既无以报陛下，死当为厉鬼以杀贼！"子奇大怒，急命推出斩之。是岁十月中，张、许于睢阳而亡，其将南霁云、雷万春等三十六人一时被害。

《残唐五代史演义传》也不脱出这一范围。

如第二十回卓吾子评：

虽僖宗数有还朝之日，而克用赦罪之报亦尽矣！破黄巢，复长安，纲目大书，以序其绩。噫！克用得为全人耳！

第二十一回卓吾子评：

罗贯中家族来清徐早期历史新发现

——从元朝《资公和尚灵塔记》功德名录谈起

罗朝宇

在清徐县境西部，是巍巍吕梁，从县城西行约一两公里，便是白石山入口——白石沟，顺沟向西前行约 5 公里，就到了清徐罗贯中家族始祖公罗仲祥的隐居地——寺沟村。

寺沟村(今属涧沟村，明朝时属白马一都，山上有唐代梵宇寺，寺沟村名由之而来)

圣驾中途又遇巢党黄豹、黄虎拦截，若非存孝保护，恐又不免。唐家社稷重新，非存孝之功而何？

推断以上作品是否有罗贯中的参与，不仅应看其形式，更重要的应看其是否具备一致的思想内核。

以上涉及罗贯中作品的三个层面，最能集中体现作者思想的，实际主要是其中的“忠义”思想，原因何在？因为小说的认识价值批判倾向，是任何书中都有的，唯只有作者的主观思想倾向的宣扬，才是最独特的更能体现作者个性的东西。罗贯中作为一个生平资料极为少见、但对后世又极具影响的小说家，探讨其思想生平只有通过他的作品，只有通过他的作品所体现的主观思想倾向的宣扬才能有所发现。除此以外别无他门可入！

参考文献：

① 《船山学刊》2008 年第 1 期。

② 《甘肃社会科学》1988 年第 6 期。

③ 引述假托后于罗贯中的卓吾子之评，并非没有历史常识，仅是对小说所体现的倾向作证，一如引今人对《残唐五代史演义》诸书之评论一样。下同。

（作者工作单位：清徐县罗贯中研究会）

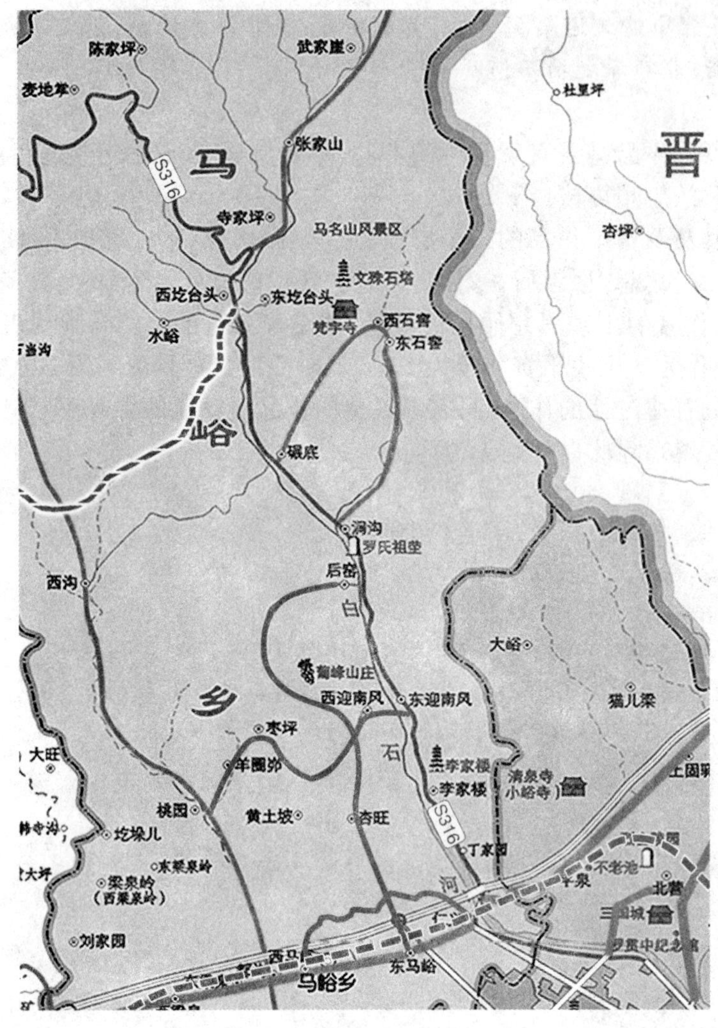

清徐示意图

一、罗贯中家族谱记始祖于后唐游宦清徐

1. 清徐罗贯中家族现存最早的家谱是明隆庆元年（1567）修纂的，此次修谱由太原府学贡生除大同府儒学训导罗正己作《清源罗氏家谱序》，其序写道：

> 夫谱者肇立人纪，纪述诸事，谱之为言，所系匪轻，乃概载诸前根本也。吾罗氏世居清源，今支派繁衍可无谱耶，无谱则无传，无传则忘本，而不知亲亲之意，况历世以来，治乱靡定或离散东西，或睽违南北，使无家谱子孙将迷失自矣。今将祖宗支派除远代外不敢妄附，故据先人口传有京畿纪述

者云，吾先祖根于蜀都，自后唐仕于青州仆射，即今梗阳也，因路远不能还乡，籍于白马一都，又本山岭下有坡地数十余晌，群峰环抱，形势宽阔，乃奠茔于斯焉。后人众分析，有迁于城南二者，有迁于城南三者，原系民籍并无军匠等役，后又有分迁于城南一者，有尽忠于京畿者，有迁居于省城者，有迁居于崞县者，有迁于湖广河南者，有留居于山乡者，尚有流于他乡不知者，但支派宗祖名号间有不能排次附录，今但自其所知，而为之录焉。有登名进士官居御史者，有登名乡试官居县令者，有居郎官杂职者，至于游国学乡学尤济济多人，大抵皆宗祖以来耕读传家，礼仪教子，积德深厚，阴及苗裔，故繁盛如是。凡我子孙世世修德，无忝厥祖可也，今权纂家谱，以序世次，俟有道者继述而修定之焉。

2. 关于早期历史罗贯中家族十四代庠生罗鳌于康熙二十六年所作第三篇序言《梗阳罗氏家谱序》也作了叙述：

因集合同宗，共议纂辑，搜括各支抄本，兼记故老传闻，确查得本族四川成都府人也。

始祖仲祥于后五代唐时，游宦于青州仆射，因原籍水灾下户任内，避乱居白马山中，二三世遂成巨族。白马山一带之产，余族十居七八，又以本山地势阔大，群峰迭起，即卜茔于斯焉。

显见，清徐罗贯中家族的始祖是于后唐自蜀仕于清徐并隐于白马一都的。

二、元代《资公和尚灵塔记》

从寺沟村北的小沟盘山而上（直线距离约 1 公里），就到了清徐著名的旅游胜地——龙林山。龙林山松柏林海，流水潺潺，群山怀抱着一座唐代古刹——梵宇寺。在梵宇寺残存的塔林中，我们于近年发现了一座造型精美别致的墓塔。该塔架构美妙，因清徐当地不产青石，青石塔身又购自远处他方，足见墓塔主人声名显赫、受人尊敬，亦见修造墓塔之众虔诚之心和经济实力。碑文就刻在八棱柱塔身上，经拓印辨认，该

碑文名为《资公和尚灵塔记》,文中高度评价了高僧资公的一生。

……生于峨眉山眉州人氏,俗姓孙,落发受业西安五台下院。辞师于中统年间,行脚游方至延安、富城、洛川、延长、延川等处,经游讲席,遍历丛林。后至至元乙丑,合伴过黄河,来太原,先住台山,后住大都,敬礼瑞像。后又到府北忻州,再过翠峰,和尚召请,冬夏结制。又至至元戊辰春月,寓止盂州圣公山,栖止转五大部经百有余遍。至癸酉年辞别回程,欲归故乡。后至至元甲戌过梗阳,天幸与乡人书生王公谈叙之次,感得在城永清寺主喜公召请结冬。至至元乙亥年三月,承永清院主西公、普照都纲泽公、乡儒王仲山、白石上下社老人等下疏敦请,于龙林山净真禅院住持设度。是时,本院不忍荒凉,牛畜践踏,堂殿溃毁。既受请,已岂可坐视而闲居之?于是,诚心发愿,茸垒兴功。创建僧堂三间,四椽厨房三间,四椽寺家。平山地一段,重整法堂一新。中殿凡所缺坏、金不完全,又一切物件功德,悉皆圆备。于至元二十三年结制,转《华严》《法华》等经五百余部,剃度门人普赞、普诚、普昌、普知、普见、普威,俗家徒弟王普用、王普显, 五年不出院庭。至至元二十六年解制开斋,散施《金刚经》千有余卷。当是之时,四众咸集缁

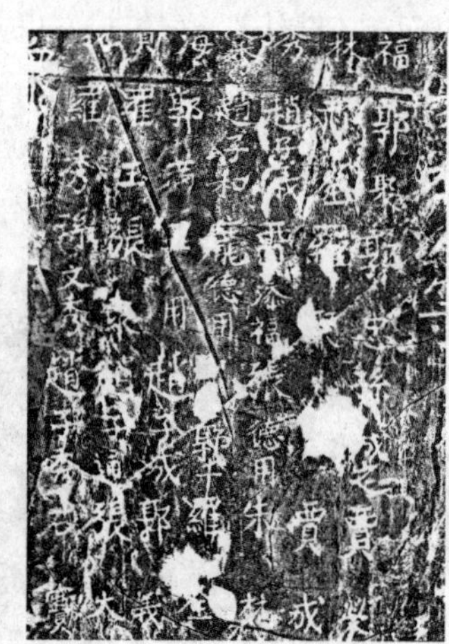

素，交游往来二十有余。祀行年七十有三岁，与里人抵暮辞而归。

碑刻于元贞元年（1295）七月。

碑文后是助缘维那众村人等名单，其中，在乡老名下有罗聚；在纠首名下有罗全、罗玉、罗秀、罗□（此字已失）。

显见，资公和尚是四川眉州人士，这五位罗姓先人是“有留居于山乡者”。

三、清徐罗氏家族与资公和尚的友谊

这次发现的《资公和尚灵塔记》表明，罗贯中家族的五位先人在资公和尚的灵塔修建中发挥了重要作用，一名乡老，四名纠首。

乡老者，一曰官名。地官之属，掌六乡教化；一曰为致仕之尊官；一曰乡里年高德劭的人。无论哪种解释，年高德劭都是应有之义。纠首，即组织领导者也，一般由德行、才能、资财皆厚者担当。

这里小述三条：其一，地缘关系。寺沟村与梵宇寺，山上山下，近在咫尺，罗氏祖先居于寺沟，资公大德高僧圆寂，邻里相帮，中华美德。其二，职责使然。乡老罗聚，职管教化，纠首罗全、罗玉、罗秀，等等地方显者，僧俗之事，乡老、显者，必然亲赴；其三，深厚友谊。资公高僧，四川人士，建功梵宇寺，“至至元二十六年解制开斋，散施《金刚经》千有余卷。当是之时，四众咸集缁素，交游往来二十有余。祀行年七十有三岁，与里人抵暮辞而归”。罗聚为乡老，祖籍四川，资公高僧在此能遇蜀之后裔，天然有缘，高僧七十有三，乡老罗聚年高德劭，二人莫逆之交，交游往来，抵暮辞归。如此情谊，料理后事，慰藉逝者，责无旁贷。

通过这件事，通过这篇碑文，我们不仅感到罗氏家族与资公和尚的深厚情谊，我们更可以还原出当时罗贯中家族在寺沟村的繁盛景象，人丁兴旺，殷实富裕，老者德高望重，壮者乐善好施。

四、元代《晋阳罗氏族谱图》

实际上早在元朝，清徐罗贯中家族是修纂过家谱的，遗憾的是毁于兵燹，但元代大学者虞集曾为此谱题序，名《晋阳罗氏族谱图题序》，其中写道：“有能追寻上世之传，至于八九世，又有祖父文墨之叙传，若晋阳罗氏者，岂得得哉。故虽小有阙轶参错，亦其势然也。罗氏之仲允中，以教授辟仪曹史，且还就蜀省幕府，持此卷来，因为题而归之。三嵎虞某题。”

晋阳即太原也，可见，至元代罗贯中家族已在太原繁衍八九世，实质就是在清徐已繁衍八九世，为什么这么说呢？因为如清徐罗贯中家族至清同治十一年

(1872)所纂二十四篇家谱记载和近二十余年来之实证,清徐罗贯中家族就是太原地区罗氏的根。所以说,至元代时罗贯中家族在清徐已有八九世,据此推算一世祖应在后唐时由蜀来清,确信无疑。且“罗氏之仲允中……且还就蜀省幕府”一语中一个“还”字,说明罗氏允中公又回到四川任职。

显见,《晋阳罗氏族谱图题序》背后的清徐罗贯中家族始祖自后唐从蜀游宦来清后,下户任内,隐居寺沟村,罗氏家族在清历史由此开始,口口相传,到元时,始纂一谱但遗失,延至明隆庆元年,终见谱成,然悠悠六百余年史,早期面貌仅据口传作记,难免令人生疑,《资公和尚灵塔记》的发现,是对罗贯中家族早期历史的一个重要佐证,它将“有书记载”的历史向前推进了 272 年。

五、乡老罗聚的出生年月

进一步对《资公和尚灵塔记》乡老罗聚的资历分析,我们可大致判断他的生卒年代,罗聚若是致仕,则年龄早已七十开外,若不是致仕,就年高德劭而言,年龄恐为更大。乡老罗聚等公为资公和尚修建灵塔是元贞元年七月,即公元 1295 年七月,那么,罗聚的出生最迟也应在公元 1220 年,时在宋朝,但北宋已亡,正处于金朝到元朝交替之际。若再考虑到罗聚出生时,其父健在、其祖父健在、抑或曾祖父也健在, 就按每代间隔 20 至 30 年计算,那么,其曾祖父的出生时间就又大大地向前推 60 至 90 年, 到了公元 1160 至 1130 年,如此距后唐就越来越近了,只剩 200 余年的间隔, 而在这 200 余年间,罗贯中家族从后唐来清徐已发展成了一个大族、望族,“留居山乡者”才会有一名乡老、四名纠首参与到资公和尚灵塔的修建之中。

所以我们认为,对罗贯中家族于后唐来清徐史实毋庸多疑。

六、罗贯中家族早期历史在民间

时至今日,白石沟的人们对罗贯中家族在白石沟的轶事遗迹, 仍津津乐道,白

石沟的一些地方地名仍沿用当时的叫法，罗贯中家族祖茔地，仍叫“罗家圩(wéi)”，圩，周边高中间低的洼地，这个字在我国南方及河、湖、海边的地方称谓地名时常用。罗家圩的叫法明显带有南方色彩。对罗贯中家族祖茔地的叫法，白石沟的人还有一些其他的称谓：居住在白石沟北边的人习惯叫“罗家坟”，居住在白石沟南边的人，还叫作“罗家花涧子”，这些叫法，千余年来，未曾改变，罗贯中家族在白石沟里的影响可谓之深远。

罗贯中家族祖茔地今属后窑村，今天在后窑村村南口有一块地方，至今仍叫“罗家场”，即罗家的打谷场，此地在 20 世纪 70 年代有部分土地用于建了民房，村民在建房取土时，曾出土了很多铜钱和四五个灶台，足见当时打谷场的繁忙和规模。

我们到梵宇寺考证资公和尚灵塔时，看山门的武姓、贾姓俩老者说，罗家坟、罗家的事，白石沟里的人都知道。

七、《续录鬼簿》

20 世纪 30 年代初，郑振铎、马廉、赵万里在天一阁访得明抄本《录鬼簿》，其后郑振铎在《明钞本录鬼簿跋》中写道：“而为余辈所最惊心动魄相视莫逆于心者，乃是明蓝格钞本《录鬼簿》一书，后附无名氏《续录鬼簿》一卷，为研究元、明间文学史最重要之未发现史料。”郑振铎诸君是《续录鬼簿》卷典藏五百余年后最早打开该书的人，随着该书的掀开，人们看到罗贯中的生平被他的忘年交清楚地记录着：

> 罗贯中，太原人，号湖海散人，与人寡合，乐府、隐语，极为清新，与余为忘年交，遭时多故，各天一方。至正甲辰复会，别来又六十余年，竟不知其所终。

至正甲辰,元顺帝至正甲辰,即公元 1364 年。这就清楚地表明,罗贯中与他的忘年交在至正甲辰复会,更准确地说,是罗贯中的忘年交写下了与罗贯中在至正甲辰又一次相见的事。通过这件事,通过这段记载,郑振铎认为是研究元、明间文学史最重要之未发现史料,原因之一就是终于看到了罗贯中的生平。

因此,学界把罗贯中的生卒定在了 1330 年至 1400 年,这也吻合罗贯中家族来清徐的早期历史,罗贯中应该就是这一时期的人。

鲁迅先生在 1935 年再版他的《小说旧闻钞》时讲道:“……自《续录鬼簿》出,则罗贯中之谜,为昔所聚讼者,遂亦冰解,此岂前人凭心逞臆之所能至哉!”

由发现元代《资公和尚灵塔记》,而引发了以上七个方面的论述,通过这七个方面的论述,勾勒明晰了罗贯中家族来清徐的早期历史,对明朝隆庆元年《清源罗氏家谱序》中确立的代数中出现的阙疑差错,是一个重要诠释,是对罗贯中研究中唯代数论的一个解答。

(作者工作单位:清徐县罗贯中研究会)

罗贯中流徙江苏行踪考

浦玉生

关于罗贯中，20 世纪 30 年代郑振铎等人发现了浙江宁波《天一阁蓝格写本正续录鬼簿》记载的一点信息：“罗贯中，太原人，号湖海散人。与人寡合，乐府、隐语，极为清新。与余为忘年交，遭时多故，天各一方。至正甲辰复会，别来又六十余年，竟不知所终。”该记载还透露了罗贯中所作的戏曲：《风云会》(宋太祖龙虎风云会)、《蜚虎子》(三平章死哭蜚虎子)、《连环谏》(忠正孝子连环谏)。1935 年鲁迅在《小说旧闻钞》再版序言中说：“自《续录鬼簿》出，则罗贯中之谜，为昔所聚讼者，遂亦冰解，此岂前人凭心逞臆之所能至哉！”

罗贯中(约 1316－约 1400)，名本，字贯中，号“湖海散人”。中年时曾入张士诚幕，足迹遍于江淮之间。1363 年，因张士诚拒绝劝谏，施耐庵(1296－1370)、罗贯中、鲁渊、刘亮等有识之士纷纷离去。罗贯中当与施耐庵相伴，流徙于泰州海陵县白驹场(今盐城市大丰区白驹镇)、淮安市淮安区大香渠 6 号。1370 年施耐庵在淮安逝世后，罗贯中与淮安王道生告别，山西太原的家是不能回了，隐居大名府浚县(今河南鹤壁市淇滨区许家沟一带)，在黑山之麓、淇水之畔的许家沟背山依水，山清水秀，风景优美，在这里他撰写《三国演义》、续写《水浒传》一百二十回本平河北田虎、平淮西王庆部分，直至逝世。罗贯中号“湖海散人”，这个号颇有浪迹江河湖海的意味。他长期生活于江淮之间、苏杭一带，明代文学家郎瑛(1487－1566)《七修类稿》卷二十三说：“《三国》《宋江》二书，乃杭人罗本贯中所编。予意旧必有本，故曰编。”明代藏书家胡应麟(1551－1602)所著《少室山房笔丛》卷四十一，在谈及施某编《水浒传》时，说：“其门人罗本亦效之为《三国志演义》。”

李详(1859－1931)，字审言，江苏兴化人，曾任江苏通志局协纂，拟《江苏通志·艺文志》编例；1928 年中央研究院聘李审言和鲁迅、胡适等 12 人为特约著述员。李详为当代方志大家。刘仲书《施耐庵历史的研究》(稿本)中记载李详的话说：“施耐庵先生因为著《水浒传》而坐过大牢，也因为著《水浒传》享了大名，可惜他的生平事迹，不独胡、欧、张、梁四种县志未采入载明，就是他的子孙谈到他的真相，也是‘讳莫如深’。现在民国成立，文字既不为科举所束缚，人物又不为专制政体所限制,县志有所记载,从此更没有什么顾忌,那么,大文学家的施耐庵,我们可以从宽采访他的古迹和遗闻,一一载入‘补遗’栏中。”遂在《兴化县续志》载入《施耐庵墓志》全文:

> 公讳子安,字耐庵。生于元贞丙申岁,为至顺辛未进士。曾官钱塘二载,以不合当道权贵,弃官归里,闭门著述,追溯旧闻,郁郁不得志,赍恨以终。公之事略,余虽不得详,尚可缕述;公之面目,余虽不得亲见,仅想望其颜色。盖公殁于明洪武庚戌岁,享年七十有五,届时余尚垂髫,及长,得识其门人罗贯中于闽,同寓逆旅,夜间炧烛畅谈先生轶事,有可歌可泣者,不禁相与慨然。先生之著作,有《志余》《三国演义》《隋唐志传》《三遂平妖传》《江湖豪客传》(即《水浒》)。每成一稿,必与门人校对,以正亥鱼,其得力于弟子罗贯中者为尤多。呜呼!英雄生乱世,则虽有清河之识,亦不得不赍志以终,此其所以为千古幽人逸士聚一室而痛哭流涕者也。先生家淮安,与余墙一间,惜余生太晚,未亲教益,每引为恨事。去岁其后述元(文昱之字),迁其祖墓而葬于兴化之大营焉,距白驹镇可十八里,因之,余得与流连四日,问其家世,讳不肯道,问其志,则又唏嘘叹惋;问其祖,与罗贯中所述略同。呜呼!国家多事,志士不能展所负,以鹰犬奴隶待之,将遁世名高。何况元乱大作,小人当道之世哉!先生之身世可谓不幸矣。而先生虽遭逢困顿,而不肯卑躬屈节,启口以求一荐。遂闭门著书,以延岁月,先生之立志,可谓纯洁矣。因作墓志,以附施氏之谱末焉。

在这个墓志铭中,将施耐庵与罗贯中写到了一起,虽然这个记载当部分不准确,但他说明施耐庵与罗贯中的关系,却是可信的,“家淮安”这个地点被全国第三次文物普查所证实,在今淮安市淮安区淮城镇大香渠6号施耐庵书斋,也是罗贯中的流徙地。

淮安地处江苏北部腹地,淮河尾闾。大运河龙盘而过,洪泽湖虎距期间。

淮安府城是个极其繁华热闹之城,这里南船北马,南腔北调,各色人等,众语喧哗。据《史记》记载,淮安在汉朝即有“陆则资车,水则资舟”之便。公元前486年,吴王夫差为了争霸中原,开凿古邗沟,长150余公里,沟通江淮。长江流域的军旅乘船北上,到淮安下船后上车马;黄河流域的军旅乘车马南下,到淮安下车马后上船,“南船北马”汇聚淮安的局面形成。淮安一直是郡、州、路、府的治所,是江淮流域一个经久不衰的政治、文化中心和军事重镇,素有“壮丽东南第一州”的美誉。元末明初,淮河、大运河纵贯全境,成为“九省通衢,七省咽喉”。

汉武帝元狩六年(前117),设置射阳县,此为淮安境域建县之始。东晋义熙七年(411),改射阳县为山阳县,南齐永明七年(489),分山阳县百户置淮安县,淮安之名始于此。隋唐宋时期于此置楚州。元代置淮安路，明清置淮安府。淮安古城最早筑于东晋义熙年间(405—418)，以后多次修葺和重建。元末至正十六年(1356)，张士诚义军攻占淮安，脔割守臣褚石华，至正二十五年(1365)，张士诚部将史文炳于旧城北一里许建筑新城。明嘉靖三十九年(1560)将新老城连接起来，称联城或夹城。整个城市以镇淮楼为中心，形成棋盘式道路格局，水面占城市总面积百分之三十。1949年后，拓宽东西长街和南北门大街，东西向的镇淮楼东、西路，东、西门大街等主街道。

淮安城内王肇庆当典，是苏北地区最大的一个当铺。王肇庆老板为人不俗，喜欢结交世上名流。他家产甚富，院中有花园戏楼、亭台楼阁、荷池假山。施耐庵与王肇庆交情甚厚，患难与共。他隐居在王家书房，不久买下了淮城棋盘街东头都土地祠西侧一个单门独院，得以一边治病，一边修改《水浒》。而其隔壁即为罗贯中寓所一间，他在创作《三国志通俗演义》。

此处"耐庵书斋"是施耐庵的终老地，罗贯中的流徙地。此建筑坐北朝南，是个闹中取静的好地方。东侧百米许是淮安城市中心的镇淮楼，该楼始建于宋代，原为镇江都统司酒楼，明代时曾置铜壶刻漏以报时，故名谯楼，又名鼓楼，清代后期，因水患不断，遂改名"镇淮楼"，含有"镇慑淮水"之意。西侧百米许是里运河，进是闹市，退是运河。大运河开通后，四通八达，进退自如。在都土地祠后也有深意，都土地祠是纪念张士诚的，虽然朱元璋夺得天下，不能明祭，所以只能以祭张巡为名。宋辽开战是以淮河为界，这里有着许多惊天地泣鬼神的故事。

施耐庵在明天都外臣序本《水浒传》第一百回本最后一回中说："原来楚州南门外，有个去处，地名唤着蓼儿洼。其山四面都是水港，中有高山一座，其山秀丽，松柏森然，甚有风水，虽然是个小去处，其内山峰环绕，龙虎踞盘，曲折峰峦，陂阶台砌，四围港汊，前后湖荡，俨然是梁山泊水浒寨一般。"《水浒传》中所言"四义士墓"，在《淮安市志》有记载为"官家大坟茔"，相传为"淮南盗"宋江墓。宋时的盐城县行政上属(淮安)楚州。

而罗贯中当然也要在其《三国演义》中留下痕迹，曹丕奉汉献帝为山阳公，何以如此呢？罗贯中此处当指都土地祠是纪念张士诚的深意，而施耐庵、罗贯中所居住的大香渠6号的巷口就是都土地祠，其他的外人有所不知，如清代吴玉搢《山阳志遗》记载："郡城有都土地祠，其神封山阳公，本不必实其人。俗人读《三国演义》，见曹丕奉汉献帝为山阳公，遂认以为实，书庙榜称之。不知《后汉书·献帝本纪》注，明言'河内山阳'，何得移置此地？《郡志》亦不知此言出典，改云：'汉世祖建武十五年，封子荆为山阳公，治山阳，十七年为王国，神乃巨祸之子。'按：此说见于郦道元《水经注》，宜为可据，然郦注亦误。光武时，此地郡县皆无山阳之名；建武十五年封皇子十人，如右翊，如楚，如东海，如济南，如东平，如淮阳，如左翊，如琅邪。九处非郡即国，何独子荆乃封之以非郡非国之山阳乎？

古人封国,无是例也。道无因《明帝本纪》:'永平元年徙山阳王荆为广陵王。'后世接壤,遂误认耳。荆所封实兖州山阳也。"①

《三国志通俗演义》卷十一《诸葛亮二气周瑜》一节中,叙及"拖篷船"时有夹注说:"此船极快,两浙人呼刳子船,淮南人呼艇船。"由此可知,罗贯中曾长期活动于两浙及淮南一带,故对当地的舟船及方言颇为熟悉,他长期生活于江淮之间,这是没有疑问的。

罗贯中参加张士诚农民起义,张士诚又是施耐庵的老乡。明王圻《稗史汇编》说:"如宗秀罗贯中,国初葛可久,皆有志图王者;乃遇真主,而葛寄神医工,罗传神稗史。"清顾苓《塔影园集》说:"罗贯中客霸王府张士诚,所作《水浒传》题曰《忠义水浒》。……至正失驭,甚于赵宋,士诚跳梁,剧于宋江,《水浒》之作,以为士诚讽谏也。"清徐渭仁《徐鋆所绘水浒一百单八将图题跋》:"施耐庵感时政陵夷,作《水浒传》七十回。罗贯中客伪吴,欲讽士诚,续成一百二十回。"以上明清三条笔记均认同罗贯中参与了张士诚农民起义的,显然不是空穴来风。

在盐城市大丰区白驹一带流传不少罗贯中的传说,"施耐庵与《水浒》的传说"已被列为江苏省口头及非物质文化遗产,随着施耐庵史迹的"水落石出",罗贯中史实也会"山高月小"。我在长篇人物传记《湖海散人——罗贯中传》一书中有所记载:

> 泰州海陵县白驹场(今盐城市大丰区白驹镇)有个关帝庙,每年农历五月十三,都有庙会,烧香、游玩的游人如织,十分热闹。罗贯中在写"庞令明抬榇决死战,关云长放水淹七军"一回时,因前面写过几次"水战",想写得与前面不雷同,写了改,改了写,自己总是不满意。正在这时,施耐庵让其一起去参加庙会,散散心。
>
> 白驹场关帝庙,位于白驹镇东南凤凰桥西,世传北宋景德年中建成,宋朝以前为真君庙,内供真君娘娘塑像一尊。北宋初年大水临门,沟港无边,庄禾俱没。庙僧见一木盒漂泊水中,随波荡漾,众僧奇而捞之,打开观看,内装关帝神像一轴,乃喜设殿堂,沐手焚香,祷告斋供。众人皆说,此乃关老爷真像,从此募捐造殿,更名关帝庙。范仲淹曾作碑记。
>
> 施耐庵、罗贯中同游白驹关帝庙,施耐庵与罗贯中进行山门,只见山门前有一对盘立石狮,此一对高大的盘立石狮完好无损,今已移至盐城市大丰区施耐庵公园内。
>
> 庙门两旁的对联是:
>
> 庙镇白驹,瞻圣像无双,礼拜千秋逢竹醉;
> 楼非黄鹤,听众音迭奏,依稀五月落梅花。
>
> 与关帝庙头进并排,东边魁星楼,再北为文昌宫,华佗殿、瘟神祠分立

左侧前后；西属蚂蚱殿，其后香积厨、鹤林厅。第二进为拜殿，第三进为正殿，正殿供奉红脸关公，殿内楹联有数十副，如“赤兔追风，万里如同咫尺；青龙偃月，千秋不减锋芒”“有半点生死交情亦可入庙谒帝；无一些忠义血性何须叩首焚香”。

进得关帝庙，人们常见的关公形象，都是周仓牵马在旁，关平执刀侧立，关公坐着读《春秋》，让人看了威风凛凛。可白驹关帝庙的关公像却是另外一番样子：关公骑马舞刀在山沟，人马皆无腿，周仓赤脚弯腰在山坡，两手向前作戽水状，关平揪住一大汉身中撕打，也只有半个身子，这是怎么回事呢？

施耐庵、罗贯中二人在庙中转了一回，被小和尚请到方丈室内用茶，罗贯中按捺不住心中的疑团，便问老和尚说：“贵庙的关公像为何这等模样？”

老和尚说：“关公乃文武全才，忠烈盖世，死后封神。想当初建庙塑像时，本来也是塑的金身坐像，尚未竣工，半夜时洪泽湖的水下来了，把塑像冲得东倒西歪，洪水退后，人马都只剩下上半身，为了赶在五月十三庙会前，庙里当家师父愁得日夜吃不下，坐不宁，夜来梦见关公显圣，说：‘老和尚不必忧愁，当年我水战庞德，半身在水中，你就照此塑像好了。’老和尚醒来喜不自胜，就叫匠人把剩下的上半身略加修整，才成了现在这样子。”

洪泽湖是空中的“悬湖”，其湖底高于淮扬里下河地区四至八米，民谚说：“倒了高家堰，淮扬二府不见面”，现洪泽湖变成了一个巨型的平原水库。洪泽湖大堤史称高家堰、捍海堰。宋高宗建炎二年(1128)，金兵南迁，宋将杜充决开黄河，以水代兵，河水部分南流，由泗入淮。南宋绍熙五年(1194)黄河于河南阳武(今河南省原阳县)决口，分为南北二支，南支冲入泗水，经淮阴注入淮河而入海。

老和尚的话，说到了罗贯中的心里，他想：我已写过曹操水淹冀州，张飞据水断桥，周瑜火烧赤壁，都与水战有关，这次我何不就写山洪暴发，水淹七军，庞德被俘呢？

“关云长水淹七军”：看了半晌，唤向导官问曰：“樊城北十里山谷，是何地名？”对曰：“罾口川也。”关公大喜曰：“于禁必为我擒矣。”将士问曰：“将军何以知之？”关公曰“鱼入罾口，岂能久乎？”诸将不信。

……

众视之，擒庞德者，乃周仓也。他素知水性，又在荆州住了数年，愈加惯熟；更兼力大，因此擒了庞德。于禁所领七军，皆死于水中，其会水者，料无去路，亦皆投降。后人有诗曰：

夜半征鼙响震天，襄樊平地作深渊。
关公神算谁能及，华夏威名万古传。

关于白驹关帝庙,清代袁枚《子不语》中记载:“相传东台白驹场关庙,周仓赤脚,因当日关公在襄阳放水淹庞德时,周仓亲下江挖坑故也。戊申冬,余过东台,与刘霞裳入庙观之,果然赤脚。又见神座后,有一木匣,长三尺许,相传不许人开。有某太守祭而开之,风雷立至。”当然,这是后话。

袁枚(1716—1798),字子才,号简斋,或作存斋,祖籍浙江慈溪,后迁居杭州。清乾隆时进士,入翰林,曾先后任溧水、江浦、沐阳、江宁等县县令,有政声。中年时隐居江宁(今南京)小仓山的随园,自称仓山居士、随园老人,是清代中叶著名的文学家和诗人。

施耐庵、罗贯中是一对师生关系,是中国古典文学名著的双子星座,罗贯中流徙江苏的行踪倒是耐人寻味,不免让人“斟酒细思量”的。

注释:

① 孔另境编辑《中国小说史料》,上海古籍出版社 1982 年 12 月版。

(作者工作单位:江苏盐城市中国水浒学会)

浅议传承发展罗贯中文化

康守勤

中华传统文化源远流长，博大精深。罗贯中文化是中华传统文化的一部分，传承发展罗贯中文化是历史的责任，社会的呼唤，当今时代的需求。

提起罗贯中文化，在罗贯中故里——清徐大地，无人不知无人不晓。它是清徐地方特色文化名片。所谓罗贯中文化，就是罗贯中思想、智慧、才华及丰富实践的结晶，是以罗贯中文学作品以及文物遗存为载体的展现。罗贯中先生一生一无功名，二无官职，大半生漂泊在外，从事戏曲、乐府隐语和小说的创作。一生文学作品颇多，仅小说就有《三国演义》《水浒全传》《隋唐两朝志传》《三遂平妖传》《残唐五代史演义》五部之多。他是中国章回小说的开山鼻祖，是中国历史上的文学巨擘，他的代表之作《三国演义》，与施耐庵合著的《水浒传》两部小说列入中国四大名著。这两部名著是中国乃至全人类历史悠久的宝贵文化遗产，在世界上有深远影响，在中国文化史上是一大创举，研读这两部名著，是浏览中国古典文学的智能之海，也是阅历中国传统人文社会、伦理、历史、地理、民俗、心理、处事策略的知识宝库。以其巨著为载体的罗贯中文化不仅是地方特色文化，是当之无愧的中华优秀传统文化。

罗贯中文化，具有中华优秀传统文化特质，是中华民族独特的精神标识，是中华民族生生不息发展壮大的丰厚滋养，是中国特色社会主义植根的文化沃土，是当今中国发展的突出优势；具有延续和发展中华文明、促进人类文明进步的重要作用。

传承发展罗贯中文化符合中央的精神和要求。为了传承发展中华传统文化，中央印发了《关于实施中华优秀传统文化传承发展工程的意见》。中央文件明确提出了传承发展优秀传统文化的目标、内容、任务和要求。传承发展目标是：到 2025 年，中华优秀传统文化传承发展体系基本形成，研究阐发、教育普及、保护传承、创新发展、传承交流等方面协调推进并取得重要成果，具有中国特色、中国风格、中国气派的文化产品更加丰富，文化自觉和文化自信显著增强，国家文化软实力的根基更为坚实，中华文化的国际影响力明显提升。传承发展优秀传统文化的内容有三方面，一是传承发展核心思想理念，大力弘扬讲仁爱、重民本、守诚信、崇正义、尚和合、求大同等内容；二是传承发展中华传统美德，大力弘扬自强不息、敬业乐群、扶危济困、见义勇为、孝老爱亲等内容；三是传承发展中华人文精神，大力弘扬有利于促进社会和谐、鼓励人们向上向善的思想文化内容。在传承发展罗贯中文化中，要贯彻落实中央精神，把中央提出的目标和内容作为传承发展罗贯中文化的目标和内容。

传承发展罗贯中文化，一是要阐释它的核心思想理念、传统美德、人文精神的内容。二是要选择确定传承发展的手段。

关于罗贯中文化的核心思想理念、传统美德、人文精神。罗贯中先生一生从事文学创作，其文化的核心思想理念、传统美德、人文精神，主要蕴含在文学作品中。研读其代表作《三国演义》就不难发现，比如，忠义爱民、主张国家统一、热爱中华民族、痛恨奸诈邪恶、天下兴亡匹夫有责、缅怀英雄、忧国忧民、文以载道以文化人等内容。

罗贯中文化的传承发展手段种种，形式多样，主要是教育普及率的大小，效果好不好。多年来，清徐人在罗贯中文化的传承发展上，选择举办罗学论坛、开展学术研讨、召开全国性学术会议、编辑出版书刊、拍摄影视、编演戏剧、建纪念馆、修葺罗贯中祖茔等传承发展形式，并取得了很好的成效，扩大了罗贯中文化的影响。但是这些传承发展的成果多是停留在书本上，文字中，受众有限，不足以达到教育普及。如果选择发展罗贯中文化教育和打造罗贯中文化产业园，以罗贯中著作为底本，以其核心思想理念、传统美德、人文精神为主要内容，将会把罗贯中文化的传承发展推向一个新阶段，将会取得更广更大的效果。

关于发展罗贯中文化教育。在罗贯中故里普及罗贯中文化的教育，让罗贯中文化进社区、进校园、进课堂。可举办文化讲座、上课讲授，可开展读书讲故事活动，可进行座谈活动，等等。在罗贯中文化中提炼出与社会主义核心价值相契合的内容，编写出适合受教育人群的分层次的罗贯中文化读本，作为普及教材，或供阅读用，或供讲授用。扎扎实实地有针对性地在群众中、在学生中开展罗贯中文化的普及教育。

关于打造罗贯中文化产业园。河南许昌、浙江富阳、四川南充和湖北赤壁建设三国文化产业园，走在前，动作大。许昌投资 48 亿元人民币，占地 1318 亩，依托曹魏文化打造三国文化产业园，2018 年投入运营；富阳依托东吴文化，占地 130 亩，建成东吴公园；陈寿故里南充依托三国文化，投资 15 亿元人民币，占地 300 亩，打造三国文化产业园；赤壁依托三国文化，投资 10 亿元人民币，建成三国赤壁古战场。这些地方打造三国文化产业园的举措，为清徐人打造罗贯中文化产业不仅增加了自信心，同时提供了值得借鉴的好经验好做法。

从另一个角度讲，清徐属资源型地区，正处在经济转型，产业结构调整期。依托罗贯中先生留下的巨大文化遗产，利用清徐有山有水有湖的地理优势，利

用清徐距省城太原仅30公里的区位优势，利用快速路、高速路、铁路路路通清徐的交通优势，利用清徐近连常家庄园、乔家大院、卦山公园、晋祠公园等景区的旅游线路优势，打造罗贯中文化产业园，把文化资源优势转化为旅游资源优势，发展文化旅游事业也是一项不错的选择，可谓上上策。发展文化旅游事业，国家支持，省市重视，环保无污染，朝阳寿命长，一次重大投资，长期受益，带动服务行业大发展，扩大就业，可谓利国利民的大好事。

建设罗贯中文化产业园，只要贯彻中央传承发展优秀传统文化的意见，认真学习外地的经验，坚持科学规划设计，坚持思想性和艺术性的一致性，做到传统文化与休闲文化相结合，寓教于乐，老少皆宜，充分利用高科技、智能化、现代化手法，在运作上坚持政府主导，社会参与，企业投资，招商引资，科学管理，监督到位，一定能打造成具有中国特色、中国风格、中国气派的文化产品。

总之，传承发展罗贯中文化，也是传承发展中华传统优秀文化，发展罗贯中文化普及教育和建设罗贯中文化产业园也是传承发展罗贯中文化。

（作者工作单位：清徐县罗贯中研究会）

毛宗岗和《四大奇书第一种》

陈翔华

三国故事源远流长。历来诸多文学艺术家及民间伎艺人等都曾陆续不断地进行再创作,宋元时期城乡的讲唱书场和表演舞台上俱已发出熠熠之光彩。到元末明初,杰出作家罗贯中独具匠心,擘画经营,在极其繁芜的前代艺术素材基础上,参订史事,采摭传说,成功地编撰了中国小说史上第一部长篇历史小说巨构《三国志演义》。罗贯中书出,时人辗转争相传抄。但是,在流转过程中,又往往再次反复整理和修饰,或变更其分卷结构,或增删其情节、细节及文字,于是在明代便已出现诸多版本。今所知见者约达三十种。

清代初年,毛宗岗重新加以修改和批评。毛宗岗所评改的《四大奇书第一种》乃是《三国志演义》版本史和批评史上的一座里程碑。自此,毛本遂替代了罗贯中原书及其他诸明刊本,成为三百几十年来最为风行的读物。直到近年整理出版的《三国志演义》文本乃至改编他类视听艺术的作品,也还往往凭据以之为底本。

一

毛宗岗(1632-1709 后)字序始,号孑庵。长洲(今江苏苏州)人。他的生活年代,可据毛氏所写一篇题跋的自叙来确认。清康熙四十八年(1709)春,宗岗应其弟子蒋深之请,为同里前辈乡宦蒋灿(号雉园)的会试朱卷及遗墨而作《雉园公戊辰朱卷并遗嘱手迹合装册题跋》。毛跋说:"岁辛卯,先生延馆先君子俾冢孙云九世兄受业焉;于是予从先君子后,常得谒先生……予屡以拙艺请政,辄蒙嘉许。时予方弱冠耳,而今忽忽已老矣。"据此而知,毛宗岗在"岁辛卯"随受聘为蒋府塾师的乃父面谒蒋灿而获之"嘉许",这一年他正"方弱冠"二十岁。查清稿本《娄关蒋氏本支录》(清蒋祖芬辑)载:蒋灿生于明万历二十一年(1593),卒于清顺治十八年(1661);而在明崇祯末年便"退归田里,闭门著书"。按宗岗之进谒在蒋灿"退归田里"间,可见其"岁辛卯"当是清顺治八年(1651)。由此上推二十年,乃知毛宗岗生于明崇祯五年(1632)。至于卒年,无疑在作《题跋》这年的春后或

至其后，即清康熙四十八年的春后或其后不久。有年至少七十八岁。(参见拙作《毛宗岗的生平与〈三国志演义〉毛评本的金圣叹序问题》)

毛宗岗出身在一个贫穷的儒家知识分子家庭。父亲毛纶字德音，失明后更号声山。声山疑生于明万历三十九年(1611)或稍前年间[①]。有文名，浮云客子称许“其锦心绣肠，久为文坛推重”(《第七才子书序》)。曾受聘坐馆课徒，弟子中有后为候选知县的蒋之逵(字云九，1636－1684)等。瞽目失视后，同辈深惜之学富家贫，感叹其“两字饥寒一腐儒，空将万卷付嗟吁”(褚人获《坚瓠补集》卷二)。文学家尤侗(1618－1704)还说：“毛子以斐然之才，不得志于时，又不幸以目疾废，仅乃阖门著书”，“寓笔削于传奇之末”(《第七才子书序》)。此前曾评罗贯中《通俗三国志》，子宗岗也参与其事，却为人所窃据。继而又评高则诚《琵琶记》，“口授儿曹，使从旁笔记之，更使稍加参较”(毛纶自序)而成《第七才子书》行于世。在《第七才子书》的成书整个过程中，毛宗岗不仅笔录盲父对《琵琶记》评论的全部口述并加校定，还时时对乃父之评而发表自己的独立见解：或对父说之意味犹未尽处则“畅言之”，或对父所“未发之旨而增补之”。他还自撰《参论》五千言，附于《第七才子书》之《前贤评语》后。宗岗始终参与乃父评论《琵琶记》的工作，从其实际作用看，可以算得上是第二作者，尽管并没有联署。凡此，实乃也是他后来评改《三国志演义》之在学术上的预期演练。

毛宗岗参加过科试，获得好名次。据《苏州府长、元、吴三邑诸生谱》(清钱国祥辑)卷一载：“顺治八年辛卯(1651)李宗师科试”共录取长洲县诸生四十人，毛宗岗列于第三名。按是科试官为监察御史李嵩阳(河南封邱人)。

毛宗岗也曾在“吴中望族”蒋府担当过西宾。弟子蒋深(1668－1737)字树存，号绣谷、苏斋等。为蒋灿曾孙、友蒋铭三子(后出为嗣)，宗岗称之“乐安佳士”(按“乐安”乃苏州蒋氏之郡望)，关系比较密切。蒋深工诗能书画，以参与纂修《书画谱》等，特授余庆知县，官至朔州知州。有《绣谷诗》《黔南竹枝词》《雁门余草》《鸿泥轩集》等。沈德潜《清诗别裁集》收其诗五首，评曰：“(绣谷)诗亦时露警句，名场中交重之。”与查慎行诸名流有交。

在毛宗岗的思想和学术道路上，许些师友对他产生过较为重要的影响。除乃父毛纶外，还有“志在《春秋》，举冠麟经”的前明乡宦而身后入乡贤祠的理学家蒋灿(1593－1661)，乃师浮云客子(据李正学等考此人为理学家彭珑)，大文学批评家金圣叹(1608－1661)，《古文汇钞》编纂者蒋铭(1635－1669)，历史小说《隋唐演义》及《坚瓠集》编撰者褚人获(1635－？)等。

毛宗岗的著述，除《四大奇书第一种》(《三国志演义》评改本)外，今见多为散篇。计分三类。

(一)理论批评：《参论》十四则，载清刊本《第七才子书》(毛声山评《琵琶记》)。

（二）杂文与散文：《孑庵杂录》存七篇，其中《朋友不通财》《司帑有识》二篇载清刊本褚人获《坚瓠广集》，《僧道乞诗》《王贵学别子诗》二篇载《坚瓠补集》，《秦桧日受铁鞭》一篇载《坚瓠秘集》，《孝道明王》《陈学究》二篇载《坚瓠余集》。按《孑庵杂录》疑当为宗岗所著单行本。

又有坚瓠九集《序言》（载清刊本该集卷首），《戒角篇》（载《坚瓠十集》卷一），《猫弹鼠文》（载《坚瓠补集》卷一），《雉园公戊辰朱卷并遗嘱手迹合装册题跋》（载清抄本《娄关蒋氏本支录》中册），《题金豫音小像》（载清刊本《金氏重修家谱》卷七），《天干地支谜》四则（载《坚瓠续集》卷一）。

（三）诗词：《庚申元旦宜振堂介五十寿》七律二首（载清刊本《金氏重修家谱》卷八），《西江月·咏螯鹤》（载《坚瓠补集》卷二），《西江月·咏茧鹤》（载《坚瓠补集》卷二），《临江仙·自叹》（载《坚瓠补集》卷五），《白蘋香》（载《坚瓠补集》卷六），《美女灯谜》（载《坚瓠补集》卷四）。

以上著述中的某些文字，如祝寿诗赞之类却被载入名家族谱等书，说明毛宗岗之作受到时人的重视。

二

毛宗岗评改《三国志演义》（下略称毛评本），中国国家图书馆所藏的《四大奇书第一种》乃是其最早之刊本。《中国古籍善本书目》子部小说类加以著录。

中国国家图书馆（下略称国图）所藏本，六十卷一百二十回，半叶八行二十四字，四周单边。存封面、序、凡例、总目、人物图、读三国志法。是书诸回首叶或末叶的板心下方，刻有“醉畊堂／藏板”五字或“醉畊堂”三字，乃为金陵书坊醉畊堂刊行②，故可称之清醉畊堂刊本。这部刊本与后来广泛通行之诸毛评本相比较，有几点很可值得注意之处。

第一，此书的刊行是毛宗岗本人还在世之时，为最早的刊本。卷首有李渔（1611－1680）序，末题“康熙岁次己未十有二月，李渔笠翁氏题于吴山之层園”。“康熙岁次己未”，即清康熙十八年（1679）。这部清康熙十八年序刊本问世之时，毛宗岗四十八岁，而他三十年后才离世，是为其生前刊出的重要著作且自当十分关切。

而后来通行的毛评本却将李渔原序稍加修改而称作“金圣叹”序，末题“时顺治岁次甲申嘉平朔日，金人瑞圣叹氏题”。按“顺治岁次甲申嘉平朔日”，即清顺治元年农历十二月初一（公元 1644 年 12 月 29 日）。这一年还是明崇祯十七年，三月崇祯帝自缢死，九月清顺治帝自沈阳至北京，然而五月间明福王朱由崧已在南京即帝位而建立南明王朝（改明年年号为弘光）；次年五月清兵下南京后，贝勒博洛乃奉命率师“徇苏州、松江、嘉兴等地，至杭州”（周沅稿本《满洲

编年纪要》)。在清兵占领南京以前,苏州等南明统治区正继续奉行明朝正朔而不可能使用清之年号。可见,题清"顺治岁次甲申"的所谓"金圣叹序",仅就撰写时间这一点而言,也不难看出其伪造的马脚。(再说毛宗岗此年才十三岁,怎么便已能批改"三国"出书呢!)

第二,书名是"四大奇书第一种"而不作"第一才子书"。清醉畊堂刊本各卷端与卷首总目俱题"四大奇书第一种"(板心亦俱如此),封面作"古本三国志"(右上)"四大奇书/第一种"(大字两行)。这才是毛宗岗还健在世时的书名。按先前明冯梦龙(1574—1646)已有称许小说《三国》《水浒》《西游》与《金瓶梅》为"四大奇书"之说,其后李渔承之而亦以毛评本为"四大奇书第一种"(见李渔《四大奇书第一种序》)。可见,毛评本的原书名为"四大奇书第一种"无疑。

在《三国志演义》刊行史上,最早称"第一才子书"的是李渔自成之评阅本。李渔在为毛评本《四大奇书第一种》作序之后不久,草率而成新评本,其两衡堂刊本封面题名"笠翁评阅绘像三国志第一才子书"。这是刊本书名正式称"第一才子书"之始。李氏评阅本尽管以插图精美著称,但是其文本及批评文字并无特色,甚逊于毛评本。于是,后人便将"第一才子书"之书名取自李氏而冠于毛评本。有清一代,毛评本始见之原书名为"四大奇书第一种",毛氏身后却曾在同一刊本上并存"四大奇书第一种"与"第一才子书"两个书名,到最后则只题"第一才子书"而其原名反为人们所罕知了。

第三,主撰及撰述参与者。清醉畊堂刊本署名涉及毛宗岗、杭永年、毛纶三人。先说卷端所题"茂苑毛宗岗序始氏评　吴门杭永年资能氏评定"。(杭永年"评定",或偶作"校评""评选"。)从题署方面来看,毛宗岗无疑是此书的第一作者或主撰人,而杭永年也当曾在成书或刊板过程中参与其事,或做过某些批评文字的酌选和校定工作。果真如此的话,这部书仍然无妨称之"毛评本"。再说封面上栏和总目次行又题"声山别集"四字。毛纶在清康熙初年所评《琵琶记》成书之际,曾自谓"前岁得读其原本(即指罗贯中《通俗三国志》)",爰以批评,"且许儿辈亦得参附末论共赞其成",但是"忽遭背师之徒欲窃冒此书为己有"(毛纶《第七才子书琵琶记·总论》)。后来,毛宗岗秉承乃父遗愿,在已往批评基础上重新对《三国志演义》进行整理与评点而成新著《四大奇书第一种》。宗岗既承父愿,此书中亦当存乃父某些学术成果,故出书时便在封面与总目处加署"声山别集"。至于身处杭州的李渔听其婿沈因伯自金陵来"索序",乃以是书为"声山所评",实因未及详察其间曾遭人"窃"据而后毛宗岗又重新撰作之故也。但到康熙三十五年(1696),曲江廖燕(1644—1705)游吴门而撰《金圣叹先生传》,说:"先生没,效先生所评书,如长洲毛序始、徐而安,武进吴见思、许庶庵为最著,至今学者称焉。"(见清抄本《二十七松堂集》卷十四。按"没"当作"殁","而安"当作"而庵"即徐增。)文学家廖燕在这里指出:效法金圣叹"评书"者有毛宗岗诸人为

“最著”,而宗岗排名又居于位首(按廖燕排名非据年辈,如排第二的徐而庵却比宗岗大二十一岁);宗岗之“所评”书名是文虽未直接说出,其实乃众所周知,就是指十多年前刊行而一直风传于世的《四大奇书第一种》。廖燕在苏州进行访问和实地考察的结果,与先前李渔“声山所评”的说法不同,这部“长洲毛序始”之“所评书”《四大奇书第一种》不仅得到当地学术界的普遍承认,而且还为“学者称焉”。尽管毛宗岗曾经得益于乃父,但是他的主撰地位是不容动摇的。

后来随着是书之名被偷换为《第一才子书》,所题署的参与者名录也有所异同。今取拙藏清咸丰三年(1853)常熟珍艺堂重刊本《第一才子书》(下称清珍艺堂刊本)为例,以之与清醉畊堂刊本相比较。可以看到:其一,清珍艺堂刊本《第一才子书》虽然保留了醉畊堂刊本原题署参与者的三人名录,但是其中毛声山、杭永年名字出现的频率很低(只在总目端题上显示“声山别集”“吴门杭永年资能氏定”各一次。而醉畊堂刊本题“声山别集”还见于封面共计二次,署“杭永年”“评定”字样还见于各卷端共达六十一次)。此二人之名虽保留,但予以弱化的处理。至于“茂苑毛宗岗序始氏评”在珍艺堂刊本中凡见六十一次(在总目次行及各卷端),与醉畊堂刊本出现之数相等。仅从两种刊本的题署来看,毛宗岗在这部批评著述中具有的地位一直很突出。其二,最重要的区别还在是否存有“圣叹外书”的题署。醉畊堂刊本不见“圣叹外书”四字,而珍艺堂刊本同其他《第一才子书》一样,除伪造首序作者为“金人瑞圣叹氏”外,还在总目次行上方和各卷端俱题“圣叹外书”。其实金圣叹既对《三国志演义》评价非常低,并没有也不会将之列入“才子书”(参见拙作《毛宗岗的生平与〈三国志演义〉毛评本的金圣叹序问题》),尽管他与毛宗岗有过交往,宗岗也师法过金批《水浒》,但是金氏并不是这部书的参与者。“圣叹外书”云云,实乃后人的伪托。

综前所见,最早的毛氏评改本《三国志演义》,是毛宗岗本人还在世时的清康熙十八年序刊本。这部由金陵醉畊堂刊刻的原本书名为《四大奇书第一种》,主撰者毛宗岗。宗岗评改《三国志演义》乃秉承其父毛纶(声山)之遗愿,所著述间亦当存有乃父的学术成果。吴门杭永年也曾参与其事。但是,金圣叹并没有参与毛评本的工作,至于所谓“第一才子书”的书名以及“金圣叹题”序、署“圣叹外书”等等俱系后来的伪托。

三

对于小说《三国志演义》,毛宗岗所进行的主要工作有两个方面:改定文本和加以评说。

在文本的整理和修改上,毛氏尤其关注儒家理念在小说作品中的贯彻。其《读三国志法》(下略称《读法》)的开端,就开宗明义地提出:“当知有正统、闰

运、僭国之别”，以作为观察此书的首要问题。罗贯中《三国志演义》的思想倾向于褒刘贬曹，也基本上是以蜀汉为正统的，只是尚有未完全尽然之处。于是毛氏“折中于紫阳《纲目》，而特于《演义》中附正之”(《读法》)。“紫阳《纲目》”即南宋理学大师朱熹所著《资治通鉴纲目》，一反司马光《资治通鉴》，而以正统予蜀汉。毛氏对这部小说的评改，以理学家朱熹所说为准则，进一步突出帝蜀的正统思想。譬如在曹丕、刘备相继称帝的三处文字描写中，毛宗岗作了重要的修改。今姑且以通常认为刊刻得早的明嘉靖元年序本《三国志通俗演义》文字与之相比较，可见其异同。

例一，反对君位禅让行为而删减华歆等人逼迫汉献帝禅位的某些言词。《三国志演义》写汉献帝拒绝相国华歆等威逼之“效尧舜之道，以山川社稷禅与魏王”时，明嘉靖元年序刊本卷十六《废献帝曹丕篡汉》接着还写道：“华歆又曰：陛下差矣。昔日三皇五帝以德相让，无德让有德也。三皇次后，各传子孙。……春秋强霸，各相吞并，有福者居之。后并入秦，方归于汉也。天下者，非一人之天下，乃天下人之天下也。非陛下祖公公传继天下，宜早退之，不可久疑，迟则生变矣。”华歆这里强调，上古帝王“无德让有德”，今汉室江山“非陛下祖公公传继天下，宜早退之”，反正统的思想十分突出。毛本第八十回则将“华歆又曰”“宜早退之(位)”等等说词统统删除，这些重要修改既没有改变华歆诸人的奸逆形象，却又大大冲淡了明嘉靖元年序刊本的某些文字不能尽合儒家礼制观念之色彩。

按毛宗岗在此回回首评明确地说，三代以后，“学舜禹之受禅则非”。他指出“若夫受禅之举，一学之而谬者有王莽，再学之而谬者有曹丕”云云，明确反对效法上古君位禅让的行为。

例二，谴责曹魏取代汉室举动，改曹后怒骂汉献帝而为斥责其兄曹丕等人。明嘉靖元年序刊本卷十六《废献帝曹丕篡汉》写献帝泣告“汝兄欲篡汉室”时，曹后听而大怒曰：“汝言吾兄为篡国之贼，汝高祖只是丰沛一嗜酒匹夫、无籍小辈，尚且劫夺秦朝天下。吾父扫清海内，吾兄累有大功，有何不可为帝。汝即位三十馀年，若不得吾父兄，汝为齑粉矣。”这里写献帝妻曹后完全站在曹魏家族立场而公然支持取代汉室的行动。但是，毛本第八十回则改为曹后怒其兄，斥之曰：“吾兄奈何为此乱逆之事耶！”当见曹洪等带剑入宫逼迫，她又大骂：“俱是汝等乱贼，希图富贵，共造逆谋。吾父功盖寰区，威震天下，然且不敢篡窃神器。今吾兄嗣位未几，辄思篡汉，皇天必不祚尔。”(按毛本还有夹评称赞云：“曹后深明大义，不是女生向外。”“比孙夫人之叱吴将更为激烈，不意曹瞒老贼却有如此一位贤女。”)毛本极写曹后指责其兄“乱逆”“篡汉”而“痛哭”，于是她便从明本之蔑视汉帝而赞同其兄夺位的撒泼妇人形象乃一变为大义凛然的汉室正统维护者。

例三，强调诸葛亮之劝进是为续汉统、延汉祀。《三国志演义》写孔明劝汉中王即帝位的两番当面进言，毛本第八十回与明嘉靖元年序刊本卷十六《汉中王成都称帝》语意的侧重点有所异同。明嘉靖元年序本写孔明对刘备的第一番进言说:“曹丕竖子尚且自立,何况王上乃汉室之苗裔乎!”诸葛亮这里指曹丕为“竖子”,意思说这个小子尚自立为帝,而刘备作为汉家子孙更应具有称帝的资格。此语虽也有尊刘贬曹之意,但是毕竟难免于“何必相比并”(见《二刻英雄谱》第一百六十回旁批)之讥。然而,毛本第八十回便对诸葛亮的劝进语加以修饰作“曹丕篡汉自立,王上乃汉室苗裔,理合继统以延汉祀。”于是重点突出了刘备之称帝是为“继统以延汉祀”。明嘉靖元年序刊本写孔明对刘备的第二番进言,说:“今主上所有文武官僚数百余员,皆欲主上为君,共图爵禄,光显祖宗。不想主公坚执不肯,多官皆有怨心,不久必尽散矣。”着重指出蜀汉多官之欲拥主上(刘备)为君,是为“共图爵禄,光显祖宗”。但是,毛本则将如此文字加以改写,诸葛亮说:“目今曹丕篡位,汉祀将斩,文武官僚,欲奉大王为帝,灭魏兴刘,共图功名。不想大王坚执不肯,众官皆有怨心,不久必尽散矣。”毛本虽然也写及众官可能会有“怨心”“必尽散”,但是他们拥奉刘备是由于“汉祀将斩”而要求“灭魏兴刘,共图功名”,这与嘉靖元年序刊本所写“共图爵禄,光显祖宗”颇有差别。不仅正文修改如此,毛宗岗还把原段目“汉中王成都称帝”改作政治倾向更加强烈的回目:“汉中正位续大统”,以突出刘备之被劝进称帝是完全合乎儒家礼制规范的“正位续大统”行为。

在《四大奇书第一种》中,毛宗岗主要通过整理回目、增删细节、修改文辞、削除论赞、更换诗赋等,来突出宣扬帝蜀寇魏的正统观念以及古代君主制度下的宗法伦理道德,同时也在一定程度上表达对儒家民本思想的要求。在叙事技巧、语言文字修饰等方面也都有显著的提高,增强了整部小说的艺术表现力。

四

毛宗岗最突出的成就,还在于对小说《三国志演义》所作的理论批评。

诸明刊本《三国志演义》从早期的注解到评点,曾经作过多种尝试性的评释工作,但还只是初步而不够成熟。直到毛宗岗才通过《读三国志法》及回首评、夹批等方式,进行全面而系统的批评。除了思想性的评述外,还从理论的角度,提出了一些独到的重要见解。

第一,提出“一定”史事与“匠心”相结合的历史小说观。

在《读法》中,毛宗岗既指出《三国志演义》与历史著作《史记》的区别,又认为与艺术创作《水浒传》也有很大的不同。他说:“(《水浒》)无中生有,任意起灭,其匠心不难。终不若《三国》叙一定之事,无容改易,而卒能匠心之为难也。”所谓“一定之事”,即指历史上已发生而不能“改易”之事实依据。有无“一定”史实依据,是历史小说与其他创作小说(包括《水浒》)的区别。

对《三国志演义》评价的分歧，其中一个重要原因是出于对历史小说特点认识上的不一致。毛宗岗所师法的金圣叹虽已正确分别历史著作与艺术创作的界限，指出“《史记》是以文运事，《水浒》因文生事”，但对特殊形态的《三国志演义》评价不高，而责之不能“因文生事”去“改易“一定之事”，说它“如官府传话奴才”一般(《读第五才子书法》)。民国间，胡适也有类似看法，认为这部小说“拘守历史的故事太严，而想像力太少，创造力太薄弱”(《三国志演义序》)。但是史学家章学诚则又从“实则概从其实”出发，指责《三国志演义》“七分实事，三分虚构”以致虚实“错杂”而“淆人”视听(《丙辰札记》)。其实，他们对历史小说这种特殊的艺术形式都缺乏真切的了解。

在毛宗岗看来，《三国志演义》这部历史题材的艺术作品，所叙的既是历史上的“一定之事”，但毕竟又还是作家运用艺术“匠心”再创作出来的小说。正因为如此，就不能以“实则概从其实”为准则来衡量。然而，《三国志演义》编撰者“匠心”的运作必须限于“一定之事”这个大范畴内，即只容许在史实基础上发其艺术创造的能动性，却不能象《水浒传》那样任意想象与虚构。其间的难度要更大些。毛宗岗关于历史小说的这些独到见解，是对小说批评发展史作出很有价值的理论贡献。

第二，构建《三国志演义》人物论。

历史小说同其他叙事作品一样，成功的关键在于人物形象之塑造。毛宗岗对此深有认识。在《读法》中，他明确指出“人独贪看《三国志》者”是因为这部小说出色的人物描写。由此，他的批评较为全面而系统地构建了自己的《三国志演义》人物论。其内容大致包括以下几个要点。

明确提出这部小说成功地塑造“三绝”典型性格。在所有的人物描写中，他说：“吾以为《三国》有三奇，可称三绝”。进而分析了诸葛亮形象的出处行为，认为“历稽载籍贤相林立，名高万古者莫如孔明”，“是古今来贤相中第一奇人”；分析关羽形象，认为“历稽载籍名将如云，而绝伦超群者莫如云长”，“是古今来名将中第一奇人”；又分析曹操形象，认为“历稽载籍奸雄接踵，而智足以揽人才而欺天下者莫如曹操”，“是古今来奸雄中第一奇人”。毛宗岗说：“有此三奇，乃前后史之绝无者”，故能使人“愈不得不喜读《三国志》也”。以《三国志演义》所描写的这三个典型性格为“三奇”“三绝”之说，是小说批评史上的一大创获，尽管难免有所偏颇，但是其影响十分深远。

毛宗岗对《三国志演义》所写的重要人物性格，认为既具有高度概括性，又有显著的个性特征。例如前面所说到的“奸绝”曹操，被描写成“有似乎忠”“似乎顺”“似乎宽”“似乎义”，具有前代王莽以至后来李林甫、韩侂胄等人的共同性格，是一个被集中概括起来的古今历史上的奸雄形象，然而又超越其中任何一人。与同时代的董卓相比较，他又说：“观董卓行事，是愚蠢强盗，不是权诈奸

雄。奸雄必要结民心,奸雄必假行仁义。……后人并称卓、操,孰知卓之不及操也远甚。"(第六回回首评)于是深入地揭示曹操之"奸雄"的最基本个性特征,在于其"欺天下"的"权诈"行为,而且至死不改。毛宗岗评说小说中的曹操遗命,"曹操平生无真,至死犹假,则分香卖履是也;临死无真,死后犹假,则疑冢七十二是也",深刻地暴露其"真奸雄之尤"的面目(第七十八回回首评)。至于对其他重要人物的评说,也多类此。又如在对付曹军徐州守将车胄问题上,小说写刘备之"不欲"杀而关羽却已先杀之。毛宗岗指出:"英雄作事须要审势量力,性急不得。玄德深心人,故有此等算计,云长直心人,别无此等肚肠,两人同是豪杰,却各自一样性格。云长之不及玄德者在此,玄德之不及云长者亦在此。"(第二十一回回首评)既说刘备与关羽"同是豪杰",又揭示他们的不同个性:一个是"深心人",一个是"直心人"。再如第三十五回回首评比较了关羽、张飞与赵云的性格,指出:"三人忠勇一般,而子龙为人又极精细、极安顿。一人有一人性格,各各不同,写来真是好看。"毛宗岗关于"一人有一人性格"的人物描写个性化的这些见解,是对叶昼、金圣叹的典型学说的丰富与发展。

毛宗岗在批评中,认为这部小说还善于刻画众多以其性格行为之专擅而夺人耳目的特色人物。例如有善于"行军用兵"的周瑜、陆逊、司马懿,有明于"料人料事"的郭嘉、程昱、荀彧、贾诩等,有"武功将略,迈等越伦"的张飞、赵云、黄忠、张辽、徐晃、徐盛、朱桓,有"冲锋陷阵,骁锐莫当"的马超、许褚、典韦、张郃、夏侯惇、黄盖、周泰、甘宁、太史慈等。又有姜维、邓艾的"智勇",曹植、杨修的"颖捷",诸葛恪、锺会的"早慧",司马徽的"知贤",孔融的"忤奸",祢衡的"斥恶",吉平的"骂贼",等等。这些人物的性格与行为,也都给读者留下十分深刻的印象。

《三国志演义》中灿若群星的人物形象,毛宗岗认为乃来自三国时代人才"大都会"。他说"古今人才之聚,未有盛于三国者也";各色人物群,"分见于各朝之千百年者,奔合辐辏于三国之一时"。《演义》编撰者正是从这个时代的"人才一大都会"出发,"入邓林而选名材,游玄圃而见积玉"。因此,据之而描写出来的种种人物形象的光彩,则能使"吾于《三国》有观止之叹矣"(《读法》)。

第三,关于艺术结构论。

结构问题是文学艺术创作中的一个十分重要问题。毛宗岗对此非常重视,进行了多方面的研究和探讨,提出一些新见解。

毛宗岗提出,《三国志演义》具有艺术结构完美的整体统一性问题。首先从叙事的分合角度来看,他认为"《三国》叙事之佳,直与《史记》仿佛,而其叙事之难,则有倍难于《史记》者。"因为"《史记》各国分书、各人分载",而"分则文短而易工";《三国》则不然,合各传而"总成一篇","合则文长而难好也"(《读法》)。他还说,《三国》优胜于其他诸多小说。历史小说《列国志》"因国多事烦,其段落

处，到底不能贯串”，意指其各段分说而未能联络成一个有机整体。而《三国志演义》：“自首至尾，读之无一处可断其书，又在《列国志》之上。”《三国》结构，也比《水浒传》《西游记》好。众所周知，《水浒传》是各自独立故事（如武十回、宋十回）的联缀，带有纪传体的痕迹。至于《西游记》其间缺乏贯串，如金圣叹所说的“只是逐段捏捏撮撮，譬如大年夜放烟火，一阵一阵过，中间全没贯串，便使人读之，处处可住”（《读第五才子书法》）。毛宗岗关于《三国志演义》艺术结构完美统一的见解得到后人的赞同。清谢鸿申在《答周同甫书》中也谈《三国》的结构胜过《水浒》《列国志》诸书，说：“愚谓《水浒》非《三国》匹也。”又说：“《三国》人才既多，事迹更杂，且真迹十居八九，如一团乱丝，既不能寸寸斩断，复不能处处添设，若自首至尾有条不紊，固极难矣，而又各各描摹，能不遗漏，似觉更难。乃作者好整以暇，安置妥帖，令人不觉事迹之繁多，而但觉头绪之清楚，以《列国志》较之，优劣自见矣。”（《东池草堂尺牍》卷一）洪秋蕃赞许《红楼梦》组织结构严谨而以与《三国志演义》相并比，说：“《红楼》妙处，又莫如穿插之妙。全传百余人，琐事百余件，其中穿插斗榫，如无缝天衣，组织之工，可与《三国志演义》并驾”（《红楼梦抉隐》）。

对于《三国志演义》的结构布局，毛宗岗在《读法》中说：“《三国》一书总起总结之中，又有六起六结。”所谓“总起总结”，即指小说所写的总体结构：“叙三国不自三国始也”，“始之以汉帝”；“叙三国不自三国终”，“终之以晋国”。就是说，全书不直接以三国事为其始末，而起于汉末止于晋初。所谓“六起六结”，是指小说所写故事的布局内容有六条线索，即其一叙献帝则以董卓废立为起而以曹丕篡夺为结，其二叙西蜀则以成都称帝为起而以绵竹出降为结，其三叙刘关张三人则以桃园结义为起而以白帝托孤为结，其四叙诸葛亮则以三顾草庐为起而以六出祁山为结，其五叙魏国则以黄初改元为起而以司马受禅为结，其六叙东吴则以孙坚匿玺为起而以孙皓衔璧为结。他指出：“凡此数段文字，联络交互于其间，或此方起而彼已结，或此未结而彼又起，读之不见其断续之迹，而按之则自有章法之可知也。”

毛宗岗还深刻地指出，艺术结构方法来源于作家对客观世界的洞识。他说：“观天地古今自然之文，可以悟作文者结构之法矣。”（第九十二回回首评）

第四，关于艺术表现方法论问题。

毛宗岗对《三国志演义》的艺术表现方法，进行全面、系统而深入的分析与批评，取得了令人瞩目的丰硕成果。尽管有些批评曾经借鉴前人（包括金圣叹）的见解，但是他加以综合和融化之后，则带有自己的鲜明的理论色彩。

毛宗岗在批评中，较为科学地总结出《三国志演义》叙事十二法（见《读法》），其中不无前人未所道及的新见。例如论说叙事十二法之“补锦”“匀锦”法时，他指出：“《三国》一书有添丝补锦、移针匀锦之妙。凡叙事之法，此篇所缺者补之于彼篇,上卷所多者匀之于下卷,不但使前文不沓拖,而亦使后文不寂寞;不但使前事无遗漏,而又使后事增绚染。此史家妙品也。”变更时间顺序而进行穿插,以求得叙事文字在结构上的均衡与匀称,文字既“不沓拖”而叙事又“无遗漏”,氛围既“不寂寞”而却能更“增绚染”。这些是金圣叹未所论及的。

对于这部小说艺术描写的分析具体而细腻,其批评时出精到之论。例如《三国志演义》所写诸葛亮之将要出场,毛宗岗认为编撰者的艺术表现是用虚笔而先声夺人。第三十五回回首评说道:将有南阳诸葛庐,先有南漳水镜庄以引之,将有孔明为军师,先有单福以引之,而单福亦不肯自道其真姓名,所写“隐隐跃跃,如帘内美人,不露全身,只露半面,而令人心神恍惚,猜测不定。至于诸葛亮三字,通篇更不一露,又如隔墙闻环佩声,并半面亦不得见。用虚笔,真绝世妙文”。至第三十六回回首评,又说:“徐庶往见而孔明作色,却又落落难合。写来如海上仙山将近忽远。”第三十七回回首评还道:“此篇极写孔明,而篇中却无孔明。盖善写妙人者不于有处写,正于无处写。……孔明虽未得一遇,而见孔明之居则极其幽秀,见孔明之童则极其古澹,见孔明之友则极其高超,见孔明之弟则极其旷逸,见孔明之丈人则极其清韵,见孔明之题咏则极其俊妙。不待接席言欢,而孔明之为孔明,于此领略过半矣。”毛宗岗的批评,将《三国志演义》所写诸葛亮正式登场前的文字表现划分为三个层次。第一层是“半面”不见,“如隔墙闻环佩声”;第二层是其人“如海上仙山将近忽远”;第三层是在“无处写”,虽仍未得一遇,却见到其居、其童、其友、其弟、其丈人,读者至此则对其人“领略过半”。诸葛亮是全书的中心人物,毛宗岗如此深刻地揭示编撰者以“虚笔”来渲染这个人物出场的艺术表现手法,评析十分细致而精当。

此外,毛宗岗对于“用逆”(即对比)、“衬染”、“数层出落”(即层层显现)、“历落参差”等等艺术手法,都有独到的精辟论述。这些不仅发原著的幽微,而且也极大地有助于提高读者的艺术鉴赏力。

毛宗岗是17世纪中国的一大小说批评家。他具有浓厚的正统观念,同时又有故国之思的民族情感;师法于金圣叹评书,而有精到的独自见解。他所改定的《三国志演义》(即《四大奇书第一种》)流传至今,一向受到读者的欢迎。他通过批评而建立起来的历史小说理论,填补了中国小说研究史上的一个空白。

注释:

① 褚人获《坚瓠补集》卷二《汪啸尹祝寿诗》条载汪啸尹祝毛宗岗父母六秩双寿诗,其第三首赞毛纶妻(即宗岗母)云:“荆布齑盐四十年,谁人知得孟光贤。至今还举齐眉案,辛苦终身实可怜。”宗岗父母同龄,至六十岁祝寿时已结婚四十年,可见他们是在二十岁成亲的。如若婚后次年(即二十一岁时)便产子,今知宗岗明崇祯五年(1632)生,那末其父母的生年则当

在明万历四十年(1612)。真若如此,当父母六秩双寿之时,再加上宗岗四十岁,毛家便是一门三庆,毛氏友朋对此不会缄口不言及。今既不见汪啸尹祝寿诗说及宗岗此年四十岁,而多记毛家事的"同学"好友褚人获也无一语。故此,应当排除毛纶明万历四十年生的可能性。今姑且假定毛纶二十二岁(婚后第三年)或稍后得宗岗,则其当生于明万历三十九年(1611)或稍前。

② 国图此藏本诸回之首叶AB面板心下刻有"醉畊堂/藏板"五字者,见第二十九回、第三十九回、第五十九回、第六十九回、第八十三回;首叶A面下刻有"醉畊堂"三字者,见第三十七回、第四十三回、第四十五回、第五十七回、第六十一回、第六十三回、第六十七回、第七十三回、第七十九回、第八十五回、第九十一回、第九十三回、第九十七回、第一百零一回、第一百零五回、第一百零七回、第一百零九回、第一百一十九回。又第二回末叶A面板心刻"醉耕堂"三字,第二十一回末叶B面板心刻"醉畊堂"三字。

关于金陵醉畊堂书坊,明末周文炜(1584-1658)"大业堂重梓"本《梨云馆类定袁中郎全集》已钤"醉畊堂藏板"。据陆林《周亮工参与刊刻金圣叹批评〈水浒〉、古文考论》一文所说:清顺治间"醉畊堂"刊布的书籍,计有清初周亮节(文炜次子,亮工弟,1622—1670)"较正"刊行的唐孙思邈辑《银海精微》、顺治十四年(1657)刊《第五才子书水浒传》、顺治十八年周亮节"新镌"《伤寒六书纂要辨疑》。陆林认为,"'醉畊堂藏板'是始自文炜大业堂的一个周家出书标记,'醉畊堂'是其父子共用之坊号。"他还说:"可以推测毛批《三国志演义》当为亮工子在浚(1640—?)兄弟所刻。"(见《社会科学战线》双月刊2003年第4期)

《三国演义》版本研究

——从三种明刊简本到三种清刊先繁后简混合本

周文业

《三国演义》版本分为"演义"系列和"志传"系列两大类。"志传"系列又分为"繁本"和"简本"两类。"简本"中又可再分为"志传"小系列和"英雄志传"小系列两种。

"英雄志传"小系列中,有三种明刊简本,刘兴我本、刘荣吾本和杨美生本。由这三种明刊简本又演化出三种清刊先繁后混合本,这些版本前5则文字来自李卓吾本,第六则以后基本抄自杨美生本。其中郑乔林本和三种明刊本一样,是嵌图本。致和堂本是整页故事插图本。松盛堂本是人物绣像本,是各种六卷本的祖本。这六种版本中,有四种(刘兴我本、郑乔林本、致和堂本、松盛堂本)都是第一次发现的新版本,从未有人研究过,价值很高。

本文对"英雄志传"系列三种明刊简本和三种先繁后简清刊本进行分析。研究分为:

一、研究三种明刊简本刘兴我、刘荣吾和杨美生版本及之间关系。

二、研究三种清刊本,以及和明刊本之间关系。

研究方法主要是通过文本比对分析这些版本之间的文本差异,对上图下文的嵌图本也参考插图比对。限于篇幅,本文只能对问题进行分析、论述结论,无法展开各种论据,很遗憾!

一、三种明刊嵌图式、先繁后简的刘兴我、刘荣吾、杨美生本

(一)日本名古屋大学藏刘兴我(忠贤堂)本

《新刻按鉴全像三国志传》,20卷240则,刘兴我(忠贤堂)刊本。卷首"富沙刘兴我梓行","富沙"即建州,福建建阳隶属建州。富沙刘兴我又作谭邑书坊刘兴我。此书书名并无"英雄"二字,但从其文字分析,应该与其他"英雄志传"同属同一个系列。因为刘兴我本《水浒传》刊刻在明崇祯年间,因此刘兴我本《三国志

传》估计也刊刻于崇祯年间。

刘兴我本现藏于日本名古屋大学中国文学研究室，以前魏安先生《三国演义版本考》和中川谕先生《三国志演义版本研究》都未曾著录，只有日本上田望在《三国演义主要版本书目》（未刊稿）中曾著录，并曾做简单比对研究。[①]

（二）大英博物馆藏刘荣吾（藜光堂）本

《精刻按鉴全像鼎峙三国志传》，20 卷 240 则，刘荣吾（藜光堂）刊本。刘钦恩字荣吾，题富沙刘荣吾藜光堂。此书书名和刘兴我本一样也并无“英雄”二字，但从其文字分析，此本和刘兴我本一样，也应该属于“英雄志传”系列。因为刘荣吾本《水浒传》刊刻在崇祯年间，因此刘荣吾本《三国志传》估计也应刊刻于崇祯年间。

（三）日本大谷大学藏杨美生本

《新刻按鉴全像鼎峙三国英雄志传》，20 卷 240 则，杨美生本，藏日本大谷大学。杨美生本《三国志传》刊刻时间不明，有些书认为其刊刻于万历年间[②]，但根据后面分析，杨美生本应刊刻于刘兴我本之后，因此杨美生本不太可能刊刻于万历年间，因为刘兴我本刊刻于崇祯年间，因此杨美生本应刊刻于明末。因此杨美生本属于明刊本是没有异议的。

（四）三版本插图比对

这三个版本都是上图下文的嵌图本，插图也是一个研究的重要手段。版本翻刻时，绘图者为省事，经常照抄原本的插图，因此从插图可以明显看出版本之间的关系。

下面列出刘兴我、刘荣吾和杨美生本三本第 1 则中部分插图比较。

杨美生本	刘兴我本	刘荣吾本
1.1 灵帝即位，青蛇绕殿		
靈帝登位青蛇遶殿	靈帝登位青蛇遶殿	靈帝登位青蛇遶殿 熹平五年改為光

杨美生本	刘兴我本	刘荣吾本
1.2 张角、张宝起谋造反		
		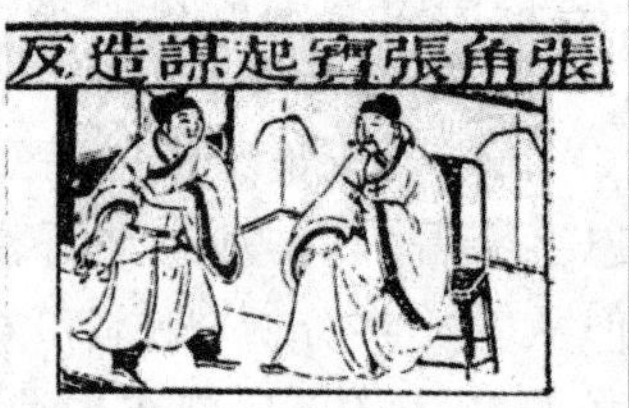
1.3 玄德、张飞同议贼寇		

1.4 张世平赠玄德马匹		

仔细分析三版本插图特点,刘兴我本插图和杨美生本插图更接近,说明杨美插图可能确实参考过刘兴我本。刘荣吾本插图和刘兴我本比较,几乎所有插图都略有不同。这可能是刘荣吾本插图做了修改。这和下面文字分析的结果基本一致。

(五)根据三版本文字比对分析三版本关系

刘荣吾本、杨美生本与刘兴我本相比,都有大段文字脱落。

例 1.第三十七则白门楼曹操斩吕布,杨美生本脱落 29 字。

兴:令张辽郝萌一千兵送出隘口张辽分一半军回郝萌引五百军马跟汜楷去张辽回遇关羽

荣:令张辽郝萌一千兵送出隘口张辽分一半军回郝萌引五百军马跟汜楷去张辽回遇关羽

生:令张辽

回遇关羽

例 2. 第九十一则诸葛亮计伏周瑜,刘荣吾本脱落 25 字。

兴:切勿推却孔明曰亮取闲于此敢问这箭何日要用 曰十日之内可办完否孔明曰即日

荣:切勿推却

孔明曰即日

生:切勿推却孔明曰亮取闲于此敢问这箭何日要用瑜曰十日之内可办完否孔明曰即日

据对部分文字的不完全统计,刘荣吾本脱落了 4 处,杨美生本脱落了 8 处,有些还是同词脱文。而这些例子中,刘兴我本文字都不脱落。对此唯一的解释就是:刘兴我本是刘荣吾本和杨美生本的底本,刘荣吾本和杨美生本在抄写时,对刘兴我本的文字做了修改,或发生了脱落,而底本刘兴我本并没有改动和脱落。因此,刘荣吾本和杨美生本来自刘兴我本。

(六)刘兴我和刘荣吾不是同一人[③]

刘兴我和刘荣吾都是建阳书商,在崇祯时期各自刊刻了一些图书。以前一般认为刘兴我只刻书《水浒传》一种,而刘荣吾的藜光堂曾刊刻《水浒传》《三国志传》两种。但现在发现了刘兴我也刊刻了《三国演义》,这说明二人同时刊刻了《三国演义》和《水浒传》,而且都是刘兴我在前,刘荣吾在后。

对这两人的关系,很多学者都曾注意过,如马幼垣等人。但都是怀疑,没有肯定他们是否同一人。官桂铨先生在《文献》1982 年第 1 期发表短文《水浒传的藜光堂本与刘兴我本及其它》,认为:富沙刘荣吾就是富沙刘兴我,名兴我、荣吾,亦可断为一人。所谓藜光堂刻《水浒传》和刘兴我刻《新刻全像水浒传》,实为一家。刘世德先生在《〈水浒传〉刘兴我刊本与藜光堂刊本异同考》[④]一文中,也认为刘兴我和刘荣吾是同一人。

刘兴我和刘荣吾是否同一人,在刘兴我刊刻的另一本书《新刻司台订正万用迪吉通书大成》中得到明证。此本国家图书馆有藏,首卷下题有"忠贤堂刘兴我梓行",所以可确定忠贤堂确为刘兴我的书坊。关于忠贤堂,《建阳刻书史》载有刻书两种,戏曲《唾红记》以及类书《鼎镌李先生增补四民便用积玉全书》,均为崇祯年间所刊书籍,当为刘兴我所刊。

从《新刻司台订正万用迪吉通书大成》一书中可知刘兴我的一些其他情况,此书首卷上题有"书林 兴我 刘佛旺 绣梓"字样,刘兴我的"兴我"以及"佛旺"到底是名,还是字,此点可以从与刘兴我并题的熊宗立看出来。与刘兴我的题署并排的是“鳌峰 道轩 熊宗立 大全”,熊宗立是明代有名的刻书家以及医学家,所以对其生平知之比较详细,“鳌峰”是熊宗立之祖熊秘所建的鳌峰书院,熊氏子孙的求学之所,熊宗立常以“鳌峰后人”自居,“道轩”是熊宗立的号,此外熊宗立还号“勿听子”,“熊宗立”就是本名。与刘兴我条对应就是“鳌峰”对“书林”,均为地名,“道轩”对“兴我”,“熊宗立”对“刘佛旺”,所以刘佛旺应该是本名,而“兴我”应该是刘佛旺的号。

刘兴我本对后世建阳本产生了比较大的影响,之后的藜光堂以刘兴我本《水浒传》为底本进行了翻刻,文字与插图均颇为相似。此本题为《新刻全像忠义水浒志传》,扉页有“藜光堂藏板”字样,首卷卷端题“书林 刘钦恩 荣吾父 梓行”。藜光堂本为典型的建阳刊本,上图下文版式,大致刊刻于崇祯年间。[⑤]藜光堂是建阳比较有名的书坊,现今可知为署名刘钦恩藜光堂或者刘荣吾藜光堂的书籍有多种,如同为小说的《精镌按鉴全像鼎峙三国志传》以及崇祯十四年(1641)郑大郁所撰的《篆林肆考》,郑大郁也曾替刘兴我本《水浒传》撰写序言。

关于藜光堂本比较有争议的一个问题是,藜光堂的坊主刘荣吾与忠贤堂的坊主刘兴我是否为同一个人。持肯定观点的学者主要论据在于“荣吾”与“兴我”这两个人名的意思一样,同时同地同名,那么这两个人应该实为一人。但是从上面新找到的刘兴我相关材料来看,此二人应该并非为同一人,因为“荣吾”与“兴我”可能并不是两个人名的字,而是二人的号,如果是号的话,那么出现比较相近的情况,是比较正常的。姓名不同,主持不同的书坊,仅仅只是号相近的话,可能是这二人关系匪浅,但刘兴我与刘荣吾应该是两个人,忠贤堂主人刘佛旺,号兴我;藜光堂主人刘钦恩,号荣吾。当然也不排除,刘佛旺或刘钦恩其实是一个人,其他的都是他的字或者号,而藜光堂和忠贤堂同是此人的书坊,就像余象斗一样拥有三台馆与双峰堂,而又有很多乱七八糟的字号,只是这种可能性比较小。

另外,通过对刘兴我本和藜光堂本的文字、插图等详细分析,可以看出两本是极为相似的,两者之间虽然有差异,但都不是本质性的差异。因此,如刘兴我和刘荣吾是同一人,则他就刊刻了两次《三国演义》和《水浒传》,而这两种简本基本没有什么差别。据统计,一部《三国演义》和《水浒传》刘兴我本和刘荣吾本要刻近500个木版,其工作量非常巨大。一般如版刻破损,不会全部重刻,而是只翻刻其中部分木板,《水浒传》美玉堂本有二刻、三刻、四刻就是如此,还出现几次刊刻混装本。因此,同一书商为何要花费巨大人力、物力,刊刻两次几乎完全相同的《三国演义》和《水浒传》?这种可能性实在不大。除非因为火灾原版全部烧毁了。如果刘兴我和刘荣吾是两人,两个书商为市场竞争而分别刊刻了两本《三国演义》和《水浒传》版本,这种可能性就很大了。

通过以上分析可以看出,刘兴我和刘荣吾应该不是同一人。

以上分析三个明刊本刘兴我、刘荣吾和杨美生本，结论是：刘兴我本是刘荣吾和杨美生本的祖本，刘荣吾和杨美生本是根据刘兴我本再次翻刻的版本。

二、三种先繁后简的清刊本

（一）三种清刊本文字的先繁后简

上节分析了三种明刊嵌图式简本，下面介绍三种清代文字先繁后简的版本：嵌图式郑乔林本、整页故事插图的致和堂本、整页人物绣像的松盛堂本。这些版本的文字有共同特点：第一至五则接近“演义”系列李卓吾本，最典型的是刘备、曹操和孙坚的出场，上述三种明刊本都把这三次出场描写全部删除了，而三种清刊本又都参照李卓吾本恢复了。而第六则以后，这三种清刊本文字又基本和上述明刊简本的杨美生本接近，即文字呈现了“前繁后简”。

出现“先繁后简”这个现象的原因可能是，在清康熙年间出现毛本后，“志传”简本的出版商，为了和毛本竞争而采取的策略。其中嵌图式郑乔林本和人物绣像的六卷本封面直接标明是来自“李卓吾本”和“毛声山原本”。这些版本开始的前5则文字，确实是以李卓吾本为底本编写的，如恢复了刘备、曹操、孙坚的出身描写。这样使读者会误以为此书确实就是来自“李卓吾本”和“毛声山原本”。但第5则以后，可能是由于编写者想省事，节约成本，就改以简本的杨美生本为底本。读者如不仔细核对，很难发现文字的改变。因此“先繁后简”还是出版商出于市场考虑，想尽量使文字简略而节约成本。

（二）德国柏林州图书馆藏20卷郑乔林（德馨堂）本

《新刻全像演义三国志传》，20卷240则，郑乔林刊刻，德馨堂本。德国柏林州图书馆藏。上图下文嵌图式。此本从未有人著录研究过。郑乔林还曾刊刻简本《水浒传》，即一般所称为“李渔序本”的《新刻全像忠义水浒传》，藏德国柏林国立普鲁士文化基金会图书馆，存25卷115回。因此，刘兴我、刘荣吾和郑乔林，以及余象斗四书商，都曾刊刻了上图下文本《三国演义》和《水浒传》，将来计划对这四个书商的刊刻情况想再做专门的研究。

（三）张青松藏20卷致和堂本

《新刻按鉴演义京本三国英雄志传》，20卷240录后有整叶故事插图，10叶20幅，很多插图构图和李卓吾本相似，有可能受李卓吾本插图影响。此本由于文字中“玄德”的“玄”避讳“玄烨”，缺一点，因此可以肯定刊刻于清代。此本也从未有人著录研究。

张青松还藏有两种《三国演义》版本，不属于这个小系列，就不介绍了。

（四）辽宁图书馆藏12卷松盛堂本

《新刻按鉴演义三国英雄志传》，12卷240则，藏辽宁省图书馆，曾著录，但

无人研究过。此书最大特点是，和其他六卷本一样，在正文前有 24 幅人物绣像。封面有“松盛堂梓行”，应为松盛堂刊刻。封面“毛声山先生原本”肯定是在毛本之后出现，只是宣传语而已。此本为 12 卷，而其他六卷本都是 6 卷。其他六卷本错字，松盛堂本全部不错，因此松盛堂本应该是其他“六卷本”的初刻本。卷四、六、十、十二在书名《三国志》后加一行“李卓吾评”，但实际根本没有任何李卓吾批评文字，说明其底本应该和李卓吾本有关，抄手人未删节。因此松盛堂本是个繁简混合本。

（五）多种六卷本

六卷本是 12 卷松盛堂本以后出现的版本，版式完全相同，只是个别文字刻印不同。目前所知种类很多，包括：国家图书馆藏宝华楼六卷本、日本东京大学和复旦大学藏聚贤山房六卷本、上海图书馆藏尚德堂六卷本、上海图书馆藏六卷本、二酉堂六卷本、三余堂六卷本、张青松藏六卷本、山东济南“卧牛城主”藏六卷本等，都是多次的翻刻本。

（六）三版本的三种形式

以上简介了几种文字都是先繁后简的清刊本，这几种清刊本文字差异很小，显然是同一系列发展而来的，但几种刊本各自又采取了完全不同的形式。

* 郑乔林本沿袭了明刊本杨美生本上图下文的嵌图式。

* 致和堂本仿照李卓吾本，插入整页的故事插图。

* 松盛堂本和各种六卷本仿照毛本，插入了人物绣像。

这种形式的改变都是为了吸引读者，为了和新出现的毛本竞争。

（七）文字比对证明三版本有共同祖本

以上这几种版本文字几乎完全相同，肯定是有共同的祖本。这个共同祖本是哪个版本呢？理论上，这个共同祖本可能是这几个版本中的一个版本，但也可能是某个现在未知的版本。要确定这个问题，唯一办法是做详细的文字比对。

* 先把这些版本文字全部数字化，输入计算机。

* 然后再用计算机进行逐字比对，找出它们的文字差异。

* 最后仔细分析这些差异，研究这些版本是如何演化的。

限于篇幅，无法逐一举例介绍比对的情况。只把比对结果说明如下。

* 致和堂本、松盛堂本文字有脱落：

郑乔林本有很多文字和李卓吾本、杨美生本相同，而致和堂本、松盛堂本文字有脱落。因此，理论上，这只可能是致和堂本、松盛堂本来自郑乔林本，所以文字有脱落。这样郑乔林本就是致和堂本、松盛堂本的祖本，而不可能相反，郑乔林本以致和堂本和松盛堂本为底本，再去和李卓吾本、杨美生本校对，补上致和堂本和松盛堂本脱落的文字。

例 1. 第二十三则陶谦三让徐州，致和堂本、松盛堂本脱落 14 字。

卓：问计耳操曰如此设疑必误大事晔曰此亦不可不防三军三队两队伏城

乔：问耳操曰如此设疑必误大事晔曰此亦不可不防复分军三队两队伏城

致：问耳不可不防复分军三队两队伏城

松：问耳不可不防复分军三队两队伏城

* 郑乔林本文字却有脱落。

但也出现个别相反的情况。即：致和堂本、松盛堂本有少数文字和李卓吾本、杨美生本相同，而郑乔林本文字却有脱落。因此，理论上，这又可能是郑乔林本来自致和堂本、松盛堂本，因此文字有脱落。这样，致和堂本、松盛堂本反又可能是郑乔林本的祖本。这个现象不可能是致和堂本和松盛堂本以郑乔林本为底本，再去和李卓吾本、杨美生本校对，补上郑乔林本脱落的文字。

例 2. 第二十则曹操兴兵报父仇，郑乔林本脱落 13 字。

生：东阿人也身长八尺三寸美须髯眉清目秀姓程名昱字仲德操曰吾亦闻名

乔：东阿人也姓程名昱字仲德操曰吾亦闻名

致：东阿人也身长八尺三寸美须髯眉清目秀姓程名昱字仲德操曰吾亦闻名

松：东阿人也身长八尺三寸美须髯眉清目秀姓程名昱字仲德操曰吾亦闻名

上述两种情况是完全相反的，矛盾的。不可能一部分文字是以郑乔林本为底本，而另一部分文字又是以致和堂本、松盛堂本为底本。

要同时满足上述条件，只有一种可能：所有版本都有另外一个公共的底本。而郑乔林本、致和堂本、松盛堂本在抄写时，都发生了文字脱落。这样就合理地解释了上述全部情况，是目前唯一的合理解释。

至于松盛堂本的底本，肯定是致和堂本，因为松盛堂本和致和堂本比对，有大量文字脱落，这只可能用松盛堂本来自致和堂本来解释。

因此，这些版本的演化应该是：

* 郑乔林本和致和堂本有共同祖本，各自修改而成。
* 松盛堂本的底本是致和堂本。
* 由松盛堂本又演化出多种六卷本。

(八)三版本的共同祖本

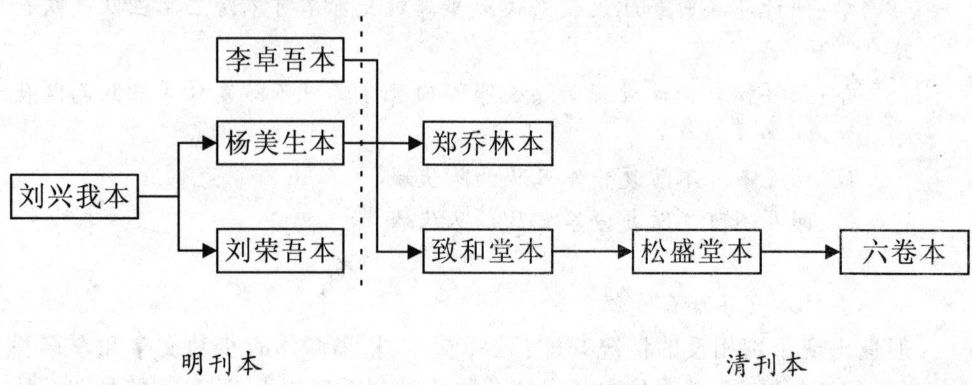

明刊本　　　　　　　　　　清刊本

三种清刊版本有三种形式:郑乔林本是嵌图式,致和堂本是整页故事插图,而松盛堂本是整页人物绣像,既然三本有共同祖本,那这个共同祖本是什么形式呢?是郑乔林本式的嵌图式,还是致和堂本的整页故事插图式,还是松盛堂本的整页人物绣像式?

如果只是从表面分析,似乎无法得出结论。但有两个因素可帮助我们分析。

第一,仔细分析这些版本的文字,郑乔林本文字和杨美生本和李卓吾本文字相同,而致和堂本、松盛堂本文字有脱落的例子很多。相反,郑乔林本文字脱落,而致和堂本、松盛堂本文字不脱的例子很少。这说明:郑乔林本最接近杨美生本和李卓吾本,因此这些版本的祖本和郑乔林本接近的可能性较大。

第二,这些版本的书名都属于简本系列,虽然第五则以前文字接近李卓吾本,但第六则以后的绝大多数文字都和杨美生本相同,因此,这些版本的祖本也应该是接近杨美生本,也就是和郑乔林本相似,属于上图下文的嵌图本。但目前未发现这样的版本。

当然这些都是没有可靠文献依据的理论分析而已。

三、研究启发

对上述“英雄志传”系列新版本的研究有如下启发。

第一,这次“英雄志传”系列版本研究的关键是有几种新出现的版本,这些版本有的在海外,有的出现在国内拍卖市场,这说明还有可能再发现新版本。

第二,根据这些新出现版本的研究,得出很多新看法和结论,版本研究也有很大进展,因此《三国演义》版本还是有研究空间。

第三,清刊本中出现文字先繁后简的奇怪现象,这种混合本在《三国演义》版本中还有一些例子。如刘龙田本就是典型的繁简混合本,不仅在几则之间有

繁简转换，有时这一页是繁本，下一页又变成了简本。李渔本也有类似情况，李渔本主要文字来自遗香堂本，但有部分章节文字又来自李卓吾本。这样复杂的混合本出现的原因很多，要逐一进行分析才行。

第四，版本研究方法主要是版本的文字比对，数字化后再认真仔细比对各个版本的文字，找出文字差异，再仔细一步一步分析研究，在此基础上就可以看出这些版本是如何演化的。

第五，这次新出现的版本由于各种原因未能全部数字化，这对版本研究很不利。将来如可能把这些版本都数字化，肯定对这些版本研究会有极大帮助。

第六，版本演化研究中还有一些版本问题无法解释，这也很容易理解，因为现在看到的版本只是曾经出现的版本之中很少的一部分，要根据这些有限版本就把复杂的版本演化搞清楚是很困难的。目前的研究也只能在现有资料上进行，将来如再发现新资料，可能会推翻现有的结论。

第七，从三种嵌图明刊本到三种先繁后简清刊本，可以看出版本演化和市场竞争有很大关系。几种清刊本都是在毛本出现后，为了和毛本竞争而出现的。

最后要指出的是，《三国演义》版本整体上可分为两类，一类版本是供文人阅读的，刻印精良，多数"演义"系列都是如此，如嘉靖本、周曰校本、李卓吾本、李渔本等。但还有一大批是为百姓阅读的，明代多是建阳刻本，这些刻本刻印一般较粗糙，一般读者阅读后也不注意保存，流失很多。这就造成版本中有大量缺失的环节，给今天再研究版本就带来很大困难。这是古代小说版本研究的难点。

从"英雄志传"新出现版本研究也可看出，虽然我们无法还原所有版本的演化，但随着新版本出现，随着研究的深入，版本研究还是有所进步的。所以，由于版本缺失，版本研究虽然目标永远不可及，但只要努力，还是会有前进，哪怕前进得很小也罢。

这就是本文研究给我们的启示。

本文只分析了部分新出现的版本，还有些版本，如美玉堂本、陈以润刻继志堂本、山东济南"卧牛城主"藏六卷本、张青松甲本、张青松乙本等，由于不属于这个系列，以后再研究。

注释：

① 参见[日]上田望《〈三国志演义〉版本试论：关于通俗小说版本演变的考察》，周兆新主编《三国演义丛考》，北京大学出版社 1995 年 7 月第 1 版，第 59 页。

② 方彦寿《建阳刻书史》，中国社会出版社 2003 年 4 月第 1 版，第 334 页。王清源等《小说书坊录》，北京图书馆出版社 2002 年 4 月第 1 版，第 8 页。

③ 本节主要内容由复旦大学博士后邓雷编写，特此致谢。

④ 刘世德《〈水浒传〉刘兴我刊本与藜光堂刊本异同考》(上)(下),《文学遗产》2013年第1、3期。

⑤ 邓雷《建阳刊嵌图本〈水浒传〉四种研究》,《中国典籍与文化》2017年第2期。

(作者工作单位:首都师范大学中国传统文化数字化研究中心)

《三国演义》对《后汉书》中三国历史的借鉴和艺术性改造

于耀程

一、《三国演义》对《后汉书》材料的直接引用

作为正史，《后汉书》记载的内容基本符合史实，《三国演义》的基本事实都有史据，有很多内容是直接援引《后汉书》的，这类内容包括《后汉书》记载的诗、疏等文体。例如《后汉书》卷十下李儒毒死弘农王刘辩一节，如下：

> 明年，山东义兵大起，讨董卓之乱。卓乃置弘农王于阁上，使郎中令李儒进鸩，曰："服此药，可以辟恶。"王曰："我无疾，是欲杀我耳！"不肯饮。强饮之，不得已，乃与妻唐姬及宫人饮宴别。酒行，王悲歌曰：
>
> "天道易兮我何艰！弃万乘兮退守蕃。逆臣见迫兮命不延，逝将去汝兮适幽玄！"
>
> 因令唐姬起舞，姬抗袖而歌曰：
>
> "皇天崩兮后土颓，身为帝兮命夭摧。死生路异兮从此乖，奈我茕独兮心中哀！"
>
> 因泣下呜咽，坐者皆歔欷。王谓姬曰："卿王者妃，势不复为吏民妻。自爱，从此长辞！"遂饮药而死。

对于上述记载的这件事和其中的两首诗，罗贯中没有做什么虚构，而是直接引入《三国演义》第四回中，把董卓和李儒的残暴不仁的形象特点直接展现在读者面前。

再如，《后汉书》卷五十一孔融向献帝推荐祢衡，做了一疏，把祢衡的优点全部写在疏中，罗贯中在《三国演义》第二十三回也基本原字不动的引进书中，没有对祢衡做太多的虚构，当然由于关于祢衡的史料有限，没有关于他太多事件的记载，但引用这一疏也就足够表现祢衡的才智了。

在人物形象的刻画上，作者一般都是从史料中直接援引，而不费多少笔墨进行再塑造。《后汉书》卷六十下记载了蔡邕被王允杀害，其原文如下：

及卓被诛，邕在司徒王允坐，殊不意言之而叹，有动于色。允勃然叱之曰："董卓国之大贼，几倾汉室。君为王臣，所宜同忿，而怀其私遇，以忘大节！今天诛有罪，而反相伤痛，岂不共为逆哉？"即收付廷尉治罪。邕陈辞谢，乞黥首刖足，继成汉史。士大夫多矜救之，不能得。太尉马日磾驰往谓允曰："伯喈旷世逸才，多识汉事，当续成后史，为一代大典。且忠孝素著，而所坐无名，诛之无乃失人望乎？"允曰："昔武帝不杀司马迁，使作谤书，流于后世。方今国祚中衰，神器不固，不可令佞臣执笔在幼主左右。既无益圣德，复使吾党蒙其讪议。"

罗贯中在《三国演义》第九回也基本引用原文，只是把《后汉书》中的"邕在司徒王允坐，殊不意言之而叹，有动于色"改为"董卓暴尸于市，忽有一人伏其尸而大哭"，这个人就是蔡邕，通过这种改写，把蔡邕的知恩图报和忠义的形象表现得淋漓尽致。

再如写孔融：《后汉书》卷七十记载孔融年幼时随父亲出访的经历：

融幼有异才。年十岁，随父诣京师。时，河南尹李膺以简重自居，不妄接士宾客，敕外自非当世名人及与通家，皆不得白。融欲观其人，故造膺门。语门者曰："我是李君通家子弟。"门者言之。膺请融，问曰："高明祖父尝与仆有恩旧乎？"融曰："然。先君孔子与君先人李老君同德比义，而相师友，则融与君累世通家。"众坐莫不叹息。太中大夫陈炜后至，坐中以告炜。炜曰："夫人小而聪了，大未必奇。"融应声曰："观君所言，将不早惠乎？"膺大笑曰："高明必为伟器。"

这在《三国演义》第十一回中基本引用原文，只是稍作语言上的修改而已。因为《后汉书》已经把孔融的聪慧活灵活现的描绘出来。

荀彧是曹操集团最重要的谋士之一，曹操凡有疑问之处，多请荀彧出主意。其过人之处已经在《后汉书》中得以全面的描述，所以罗贯中也大量引进在《三国演义》中。例如《后汉书》卷七十荀彧的出场，记载为：

彧比至冀州，而袁绍已夺馥位，绍待彧以上宾之礼。彧明有意数，见汉室崩乱，每怀匡佐之义。时，曹操在东郡，彧闻操有雄略，而度绍终不能定大业。初平二年，乃去绍从操。操与语，大悦，曰："吾子房也。"以为奋武司马，

时年二十九。明年,又为操镇东司马。

《三国演义》中荀彧是在第十回出场的,“操与语,大悦,曰:‘此吾之子房也!’”子房就是张良,汉高祖刘邦的谋臣,秦末汉初时期杰出的政治家、军事家,汉王朝的开国元勋之一。曹操把荀彧比作子房,可见荀彧的才能。

通过以上所列举的例子可见,《后汉书》中的一些史料对于罗贯中的艺术创作也是很有帮助的,通过直接引用史书中的史料来体现人物的形象和事件的过程,是罗贯中经常使用的写作手段。

二、《三国演义》对《后汉书》素材的艺术改造

罗贯中为了更加突出某个人物性格特点,经常进行艺术虚构和改造,这些虚构和改造是为了满足作品创造的需要,这也是历史演义小说不同于史书之处。《三国演义》对《后汉书》进行的这些艺术加工和虚构的手法,可分为以下几类:一是移花接木、张冠李戴;二是以实补虚,合理延伸;三是驰骋想象,凭空虚构。

(一)采用移花接木或张冠李戴的手法

移花接木的手法就是把史料中真实记载的人物用其他人物代替,为了突出某人物性格的主导因素,这种手法遵循着一个原则,就是服从整体艺术构思下人物性格结构的审美需求。要么突出人物性格的主导因素,要么丰满各侧面、各层次的非主导因素,使主要人物性格结构立体化。是再造想象艺术虚构的基本形式。这种手法的运用在两书之间有很多例子。

《后汉书》卷四十八记载,陶谦杀曹操养父曹嵩的原因很简单,就是因为曹操数次侵犯徐州境内,陶谦为了报复曹操,趁着曹嵩路过徐州的时候,派兵截杀曹嵩全家。记载如下:

> 兴平元年,前太尉曹嵩及子德从琅玡入太山,劭遣兵迎之,未到,而徐州牧陶谦素怨嵩子操数击之,乃使轻骑追嵩、德,并杀之于郡界。劭畏操诛,弃郡奔冀州牧袁绍。

但是到了《三国演义》第十回,罗贯中为了突出陶谦的忠厚和曹操的残暴,则把陶谦杀曹嵩的罪过接到了张闿的头上。作者这么写不仅是为了突出曹操的暴行,更为了和刘备的仁义形象做对比。

《后汉书》卷六十四记载卢植少时求学于马融。描写他的正直,在马融讲学的时候,旁边有侍女站立,卢植目不转睛看老师,从没有看过侍女。

> 卢植字子干,涿郡涿人也。身长八尺二寸,音声如钟。少与郑玄俱事马融,能通古今学,好研精而不守章句。融外戚豪家,多列女倡歌舞于前。植侍讲积年,未尝转眄,融以是敬之。学终辞归,阖门教授。

罗贯中为了创作的需要,在《三国演义》第二十二回中,为了突出郑玄的影响力,把《后汉书》中对卢植的描述转接到了郑玄的头上。

再如《后汉书》卷七十五中,关于孙坚用传国玺向袁术赎妻子的记载很简单,袁术想称帝,而后听说孙坚的妻子藏国玺,就把他的妻子拘押,使孙坚被迫用国玺换妻子:

> 又闻孙坚得传国玺,遂拘坚妻夺之。

在《三国演义》第十五回,作者为了表现孙策过人的智慧、胆识和创业之艰难,用他替换了他的父亲,描写成孙策用国玺换取袁术的三千军马来打江东的。

(二)采用以虚补实的手法塑造人物形象

以虚补实、合理延伸的手法,即在原有史料的基础上,对史料中不足的部分进行合理的想象,可以有想象、虚构的成分,来弥补史料缺少的部分,虽然不一定符合史实,但是读者读起来认为是理所当然、真实发生的。这在大的环境中没有背离大的创作原则。也是再造想象艺术虚构的基本形式。

《后汉书》卷十下记载灵帝死后,何太后之子刘辩立为新君,董太后想干政,何太后屡次阻碍,董太后和何太后闹矛盾。即:

> 初,后自养皇子协,数劝帝立为太子,而何皇后恨之,议未及定而帝崩。何太后临朝,重与太后兄大将军进权势相害,后每欲参干政事,太后辄相禁塞。后忿恚詈言曰:"汝今辀张,怙汝兄耶?当敕票骑断何进头来。"何太后闻,以告进。

记载很简单,对于宫中两个太后之间的谈话,除了史官记录的,其他的话语无从得知。到了《三国演义》第二回,罗贯中为了刻画两个人的矛盾,不仅描述为何太后请董太后喝酒,在酒席上,"酒至半酣,何太后起身捧杯再拜曰:'我等皆妇人也,参预朝政,非其所宜。昔吕后因握重权,宗族千口皆被戮。今我等宜深居九重;朝廷大事,任大臣元老自行商议,此国家之幸也。愿垂听焉。'董后大怒曰:'汝鸩死王美人,设心嫉妒。今倚汝子为君,与汝兄何进之势,辄敢乱言!吾敕骠骑断汝兄首,如反掌耳!'何后亦怒曰:'吾以好言相劝,何反怒耶?'董后曰:'汝

家屠沽小辈，有何见识！'两宫互相争竞，张让等各劝归宫。"这些话语，谁能知道。这明显是以虚补实，把两人之间的矛盾刻画得淋漓尽致。

关于伏完谋杀曹操事泄一事，《后汉书》卷十下记载比较简单：

> 董承女为贵人，操诛承而求贵人杀之。帝以贵人有妊，累为请，不能得。后自是怀惧，乃与父完书，言曹操残逼之状，令密图之。完不敢发，至十九年，事乃露泄。

文中没有详细的交代伏完谋杀曹操这一件事的起因、经过，这在历史上是重大的宫廷事件，史官的记载寥寥片语，民间就更无从得知整个事情的缘由，罗贯中在史料不足的情况下进行了合理的想象和虚构，在《三国演义》第六十六回中用很长的一段文字把缘由全部描述清楚了：先是描述献帝和伏皇后密谋诛曹，然后献帝命令近臣穆顺授密书，不想被曹操的爪牙发现告知曹操，曹操搜查穆顺的衣服，在穆顺的头发中找到密书云云，事泄，伏氏全家被曹操杀害，连伏皇后也未幸免。虽然虚构，读者却认为和史实不会有太大区别。

再如曹丕篡汉一事，在《后汉书》卷十下中记载得也不尽详细，当时曹丕派使臣索要玺绶，曹皇后怒而不给，情节如下：

> 明年，立节为皇后。魏受禅，遣使求玺绶，后怒不与。如此数辈，后乃呼使者人，亲数让之，以玺抵轩下，因涕泣横流曰："天不祚尔！"左右皆莫能仰视。

对于曹皇后的言语，史料中只记载"天不祚尔"。《三国演义》第八十回中为了体现曹丕篡汉这件事是人人共愤的，作者虚构了曹皇后一段话。"帝泣曰：'汝兄欲篡位，令百官相逼，朕故不出。'曹后大怒曰：'吾兄奈何为此乱逆之事耶！'言未已，只见曹洪、曹休带剑而入，请帝出殿。曹后大骂曰：'俱是汝等乱贼，希图富贵，共造逆谋！吾父功盖寰区，威震天下，然且不敢篡窃神器。今吾兄嗣位未几，辄思篡汉，皇天必不祚尔！'"言罢，痛哭入宫。左右侍者皆歔欷流涕。使曹皇后也公然反对曹丕的罪恶行径。

向这种以虚补实手法的运用，在《后汉书》中还有很多实例，例如董卓被杀、袁术病死、华佗遇害，都是对此手法的运用。

（三）用凭空虚构的手法塑造人物的形象

凭空虚构创作手法，则完全违背史实，在历史上没有发生的事件，或者没有的人物，作者为了满足自身艺术创作的需要和读者的审美需求，而虚构出来的人物和事件，虽然违背史实，但是却增加了历史演义小说的可读性，使小说更加为读者喜闻乐见。《三国演义》对《后汉书》中的几个实例确实进行了凭空虚构，这是不可否认的。例如：

《后汉书》记载吕布投靠董卓后，董卓命吕布守卫中阁，吕布在中阁竟然和董卓的婢女私通，史料为："卓自知凶恣，每怀猜畏，行止常以布自卫。尝小失卓意，卓拔手戟掷之。布拳捷得免，而改容顾谢，卓意亦解。布由是阴怨于卓。卓又使布守中阁，而私与傅婢情通，益不自安。"(卷七十五)史书中没有记录貂蝉。罗贯中根据吕布和董卓的婢女私通一事，展开想象，虚构出来貂蝉这个人物形象，并且把貂蝉刻画成为国除害的女英雄，并且使之成为中国历史上妇孺皆知的正面人物。这种创作手法，却给《三国演义》带来了出人意料的成就。如果《三国演义》中没有貂蝉的故事，小说将失去多少光彩。

再如《后汉书》(卷七十五)关于张松谒见曹操，结果曹操甚是轻视他，他也很愤懑。回成都后，他劝谏刘璋结连刘备。

> 十三年，曹操自将征荆州，璋乃遣使致敬。操加璋振威将军，兄瑁平寇将军。璋因遣别驾从事张松诣操，而操不相接礼。松怀恨而还，劝璋绝曹氏，而结好刘备。璋从之。

至于张松到了许都，曹操怎样轻视他，他又怎样羞辱曹操，史料没有记载。而这些史料到了罗贯中笔下，则被凭空虚构出一大段故事来，先是曹操不理睬他，他又在杨修那里卖弄才华，把曹操的《孟德新书》倒背如流，杨修大为惊讶，在曹操面前又举荐张松，于是曹操又在演武场向张松显示武力。张松又对曹操无礼，结果被曹操乱棒打走。活灵活现的把张松辱曹的情节展现在读者面前。

笔者经过对比研究《三国演义》和《后汉书》，力图从中寻找到两者之间的一些千丝万缕的联系，作者罗贯中在写作《三国演义》的时候确实借鉴了《后汉书》中一些三国历史人物和事件，更是用艺术手法对其中的一些段落进行了艺术加工，故作此文以分享读者，深感欣慰。

参考文献：

① [明]罗贯中:《三国演义》,北京:知识出版社,2003年8月。
② [晋]陈寿撰、[宋]裴松之注:《三国志》,北京:中华书局,2007年。
③ [南朝宋]范晔:《后汉书》,北京:中华书局,2007年8月。
④ 郑铁生:《三国演义叙事艺术》,北京:新华出版社,2000年7月。
⑤ 袁行霈主编:《中国文学史》,北京:高等教育出版社,1999年8月。
⑥ 朱一玄、刘毓忱:《三国演义资料汇编》,天津:百花文艺出版社,1983年10月。
⑦ 郑铁生:《谈〈三国演义〉与〈三国志〉对照之虚实》,内江师范学院学报,2009年第24

卷第 1 期。

⑧ 王运涛:《论世代累积型作品的传播特征及传播模式》,郑州轻工业学院学报(社会科学版),2005 年 2 月,第 6 卷第 1 期。

⑨ 蒋玉斌:《世代累积型集体创作说检讨》,学术研究,2006 年第 9 期。

⑩ 李蕊芹,许勇强:《世代累积型创作说:一个重要的方法论》,宁夏大学(人文社会科学版),2008 年 11 月第 30 卷第 6 期。

⑪ 纪德君:《世代累积型集体创作说再思考》, 南京师范大学文学院学报,2008 年 6 月,第 2 期。

⑫ 李蕊芹,许勇强:《中国古代世代累积型小说人物形象的生成演变》,重庆师范大学学报(哲学社会科学版),2008 年第 4 期。

(作者工作单位:贵州省都匀工商管理学校)

假如孙登不早死,会被孙权废黜吗?

朱健文

孙登(209—241),字子高,孙权长子。魏黄初二年(221)十一月,魏文帝曹丕封孙权为吴王,孙权立孙登为王太子;黄龙元年(229)夏四月丙申,孙权南郊即皇帝位,立孙登为皇太子。赤乌四年(241),孙登病死。

史学家对孙登的评价,大多赞誉有加。陈寿:"孙登居心所存,足为茂美之德。"[①]宋人叶适的《习学记言序目》卷二八"《三国志·吴书·吴主五子传》"条说:"孙登德兼于能,知人则哲,深达治要,临殁一疏,不论三代以前、三代以后,世子藩王之贤,少有及者,同时曹子桓(曹丕)、子建(曹植),何足道哉!"

对孙登的早逝,史学家们更是惋惜不已。李澄宇《读三国志蠡述》卷三"书《吴主五子传》"条称:"(孙)登、虑、和皆贤,而登、虑蚤卒,和更谗废,此吴之不幸也。"黎东方先生也说:"孙登之死,是孙权的不幸,也是吴国的不幸。"[②]

但是,史学家们也往往能够站在更高的层面看问题。比如叶适,他在大大夸奖了孙登一番后,便话锋一转,"然孙权暮年,骄惰猜险,祸成骨肉,登亦幸而早死,未知父子之爱竟能始终否?"

扬州大学社会发展学院历史系王永平教授更进一步。他认为孙权晚年"谗说殄行,胤嗣废毙"[③],"嫡庶不分,闺庭错乱,遗笑古今,殃流后嗣"[④],"从这个意义上说,孙登之早逝,使他避免了可能被废黜的悲剧,不能不说是一件幸运的事。"[⑤]

那么,假如孙登没有早逝,他真的有可能会被孙权废黜吗?

我认为叶适与王永平所论虽然不是空穴来风,但是他们的担忧属于杞人忧天!下面,请允许我分三方面来说明我的观点,敬请诸位方家学者教正。

一、孙登"德兼于能",具有仁君的潜质

孙登的"德兼于能",有多方面的表现。

(一)孝

初,登所生庶贱,徐夫人少有母养之恩,后徐氏以妒废处吴,而步夫人

最宠。步氏有赐，登不敢辞，拜受而已。徐氏使至，所赐衣服，必沐浴服之。登将拜太子，辞曰："本立而道生，欲立太子，宜先立后。"权曰："卿母安在？"对曰："在吴。"权默然。⑥

大家知道，孙权一辈子没有立皇后，而他的几位后妃，性格特点都非常鲜明。谢妃最要强，徐妃最好妒，步妃最贤惠，两位王夫人最平和，潘夫人最恶毒。很不幸，孙登的亲生母亲由于地位低微，"所生庶贱"而不见史传，他的养母是徐妃。

徐妃没有显赫的家世背景，再加上有一段寡妇再嫁、侄女嫁叔的婚史，因此不安全感很强，所以妒忌心也很强。这一点的确不好，后来她被孙权废黜，在老家吴郡凄凉度日。

徐妃走后，来了步妃。步妃是丞相步骘的族人，美貌异常。她识大体、有素养，而且非常贤惠。她非常关心孙登，对后宫妃嫔也十分照顾，所以不但获得了孙权的百般宠爱，还得到整个后宫众口一词的称赞。

面对小恩小惠，大多数人都会失去理智的判断，更何况当时孙登还只是小孩子，加上步妃的确是真心实意的对待他。可是，孙登没有迷失。他始终没有忘记自己的养母。步妃每次送他东西，他只是跪着拜收下来，恭而敬之、敬而远之，仅此而已。而徐妃赐给他的衣服，他必定认真沐浴之后才恭恭敬敬地穿上。

孙权登上王位时，按例要封孙登为太子，孙登推辞。他的理由是："凡事应该先立根本，有了根本才会有道。如果要立太子，那就应该先立皇后。"孙权笑道："你说得对啊，我们当然应该这样做！可是，皇后，也就是你的母亲是谁？她在哪里呢？"

孙登眼泪一下子涌了出来，他低声回答："母亲在吴郡。"

孙权无语以对，他本以为孙登会说是步夫人。徐夫人虽然被废黜了，但在孙登心里，一日为母，终身为母。这是孙登的恭孝，作为父亲，他又能说什么呢！

后弟虑卒，权为之降损，登昼夜兼行，到赖乡，自闻，即时召见。见权悲泣，因谏曰："虑寝疾不起，此乃命也。方今朔土未一，四海喁喁，天戴陛下，而以下流之念，减损太官殽馔，过于体制，臣窃忧惶。"权纳其言，为之加膳。住十余日，欲遣西还，深自陈乞，以久离定省，子道有阙，又陈陆逊忠勤，无所顾忧，权遂留焉。⑦

嘉禾元年(232)，孙登二弟孙虑逝世，父亲孙权痛苦得连饭都吃不下去。孙登得知此事后，昼夜兼程赶到父亲所在地赖乡，当面劝说孙权："孙虑走了，这是他的命运不好啊。如今北方的土地还没有统一，四海之民都在翘首盼望得到解救。老天把这样的重担子交给父亲,可父亲却一点也感觉不到,反而不思饮食,我真是为父亲忧虑不安啊。"孙权被孙登感人肺腑的真情打动,含泪听从了他的劝告,终于为此增加饮食。十几天后,孙权觉得自己没事了,就准备打发孙登回驻地武昌。孙登深切地恳求说:"儿子不能早晚向父亲请安,这是不孝。武昌有陆逊在,难道父亲还不放心吗?我想再多陪伴父亲一段时间。"这种发自内心的大孝,足令天地为之动容!

(二)悌

> 弟和有宠于权,登亲敬,待之如兄,常有欲让之心。[8]

古今中外,为了争一点蝇头小利,斗得头破血流者比比皆是。亲情在利益面前,总是那么的脆弱!三国时期的袁绍之子谭、尚之争,刘表之子琦、琮之恶,皆兄弟阋墙,自相残杀。为了至高无上的皇位,更是流了数不清的鲜血。曹操之子丕、植之残,孙权之子和、霸之夺,还有大唐李世民的"玄武门之变"、大宋赵匡义的"斧声烛影"、大明朱棣的"靖康之役"……此封建权力所致之罪恶,亦人心丑陋之本真也。

然而,孙登却愿意将别人梦寐以求的皇位继承权轻轻松松地拱手相让。他对孙和之让是出自真心的。这其中果然有孙和得孙权宠爱,孙登出于孝心要迎合孙权的考虑,更重要的还是孙登淡泊名利,并且慧眼识英,洞悉孙和"少岐嶷有智意","好文学,善骑射,承师涉学,精识聪敏,尊敬师傅,爱好人物"[9],同样具有仁君的潜在素质。

观孙登超然物外之所为,真是鹤立鸡群,与一般俗人有云泥之别,怎能不令人顿生高山仰止之情?

(三)仁

> 登或射猎,当由径道,常远避良田,不践苗稼,至所顿息,又择空闲之地,其不欲烦民如此。[10]

孙登爱民,尽自己全力做到爱民如子,不打扰,不破坏,安乐与共。故而射猎不踏良田,出游不经苗地,舟车所行皆不烦民。比之曹操割发代首之法道与权谋,孙登简直像个圣洁的天使。

(四)恕

> 又失盛水金马盂。觉得其主,左右所为。不忍致罚,呼责数之,长遣归家。敕亲近勿言。[11]

孙登的一个盛水的金马盂被偷了，后来查出来居然是自己的身边人偷的。孙登得知后不忍心责罚他，只是把他叫来责备了一顿，然后将他遣返回家，并让左右的人以后不要说出去。

人孰无过？孔圣人也有枉杀少正卯之过，他的“唯女子与小人为难养也”更是一直受后人诟病。但这并不有损圣人的光辉。就在孙吴，孙登的那些叔叔伯伯们，哪个没有这样那样的缺陷？孙权不是也说过“天下无粹白之狐”吗？关键是看你肯不肯知错就改。当然，你得给人机会！当年楚国将军唐狡偷偷摸了楚庄王爱妃许姬一把，如果当时楚庄王没有大人大量放他一马，那么周定王十年楚庄王伐郑之役的历史，不是需要改写了吗？

孙登之恕，没有功利的考量。此种慈悲心怀，于佛教的义理暗合，得益于儒学的长期熏陶。

（五）智

> 尝乘马出，有弹丸过，左右求之。有一人操弹佩丸，咸以为是，辞对不服，从者欲捶之，登不听，使求过丸，比之非类，乃见释。⑫

孙登具有一颗慈善的心和敏锐的洞察力。他断的这个案子事情虽小，但识微知著，说明孙登有大智慧。他知真伪，明法理，性格冷静客观，办事有条不紊，这些都是成为明君的先天条件。此故事被后人选入智书，可谓英雄所见也！

（六）义

> 登待接僚属，略用布衣之礼，与恪、休、谭等或同舆而载，或共帐而寐。⑬

> （休）每升堂宴饮，酒酣乐作，登辄降意与同欢乐。休为人解达，登甚爱之，常在左右。⑭

> 表年三十四，卒。家财尽于养士。死之日，妻子露立。太子登为起屋宅。⑮

诸葛恪、张休、顾谭、陈表，是孙权为孙登特意精选的陪臣，号称四友。他们四个的任务是陪伴孙登成长，并给予教诲。孙登比四友要小六七岁。所以对孙登来说，他们亦兄亦师亦友，既是好伙伴，又是值得尊敬的臣子。孙登对他们都很讲义气，而且知恩图报，自始至终对他们礼遇有加，使人感动。孙登对四友之关心，已经入微到生活起居的方方面面。这一点很像孙权。当年孙权也曾为蒋钦母妻更服易绣，改善物质生活；也曾为周泰查看伤势，当众数其之恩；也曾为吕蒙求医请命，戳孔以观病情；也曾为凌统哺育孤儿，养待犹如己出；这一切君臣情义，孙登都学到了，而且大有“青出于蓝而胜于蓝”之势。有子如此，孙权难道会不满意吗？

（七）忠

> 临终，上疏曰：“臣以无状，婴抱笃疾，自省微劣，惧卒陨毙。臣不自惜，念当委离供养，埋胔后土，长不复奉望宫省，朝觐日月，生无益于国，死贻陛下重戚，以此为哽结耳。臣闻死生有命，长短自天，周晋、颜回有上智之才，而尚夭折，况臣愚陋，年过其寿，生为国嗣，没享荣祚，于臣已多，亦何悲恨哉！方今大事未定，逋寇未讨，万国喁喁，系命陛下，危者望安，乱者仰治。愿陛下弃忘臣身，割下流之恩，修黄、老之术，笃养神光，加羞珍膳，广开神明之虑，以定无穷之业，则率土幸赖，臣死无恨也。皇子和，仁孝聪哲，德行清茂，宜早建置，以系民望。诸葛恪才略博达，器任佐时。张休、顾谭、谢景，皆通敏有识断，入宜委腹心，出可为爪牙。范慎、华融矫矫壮节，有国士之风。羊衜辩捷，有专对之材。刁玄优弘，志履道真。裴钦博记，翰采足用。蒋修、虞翻，志节分明。凡此诸臣，或宜廊庙，或任将帅，皆练时事，明习法令，守信固义，有不可夺之志。此皆陛下日月所照，选置臣官，得与从事，备知情素，敢以陈闻。臣重惟当今方外多虞，师旅未休，当厉六军，以图进取。军以人为众，众以财为宝，窃闻郡县颇有荒残，民物凋弊，奸乱萌生，是以法令繁滋，刑辟重切。臣闻为政听民，律令与时推移，诚宜与将相大臣详择时宜，博采众议，宽刑轻赋，均息力役，以顺民望。陆逊忠勤于时，出身忧国，謇謇在公，有匪躬之节。诸葛瑾、步骘、朱然、全琮、朱据、吕岱、吾粲、阚泽、严畯、张承、孙怡，忠于为国，通达治体。可令陈上便宜，蠲除苛烦，爱养士马，抚循百姓。五年之外，十年之内，远者归复，近者尽力，兵不血刃，而大事可定也。臣闻‘鸟之将死其鸣也哀，人之将死其言也善’。故子囊临终，遗言戒时，君子以为忠。岂况臣登，其能已乎？愿陛下留意听采，臣虽死之日，犹生之年也。”既绝而后书闻，权益以摧感，言则陨涕。⑯

第一次读到孙登的这篇临终上疏，脑海中马上跳出脍炙人口的《出师表》。此疏的文采虽然比《出师表》略逊一筹，但其感人之深，一点也不亚于鞠躬尽瘁死而后已的孔明先生。此疏不仅见识深远，而且情真意切。最可贵的是孙登在自知命悬一线之际，还心忧国事。此时他所思所想的一切，都是为了吴国的发展壮大！他所建言的宽刑轻赋、爱养士马等政策都是吴国当时急需要改善的；他所推重荐举的皆是国家的真正贤才（可惜陈表比孙登还早逝，故未列入其中）；他最挂念的是请求孙权“宜早建置（孙和），以系民望”。而吴国之所以逐渐走向衰落，

孙权之所以为后人诟病的最大原因就是太子废立问题，故而孙登的每一句肺腑之言都是关系到吴国命运和孙权自身评价的重要决策。

这是感天动地的忠！

综此七道，陈寿说其“居心所存，足为茂美之德”，岂非实哉！

孙登的执政能力也很强。如嘉禾三年，孙权亲征合肥新城，孙登留守，全面主持吴国政务。在此期间，孙登不负众望，各项工作都有条不紊，十分出色。比如当时因为许多地方粮食歉收而导致盗贼滋生，孙登便明确法令，有效防范了许多别有用心之人的趁势作乱，坚决维护了社会的稳定。

由此可见，假如天假其年，孙登绝对会成为一个出色的明君！

二、孙登的优秀品质是孙权全力打造的结果

孙权以长子孙登为嗣君，符合儒家嫡长子继承制的原则，得到朝臣的一致拥护。孙登为太子，时年 13 岁，处于好学、可塑性极强的少年时代；当时孙权 40 岁，正值人生的壮年，颇富进取心，他对教育的功能十分清楚并且有深切的体会。脍炙人口的《孙权劝学》故事，直到今天还被选入初中语文课本，让人津津乐道，就是一种最好的证明。

所以，孙权很重视对诸子特别是太子的教育，便不足为奇。事实上，孙权的确为孙登精心挑选了师傅和宾友。《三国志·吴书·吴主五子传》载：“是岁，立登为太子，选置师傅，铨简秀士，以为宾友，于是诸葛恪、张休、顾谭、陈表等，以选入，侍讲诗、书，出从骑射。……黄龙元年，权称尊号，立为皇太子，以恪为左辅，休右弼，谭为辅正，表为翼正都尉，是为四友。而谢景、范慎、刁玄、羊衜等皆为宾客，于是东宫号为多士。”

孙登之师傅和宾客皆为孙吴杰出之儒学名士，且多文武并举。孙权希望通过这样的班底，教育和辅佐孙登，使其成为有作为的继承人。《三国志》没有列出这些师傅具体的名单。根据王永平教授的考证，大致有张温、程秉、徵崇、陆逊、是仪等人。⑰

这些多是怎样的高人呢？

张温为吴“四姓”之一张氏的代表人物。孙权问其才能，刘基曰“可与全琮为辈”。顾雍称“温当今无辈”。权“征到延见，文辞占对，观者倾竦，权改容加礼……拜议郎、选曹尚书，徙太子太傅，甚见信重”。⑱

程秉早年“逮事郑玄，后避乱交州，与刘熙考论大义，遂博通五经。士燮命为长史。权闻其名儒，以礼征；秉既到，拜太子太傅”。秉之辅导孙登，主要侧重儒家伦理道德方面的教育：“黄武四年，权为太子登聘周瑜女，秉守太常，迎妃于吴，权亲幸秉船，深见优礼。既还，秉从容进说登曰：‘婚姻人伦之始，王教之基，是以

圣人重之，所以率先众庶，风化天下，故《诗》美《关雎》，以为称首。愿太子尊礼教于闺房，存《周南》之所咏，则道化隆于上，颂声作于下矣。’登笑曰：‘将顺其美，匡救其恶，诚所赖于傅君也’”。⑲

徵崇之事见于《三国志·吴书·张严程阚薛传》“秉为傅时，率更令河南徵崇亦笃学立行云”注引《吴录》。《吴录》云：“崇字子和，治《易》《春秋左氏传》，兼善内术。本姓李，遭乱更姓，遂隐于会稽，躬耕以求其志。好尚者从学，所教不过数人辄止，欲令其业必有成也。所交结如丞相步骘等，咸亲焉。严峻荐崇行足以厉俗，学足以为师。初见太子登，以疾赐不拜。东宫官僚皆从咨询。太子数访以异闻。年七十而卒。”⑳

此外，黄龙元年（229）至嘉禾元年（232），陆逊兼任太子孙登的师傅。陆逊既是吴“四姓”之陆氏的重要代表人物，更是支撑孙吴政权的顶梁之柱。陆逊不但才学丰富，而且十分重视军政实践。孙权命陆逊为太子师傅，当然是为了培养和提高孙登的实际才干。

是仪是北海营陵人。孙权“承摄大业，优文征仪。到见亲任，专典机密，拜骑都尉”。黄龙元年，孙权都建业，“大驾东迁，太子登留镇武昌，使仪辅太子。太子敬之，事先咨询，然后施行。进封都乡侯。后从太子还建业，复拜侍中、中执法，平诸官事、领辞讼如旧”。㉑

由此可见，孙登的这几位主师傅，其中有传授学业者，有侧重培养人伦道德者，也有训练实际军政才干者。这是孙权精心安排的太傅、少傅群体。

孙登的东宫僚佐和宾友，其主要职能是“侍讲诗书，出从骑射”，也有引导太子的任务。他们也是孙权钦点的。其主要人物有诸葛恪、张休、顾谭、陈表、华融、谢景、范慎、刁玄、羊衜等。

诸葛恪，其父诸葛瑾，是孙权信重的重臣。瑾曾为权长史。权称王、称帝，皆依重之。恪为人通达，处事有大略。“名盛当世，权深异器之”。

张休，孙吴元老重臣张昭之次子。他才兼文武，史有重名。

陈表，淮泗勋旧陈武之庶子。表虽为武人之后，但好学，文武兼备，“少知名”。

顾谭，顾雍之孙。顾雍曾任孙吴丞相长达19年，与陆逊同为孙吴政权的核心人物。谭自少便名声大振。

以上四人皆为孙吴文武重臣的子嗣，与孙登关系最为亲密，号称“四友”。其中三人属传统儒学世族，一人为武人后代。孙权为太子这样择友，反映出他在安排继承人行政辅助班子时，很注重文武兼顾。

孙权为孙登选择的宾友，也是一时俊杰。如谢景，本为寒士，得张昭子张承举荐，后为“国士”，官至豫章太守。“在郡有治迹，吏民称之。”㉒景与太子孙登感情甚深。孙登不幸谢世时，“谢景时为豫章太守，不胜哀情，弃官奔赴，拜表自劾。

权曰：'君与太子从事，异于他吏。'使中使慰劳，听复本职，发遣还郡"。[23]

刁玄，丹杨人，以才学显世。[24]范慎，《三国志·吴书·吴主五子传》注引《吴录》称："慎字孝敬，广陵人。竭忠知己之君，缠绵三益之友，时人荣之。著论二十篇，名曰《矫非》。后为侍中，出补武昌左都尉，治军整顿。孙皓移都，甚惮之。"[25]

羊衜，南阳人。颇有才干。赤乌二年，孙权命其领兵远征辽东，"击魏守将张持、高虑等，虏得男女"[26]。在对抗校事吕壹的斗争中，表现出不媚权贵的优良品德，有很好的士人品行和气节。其官至桂阳太守。

孙登宾友皆有才学，有《三国志·吴书·吴主五子传》注引《江表传》可证："登使侍中胡综作《宾友目》曰：'英才卓越，超逾伦匹，则诸葛恪。精识时机，达幽究微，则顾谭。凝辨宏达，言能释结，则谢景。究学甄微，游、夏同科，则范慎。'"[27]《三国志·吴书·诸葛藤二孙濮阳传》注引《江表传》称："恪少有才名，发藻岐嶷，辩论应机，莫与为对。权见而奇之，谓瑾曰：'蓝田玉生，真不虚也。'"[28]顾谭学业甚精，著有《新书》20篇。《三国志·吴书·张顾诸葛步传》注引陆机《顾谭传》："宣太子正位东宫，天子方隆训导之义，妙简俊彦，讲学左右。时四方之杰毕集，太傅诸葛恪等雄奇盖众，而谭以清识绝伦，独见推重。自太尉范慎、谢景、杨鉴（疑应作羊衜）之徒，皆以秀称其名，而悉在谭下。"[29]另外，范慎、谢景等也精于经术、诸子，他们与太子登"讲论道艺"，对登之性情与学识影响甚大。孙登死前上疏孙权，举荐诸人云："诸葛恪才略博达，器任佐时。张休、顾谭、谢景，皆通敏有识断，入宜委腹心，出可为爪牙。范慎、华融矫矫壮节，有国士之风。羊衜辩捷，有专对之材。刁玄优弘，志履道真。裴钦博记，翰采足用。蒋修、虞翻，志节分明。凡此诸臣，或宜廊庙，或任将帅，皆练时事，明习法令，守信固义，有不可夺之志。"[30]这是孙登对他们的充分肯定。

在诸位师傅、宾友中，对孙登的道德修养、政治品格影响最大的，当属陆逊。陆逊为人严正，恪守礼法，又有才能。对孙权诸皇子管教极为严格。《三国志·吴书·陆逊传》载："时建昌侯虑于堂前作斗鸭栏，颇施小巧。逊正色曰：'君侯宜勤览经典，以自新益，用此何为？'虑即时毁撤之。射声校尉松于公子中最亲，戏兵不整，逊对之髡其职吏。南阳谢景善刘廙先刑后礼之论，逊呵景曰：'礼之长于刑久矣，廙以细辩而诡先圣之教，皆非也。君今侍东宫，宜遵仁义，以彰德音，若彼之谈，不须讲也。'"[31]史书中虽然找不到陆逊对孙登教诲的直接记载，但以陆逊之品行，绝对会恪守师道。孙登的行为颇合儒家之训，相信必定有陆逊的功劳。

最后，在诸位师友宾客的共同努力下，孙登完全如孙权所愿，具备了一代仁君应该具有的良好潜质。这是孙权精心选择师友的结果。从这个角度看，孙登的完美，也是孙权全力打造的结果。我想，这也正是孙权在孙登不幸去世时失声痛哭的深层次原因吧！

三、治国理念的分歧不足以动摇孙登的太子地位

综上所述，由于与儒学士人长期的交往，特别是受到陆逊等人严格的训导，孙登在学识、品格、习性及其政治观念等方面皆已深深刻上了儒学的烙印。在他身上，儒家伦理道德与重贤爱民思想占据重要的地位，并成为一种自觉的思想意识。

孙登之才德如此，如为孙吴之主，至少也是守成之君。对孙权来说，后继有人，可谓大幸运。

那么，叶适为什么还要替孙登担忧，提出“登亦幸而早死”的观点呢？

对此，王永平教授在《论孙权太子孙登与世族朝臣之关系及其政治境遇》[32]一文中进行了深刻阐述。

王教授认为孙权与孙登的父子之爱难以善始善终，有两方面原因。

其一，与孙权的后宫生活有关。孙权在礼法上不够严正，后宫制度比较紊乱。一个重要的表现便是长期不立王后。孙权想立步夫人为后，但孙登视徐氏为母，他的意中人是徐氏。这使孙权内心深为不快。

其二，孙登渐渐失掉孙权的宠爱。孙权在政治观念及其政策上崇尚法术，与曹操相似，而与儒家大族的仁政理念不同。而孙登的政治思想观念是与儒学士大夫人物完全一致的。也就是说，在治国观念上，俩人存在着重大分歧。

王永平教授的大作《孙吴政治与文化史论》，对孙吴的方方面面有许多精辟的论述。比如将孙权晚年的“老耄昏馈，倒行逆施”，归因为孙权的崇尚法术与朝臣的崇尚儒道之间的角逐，便是他的真知灼见之一。

但是，王教授根据孙登的嗣君之位受到威胁，进而猜测孙登不早死将被废黜的观点，我不敢认同。

我的理由是：

1.《三国志·吴书·妃嫔传》：“（步）夫人性不妒忌，多所推进，故见爱待。权为王及帝，意欲以为后，而群臣议在徐氏，权依违者十余年。然宫内皆称皇后，亲戚上疏，称中宫。及薨，臣下缘权指（旨），请追正名号，乃赠印绶……”[33]

细读此文可见，在徐氏、步氏之间，“权依违者十余年”。即使在“宫内皆称皇后”的既成事实面前，孙权也没有在步氏生前给她应得的名分。如此犹豫不决，当然有“群臣议在徐氏”的重要因素，但也说明孙权对孙登十分看重，他很在意孙登的感受，不肯做出为了立步夫人而有损孙登太子地位的事情。

2.毋庸置疑，孙权与朝臣在治国理念上，的确有很大矛盾。在孙权称王称帝后，儒学士大夫不断要求孙权进行社会改革。

比如陆逊。

《三国志·吴书·吴主传》，黄武五年冬十月："陆逊陈便宜，劝以施德缓刑，宽赋息调。又云：'忠谠之言，不能极陈，求容小臣，数以利闻。'权报曰：'夫法令之设，欲以遏恶防邪，儆戒未然也，焉得不有刑罚、以威小人乎？此为先令后诛，不欲使有犯者耳。'"[34]

丞相顾雍、张昭等也有同样的建议。

《三国志·吴书·张顾诸葛步传》："权尝咨问得失，张昭因陈听采闻，颇以法令太稠，刑罚微重，宜有所蠲损。权默然，顾问雍曰：'君以为何如？'雍对曰：'臣之所闻，亦如昭所陈。'于是权乃议狱轻刑。"[35]

可见，朝臣反对刑罚苛禁之道，要求孙权推行仁政。对此，孙权内心虽然很不以为然，但还是能够听从大家意见，说明他并不是一意孤行的独裁者，更不是近现代意义上的法西斯！

孙登的治国理念与陆逊为代表的儒学之士颇多一致。对此，孙权可能有忧虑、可能会担心在他身后出现权臣干政的局面。为避免出现这一情况，孙权想了不少办法，其中最典型的是"吕壹事件"。

《三国志·吴书·吴主传》："初，权信任校事吕壹，壹性苛惨，用法深刻。"当时顾雍、朱据、陆逊、潘濬等朝臣"皆见禁止"，一度失去了主政地位。对此，太子孙登同情儒学朝臣的处境，《三国志·吴书·吴主传》载："太子登数谏，权不纳，大臣由是莫敢言。"[36]可见孙登与孙权在对待吕壹的问题上的确存在很大分歧。但是，在赤乌元年，孙权便处死了吕壹，并且下了罪己诏书"引咎责躬"，作了深刻检讨。孙登死于赤乌四年。孙登在吕壹气焰熏天时，没有因为反对吕壹，引得孙权不快而被废黜，难道会在吕壹魂归西天，而且罪行被彻底清算四年后，受其牵连而被废黜吗？

王教授还说："孙和为太子后，其文化修养、政治态度等各方面与孙登颇为相似，并且很快得到陆逊等儒学朝臣的一致拥戴，这也引起了孙权的不满，孙权最终造成'二宫构争'，逼死陆逊，将孙和废杀。可以说，孙和延续了乃兄孙登的悲剧命运。"[37]

这个问题有点似是而非。

"二宫构争"是孙吴政治生活的一场大悲剧。但是，这难道真是孙权想要的结果而一手策划的吗？

作为父亲，孙虑死后，孙权"为之降损"，悲痛得咽不下饭菜；孙登死后，孙权"言则陨涕"。他宠爱孙和、放纵孙霸、听任长女鲁班胡闹，最后选择幼小的孙亮为嗣君。这一切，都说明他对子女是一视同仁的无原则的溺爱。孙权自己应该很清楚，他与陆逊等人的矛盾，说到底是"内部矛盾"。说他为了要制约以陆逊为代表的朝中儒学士大夫势力，故意策划"二宫构争"，挑起兄弟残杀，这是不公正的。

“二宫构争”发生在孙登去世之后。那么,假如孙登不死,会不会在孙登与孙和之间发生“二宫构争”,并引发孙登的被废黜呢?

答案还是否定的。

首先,孙登大度,识时务,对孙和早就怀有退让之心。如果真的与孙和发生矛盾,一定会急流勇退,将矛盾扼杀在摇篮中。

其次,众所周知,“二宫构争”的重要推手,是孙权长女全公主鲁班。这位阴险的公主因为孙和之母王夫人与自己的母亲步夫人争宠而与王夫人水火不容。所以栽赃陷害无所不用其极。加之鲁王孙霸的野心与不择手段,还有孙权的恨铁不成钢与晚年昏庸,最终导致孙和被废为南阳王,孙霸被赐死。

但是,孙登与鲁班公主没有矛盾。一来孙登养母徐夫人被贬老家,早就失去了与步夫人争宠的基础条件;二者孙登对步夫人始终恭恭敬敬,“步氏有赐,登不敢辞,拜受而已”,给足了步夫人面子。所谓“拳头不打笑脸人”,鲁班公主虽恶毒,又有什么理由置孙登于死地呢?

更重要的是,孙权是有政治智慧的人,他绝对不是蛮不讲理的糊涂虫。事实上,他是众所公认的三国时期最善于虚心听取意见的人。孙权有一句名言:“天下无粹白之狐,而有粹白之裘,众之所积也。夫能以驳致纯,不惟积乎?故能用众力,则无敌于天下矣;能用众智,则无畏于圣人矣。”[38]他是“聪明仁智雄略之主”。[39]他善于原谅他人的缺陷,特别重视人才的挖掘与利用,并且最大限度的发挥他人的长处。孙登的长处有目共睹,更何况孙登还是自己全力打造的亲生儿子呢!“虎毒不食子”,孙权再昏聩,也不至于比不通人性的老虎还不如吧!

孙登去世后,被谥为宣太子。据《逸周书·卷六·谥法解》:“圣善周闻曰宣。”则对孙登的盖棺论定是“圣善周闻”。这样的结论,当然是得到孙权首肯的。那么,假如孙登不早死,终将被孙权废黜的担忧,难道不是杞人忧天吗?

最后,我想说,“假如孙登不早死,会不会被孙权废黜?”是个伪命题。因为历史不允许假设,所以本来就没有辩论的必要。之所以还要啰哩啰嗦地写下这段文字,是因为孙权晚年虽然问题不少,但是本着实事求是的学术研究原则,不能够容忍他人随意往孙权身上泼脏水罢了!

注释:

① 陈寿《三国志·吴书·吴主五子传》末陈寿评,卢弼《三国志集解》,上海古籍出版社2016年版,第3516页。

② 黎东方《细说三国》之三二“孙家的事”,上海人民出版社2000年版,第352页。

③《三国志·吴书·吴主传》末陈寿评,卢弼《三国志集解》,上海古籍出版社2016年版,第2979页。

④《三国志·吴书·妃嫔传》末陈寿评,卢弼《三国志集解》,上海古籍出版社2016年版,

第 3127 页。

⑤ 王永平《孙吴政治与文化史论》,上海古籍出版社 2005 年版,第 144 页。

⑥《三国志·吴书·吴主五子传》,卢弼《三国志集解》,上海古籍出版社 2016 年版,第 3496 页。

⑦《三国志·吴书·吴主五子传》,卢弼《三国志集解》,上海古籍出版社 2016 年版,第 3495 页。

⑧《三国志·吴书·吴主五子传》注引《吴书》,卢弼《三国志集解》,上海古籍出版社 2016 年版,第 3496 页。

⑨《三国志·吴书·吴主五子传》注引《吴书》,卢弼《三国志集解》,上海古籍出版社 2016 年版,第 3501 页。

⑩《三国志·吴书·吴主五子传》,卢弼《三国志集解》,上海古籍出版社 2016 年版,第 3495 页。

⑪《三国志·吴书·吴主五子传》,卢弼《三国志集解》,上海古籍出版社 2016 年版,第 3495 页。

⑫《三国志·吴书·吴主五子传》,卢弼《三国志集解》,上海古籍出版社 2016 年版,第 3495 页。

⑬《三国志·吴书·吴主五子传》,卢弼《三国志集解》,上海古籍出版社 2016 年版,第 3491 页。

⑭《三国志·吴书·张顾诸葛步传》注引《吴书》,卢弼《三国志集解》,上海古籍出版社 2016 年版,第 3174 页。

⑮《三国志·吴书·程黄韩蒋周陈董甘凌徐潘丁传》,卢弼《三国志集解》,上海古籍出版社 2016 年版,第 3326 页。

⑯《三国志·吴书·吴主五子传》,卢弼《三国志集解》,上海古籍出版社 2016 年版,第 3497 页。

⑰ 王永平《孙吴政治与文化史论》,上海古籍出版社 2005 年版,第 145 页。

⑱《三国志·吴书·虞陆张骆陆吾朱传》,卢弼《三国志集解》,上海古籍出版社 2016 年版,第 3425 页。

⑲《三国志·吴书·张严程阚薛传》,卢弼《三国志集解》,上海古籍出版社 2016 年版,第 3234 页。

⑳《三国志·吴书·张严程阚薛传》注引《吴书》,卢弼《三国志集解》,上海古籍出版社 2016 年版,第 3234 页。

㉑《三国志·吴书·是仪胡综传》,卢弼《三国志集解》,上海古籍出版社 2016 年版,第 3589 页。

㉒《三国志·吴书·吴主五子传》,卢弼《三国志集解》,上海古籍出版社 2016 年版,第 3499 页。

㉓《三国志·吴书·吴主五子传》,卢弼《三国志集解》,上海古籍出版社 2016 年版,第 3497 页。

㉔ 刁玄事见《三国志·吴书·三嗣主传》注引《江表传》,卢弼《三国志集解》,上海古籍出版社 2016 年版,第 3026 页。

㉕《三国志·吴书·吴主五子传》,卢弼《三国志集解》,上海古籍出版社2016年版,第3492页。

㉖《三国志·吴书·吴主传》,卢弼《三国志集解》,上海古籍出版社2016年版,第2957页。

㉗《三国志·吴书·吴主五子传》注引《江表传》,卢弼《三国志集解》,上海古籍出版社2016年版,第3492页。

㉘《三国志·吴书·诸葛藤二孙濮阳传》注引《江表传》,卢弼《三国志集解》,上海古籍出版社2016年版,第3619页。

㉙《三国志·吴书·张顾诸葛步传》注引陆机《顾谭传》,卢弼《三国志集解》,上海古籍出版社2016年版,第3189页。

㉚《三国志·吴书·吴主五子传》,卢弼《三国志集解》,上海古籍出版社2016年版,第3497页。

㉛《三国志·吴书·陆逊传》,卢弼《三国志集解》,上海古籍出版社2016年版,第3463页。

㉜ 王永平《孙吴政治与文化史论》之《论孙权太子孙登与世族朝臣之关系及其政治境遇》。上海古籍出版社2005年版,第145—161页。

㉝《三国志·吴书·妃嫔传》,卢弼《三国志集解》,上海古籍出版社2016年版,第3115页。

㉞《三国志·吴书·吴主传》,卢弼《三国志集解》,上海古籍出版社2016年版,第2931页。

㉟《三国志·吴书·张顾诸葛步传》,卢弼《三国志集解》,上海古籍出版社2016年版,第3177—3178页。

㊱《三国志·吴书·吴主传》,卢弼《三国志集解》,上海古籍出版社2016年版,第2955页。

㊲ 王永平《孙吴政治与文化史论》之《论孙权太子孙登与世族朝臣之关系及其政治境遇》。上海古籍出版社2005年版,第160页。

㊳《三国志·吴书·吴主传》注引《江表传》,卢弼《三国志集解》,上海古籍出版社2016年版,第2955页。

㊴ 三国志·吴书·吴主传》,卢弼《三国志集解》,上海古籍出版社2016年版,第2905页。

(作者工作单位:富阳市三国演义学会)

长坂坡故事的进化

赵春阳

长坂坡赵子龙单骑救主是整部《三国演义》中最精彩的几个故事之一，这段故事塑造了虎将赵云、猛将张飞、仁君刘备、烈妇糜夫人等经典形象，在民间影响颇大，各种戏曲曲艺形式都曾对长坂坡故事进行过演绎。

按照《三国演义》的情节，长坂坡故事可以细化为四个重要的情节，分别是：刘备用人不疑、糜夫人慷慨赴难、赵云单骑救主、张飞喝退曹兵。下面，我从“大三国”的角度，按照时间顺序，从正史到平话再到演义，分别考察一下这四个情节存在的进化过程，希望可以找到三国故事进化的动因。

一、刘备用人不疑

《三国演义》中，长坂坡时糜芳曾造谣赵云造反，引起了刘备的不满，这件事在历史上的确可以找到痕迹。

《三国志·赵云传》：

> 初，先主之败，有人言云已北去者，先主以手戟擿之曰：“子龙不弃我走也。”顷之，云至。

手戟是一种投掷类武器，《三国志·典韦传》记载典韦曾用手戟掷敌，“所抵无不应手倒者”，足见手戟的杀伤力；“擿”通“掷”。《三国志·赵云传》中没有交代刘备是否掷中造谣者，如果被掷中估计不死也要受伤。虽然长坂坡局势危急，但刘备的处理方式还是有些简单粗暴，与后来《三国演义》中所塑造的仁君形象有很大差异。

《三国志平话》：

> 于乱军中，皇叔家小不知所在。玄德不语。又行数十里，人告皇叔：“赵

云反也。"玄德曰:"如何见得?"皇叔不顾便行。有人再言。皇叔一剑断其马鬃:"只此马鬃为例!"众人不语。

平话舍弃了刘备以戟掷人的设定,取而代之的是用剑斩断马鬃,并警告造谣者说"只此马鬃为例",这个桥段很可能参考了孙权决计联刘抗曹时的做法:

权拔刀斫前奏案曰:"诸将吏敢复有言当迎操者,与此案同!"

从以戟掷人变成剑断马鬃,刘备变得温柔了很多,距离仁君更近了一步。但剑毕竟还是武器,舞刀弄枪的还不够完美,这为演义留下了进一步完善的空间。

嘉靖本《三国志通俗演义》:

正恓惶嚎啕之时,忽见糜芳面带数箭,跪于马前,口言:"反了常山赵子龙也,投曹去了!"玄德叱之曰:"子龙是吾故人,安肯反也?"张飞曰:"他知我等势穷力尽,反投曹操,以图富贵。此乃常理也,何故不信?"玄德曰:"子龙与吾相从患难之时,他心如铁石,岂以富贵能摇动乎?"糜芳曰:"我亲见他引军投操去了。"玄德曰:"子龙必有事故。再说子龙反者,斩之!"

嘉靖本《三国志通俗演义》中,造谣者设定成了糜芳,这大概是因为糜芳日后反叛,所以作者对他"破罐子破摔",把不光彩的事儿都按在他身上。演义摒弃了平话中剑断马鬃的设定,让刘备彻底放弃了武器。刘备先是对造谣的糜芳"叱之",接着慢慢讲道理,最后才警告"再说子龙反者,斩之",演义里的刘备耐心、讲道理、用人不疑,符合他的仁君形象。这种处理也得到了毛宗岗的认同,在毛本中对这段文字几乎未加改动。

从"以戟掷人"到"剑断马鬃"再到"呵斥警告",刘备的身上粗暴的基因渐渐被清除,换来的是用人不疑的仁君形象。这种进化的过程是单向的(仁君化刘备),原动力是对"人物性格典型化"的追求。

二、糜夫人慷慨赴难

刘备在赤壁之战前有两个夫人:甘夫人和糜夫人。演义中糜夫人为救阿斗投井自尽,但正史上当时与阿斗在一起的是甘夫人,而且甘夫人也并没有死。

《三国志·赵云传》:

及先主为曹公所追于当阳长坂,弃妻子南走,云身抱弱子,即后主也,

保护甘夫人，即后主母也，皆得免难。

《三国志·甘夫人传》：

(甘夫人)值曹公军至，追及先主于当阳长坂，于时困逼，弃后及后主，赖赵云保护，得免于难。

两条史料互相印证，证明长坂坡赵云保护甘夫人成功脱险，而对糜夫人并没有提及。其实，糜夫人在《三国志》中只出现过一次，是在《糜竺传》中：

建安元年，吕布乘先主之出拒袁术，袭下邳，虏先主妻子。先主转军广陵海西，竺于是进妹于先主为夫人，奴客二千，金银货币以助军资；于时困匮，赖此复振。

糜夫人在建安元年嫁给刘备，之后便在《三国志》中消失了，长坂坡故事发生在建安十三年，很可能在此之前糜夫人已经去世了，所以我们在长坂坡相关的史料中看不到糜夫人的身影。

《三国志平话》：

后说赵云，单马入曹军中。赵云曰："战场可远百余里，根寻皇叔家族。"盘桓数遭，猛见甘夫人右手抱其胁，左手抱阿斗。赵云下马，甘妃见赵云，泪不住行下，言："家族，曹公乱军所杀也。"言："赵云，你来得恰好！"右胁着箭，手起肠出也。"皇叔年老，尚无立锥之地。我今已死矣！你把阿斗当与皇叔。"夫人言毕，南至墙下，辞了赵云、阿斗，于墙下身死。赵云推倒墙，盖其尸。

平话中也未提及糜夫人，但把甘夫人写死了，这与史实不符。但不可否认的是这么处理让情节更加紧张，对读者或听众的吸引力更大。平话的作者是市井说书人，他们的文化水平不高，对历史的考究未必细致。对他们来说，观众是衣食父母，如何让情节更加传奇吸引更多观众才是首要目标，至于是否与史实相符是次要的。

还有一点我们要留意，在平话中甘夫人的死因是"于墙下身死"，即撞墙死，死后赵云推到墙掩盖尸体。这种死法在以叶逢春本为代表的志传本演义故事中得到了延续。

叶逢春本《三国志传》：

> 赵云三回五次请夫人上马,不肯上马。四边喊声大举,云大喝曰:“如此不听吾言!”糜氏弃阿斗于地上,遂将头撞墙而死。后来子龙不得入太庙,与子胥把门,盖因吓喝主母以致丧命,亦是不忠也。

叶逢春本演义故事中,死的人从甘夫人换成了糜夫人,甘夫人之前被赵云成功救走。这是一次技术性修正,修改的十分巧妙,既与历史上甘夫人被赵云救出相符,又解决了历史上糜夫人下落不明的问题,一举两得。

糜夫人的死法延续了平话里的撞墙死,这与嘉靖本存在差异。

嘉靖本《三国志通俗演义》:

> 赵云三回五次请夫人上马,夫人不肯上马。四边喊声又起,云大喝曰:“如此不听吾言,后军来也!”糜氏听得,弃阿斗于地上,投枯井而死。赵云恐曹军盗尸,推土墙而掩之。后来子龙不得入武臣庙,与子胥把门,盖因吓喝主母,以致丧命,亦是不忠也。

嘉靖本死的也是糜夫人,但是死法变成了投井死,但采用了平话中用土墙掩盖的设定,“墙”这个元素还是出现了,也大概就是进化后残留的遗传基因吧。现在有很多学者认为叶逢春本要早于嘉靖本,从糜夫人的死法看,的确叶逢春本更接近早期的平话,不知道这是否可以算作叶逢春本早于嘉靖本的证据之一。

除了糜夫人的死因,赵云的表现也值得玩味。叶逢春本和嘉靖本都写了赵云向糜夫人“大喝”,这直接导致了糜夫人自杀,而且两个本子都批评赵云“不忠”。但我们都知道,赵云在演义故事中是按照完人的形象来写的,大喝导致糜夫人自杀多多少少有损赵云的形象,为了追求人物形象典型化,在毛本中毛宗岗做了修改。

毛本《三国演义》:

> 赵云三回五次请夫人上马,夫人只不肯上马。四边喊声又起。云厉声曰:“夫人不听吾言,追军若至,为之奈何?”糜夫人乃弃阿斗于地,翻身投入枯井中而死。……赵云见夫人已死,恐曹军盗尸,便将土墙推倒,掩盖枯井。

毛本中采用了嘉靖本投井死的设定,而且还加了一句“赵云见夫人已死,恐曹军盗尸”,表现出赵云的心细,符合整部《三国演义》中赵云有勇有谋的形象。叶逢春本和嘉靖本中的“大喝”也变成了较平和的“厉声”,这也是为了保护赵云的儒将形象。至于“不忠”的指责,毛宗岗直接删掉了。就长坂坡的故事来看,相比明代两个本子中的赵云,毛本中的赵云要更加光彩照人。

从赵云成功保护甘夫人到糜夫人慷慨赴难，这种进化是故事传奇性的需求。从赵云“大喝”变成赵云“厉声”，并删除不忠的评价，是对人物形象典型化的需求。此外，从平话的甘夫人死到演义的糜夫人死，进化过程中还存在技术性修正。我们清晰地看到经过漫长的进化，故事一步步在往更好的方向发展。

三、赵云单骑救主

演义故事中精彩的赵子龙单骑救主在正史上十分平淡，陈寿只用了一句话就说完了。从《赵云传》的记载来看，历史上赵云救阿斗时是否有一战不得而知。但是，救阿斗想来也不会轻松，因为按照《曹纯传》的记载刘备的两个女儿都被曹操抓获了：

> (曹纯)从征荆州，追刘备于长坂，获其二女辎重，收其散卒。

救主在古时候是武将的至高荣誉，这为日后大肆渲染长坂坡时赵云的表现埋下了伏笔。

《三国志平话》：

> 却说曹操附高处望见，言：“必是刘备手中官员！”使众官捉赵云。为首者关靖拦住，赵云挥刀交马，直冲阵而过，前至桥上，陷了马蹄，君臣头偎地上。背后关靖赶至近，赵云用硬弓，一箭射死关靖。赵云扶起太子，上马，又抱太子南走。至当阳长坂上数里，迎见张飞。

在平话中，赵云救阿斗发生了战斗，甚至有了赵云马落陷坑的设定。但是，整个战斗赵云只射杀了一员曹将关靖，并没有展现出多少武艺。正史中曹军也没有关靖这个人(公孙瓒有个长史叫关靖，但和这个关靖不搭边)，关靖是个名副其实的无名小卒。这大概与平话的整体设定有关，平话重点表现的武将是张飞，赵云遇到张飞时被张飞击败，如果把赵云描写的太强可能会喧宾夺主。

嘉靖本《三国志通俗演义》：

> 却说赵云身抱后主在怀中，直透重围，砍倒大旗两面，夺槊三条，前后枪刺剑砍，杀死曹营名将五十余员。

到了演义的故事，赵云杀死的曹将从平话中的一员变成了五十余员，传奇性进一步增加。其实，演义中赵云击败的武将中有名有姓的只有九员，分别是：

淳于导、夏侯恩、晏明、马延、张颢、焦触、张南、锺缙、锺绅。"杀死曹营名将五十余员"的说法有些水分。

值得一提的是,在张国良的评话三国《长坂坡》中,赵云击败的曹将数目实打实地为54员,而且每一员将都有名有姓,分别为:高览、杨明、朱慈、高平、高槐、晏明、晏腾、张郃、韩明、韩琼、牛贤、曹洪、曹成、曹顺、王雄、王飞、淳于琼、淳于安、淳于普、徐晃、文聘、夏侯恩、夏侯杰、赛猿精、公孙王、辕门十将、护军八骠、胡车儿、刁麟翔、张绣、许褚、张辽、马延、张颢、焦触、张南、锺缙、锺绅。赵云的传奇被进一步夸大。

从正史到平话再到演义,赵云长坂坡杀死的曹将从0变成1,再由1变成50+,这种进化过程是单向递增的,进化的动力是故事传奇化的要求。

四、张飞喝退曹兵

张飞独退曹兵这个看似最像虚构的故事在正史上却是真实发生的。

《三国志·张飞传》:

> 先主闻曹公卒至,弃妻子走,使飞将二十骑拒后。飞据水断桥,瞋目横矛曰:"身是张益德也,可来共决死!"敌皆无敢近者,故遂得免。

正史中的张飞的确曾经一夫当关阻止了曹军的追击,但并没有说曹军的数量,而且"断桥"也是发生在他与曹军对峙前,是张飞自己拆断的,这显然不够传奇。

《三国志平话》:

> 却说张飞北至当阳长坂。张飞令军卒将五十面旗,北于阜高处一字摆开。二十骑马军正觑南河。曹公三十万军至。"尊重何不躲?"张飞笑曰:"吾不见众军,只见曹操。"众军马一发连声,便叫:"吾乃燕人张翼德,谁敢共吾决死!"叫声如雷贯耳,桥梁皆断。曹军倒退三十余里。

平话中曹军变成了三十万,断桥的原因也变成了张飞"声如雷贯耳"震断的,传奇性进一步增加,但是喝断桥梁有些不符合常理,牺牲了故事的合理性。

嘉靖本《三国志通俗演义》:

> 飞见操后军阵脚挪动,飞挺枪大叫曰:"战又不战,退又不退!"说声未绝,曹操身边夏侯霸惊得肝胆碎裂,倒撞于马下。操便回马,诸军众将一齐

望西奔走。正是黄口孺子，怎闻霹雳之声；病体樵夫，难听虎豹之吼。弃枪掷地者不计其数。人如潮退，马似山崩，自相踏践者大半逃命而走。……却说张飞见曹操军一拥而退，不敢追赶，速掣回曳尘人马，去其枝柯，来到桥边下马，拆断桥梁，后上马来见玄德。

较之平话，嘉靖本合理了许多，桥梁变成了张飞拆断，但为了保留张飞的震慑力，增加了张飞吓倒夏侯霸的设定。但是，这也有问题，夏侯霸是后三国的人物，这里的夏侯霸是不是后文的夏侯霸？两个夏侯霸重名？或者夏侯霸并没有被吓死后来又出现了？为了避免这种麻烦，毛宗岗做了修正。

毛本《三国演义》：

……喊声未绝，曹操身边夏侯杰惊得肝胆碎裂，倒撞于马下。操便回马而走。

夏侯霸变成了虚构人物夏侯杰，其中不合理性得到了修正。

从张飞拆断桥到喝断桥再回到拆断桥，进化的过程并非是直线，虽然传奇性是很重要，但也要尽量避免与故事合理性产生矛盾，兼顾传奇性与合理性的故事才是读者或听众最欢迎的。

结论：

我们将四个故事的进化进程汇总到一个表，得到：

我们可以借用达尔文的进化论分析三国故事的进化，进化论的模型非常简洁，即变异是不定向的，自然选择是定向的，会淘汰不良的基因。三国故事的进

事件＼版本	《三国志》	《三国志平话》	明本演义	毛本演义
刘备用人不疑	以戟掷人	剑断马鬃	呵斥警告	同明本
糜夫人慷慨赴难	甘夫人被救出	甘夫人撞墙死	赵云呵斥，糜夫人投井死	赵云厉声，糜夫人投井死
赵云单骑救主	没写战斗	射杀关靖	杀死曹将五十多员	同明本
张飞喝退曹兵	拆断桥	喝断桥	喝死夏侯霸 拆断桥	喝死夏侯杰 拆断桥

化史也可以用进化论的模型解释,即故事变异是不定向的,但读者选择是定向的,会淘汰不良的设定。

三国故事的进化始终朝着两个方向变异,分别是:

·**人物的典型化**

·**故事的传奇化**

为了维护刘备仁君的形象,刘备从《三国志》中"以戟掷人"进化为《三国志平话》中"剑断马鬃",再进化为《三国演义》中"呵斥警告",这是人物典型化的结果。

为了故事更加精彩,赵云单骑救主从《三国志》中没有杀死曹将,进化为《三国志平话》中杀死一员曹将,再进化为《三国演义》中杀死五十多员曹将,这是故事传奇化的结果。

由于变异是不定向的,所以在进化过程中会产生不良的基因,但是,这种不良的基因会被读者选择淘汰,这套淘汰的原则是:

·**技术性修正**

·**合理性修正**

《三国志》中甘夫人被救出,但是《三国志平话》中变成了甘夫人自杀,这种明显与史实矛盾的设定被罗贯中技术性修正,在《三国演义》中变成了糜夫人自杀。

《三国志》中张飞拆断桥,但是《三国志平话》中变成了张飞喝断桥,这种不合理的设定也被罗贯中修正,又变回了拆断桥。

胡小伟先生曾说:"拿《三国志》和《三国演义》作对比的话,不用大学教授,初中毕业就可以了。"的确,当我们查地图时,知道一个起点和一个终点的意义并不大,明白起点到终点每一步怎么走才更有价值。

参考文献:

本书所引《三国志》资料均来自中华书局1996年版的《三国志》。

本书所引《三国志平话》资料均来自上海古籍出版社1990年版的《三国志平话》。

本书所引《三国志通俗演义》资料均来自上海古籍出版社1980年版的《三国志通俗演义》。

本书所引《三国演义》资料均来自人民文学出版社1997年版的《三国演义》。

(作者工作单位:辽宁省交通高等专科学校)

“游击博士”的“最好教材”

——朱德读《三国志》和《三国演义》

董志新

朱德元帅(1886—1976)是革命战争锻造出来的卓越军事家,是人民军队的创始人和领导者之一。在他的军事生涯中,不只作战勇敢,敢打必胜,而且博览群籍,龙韬虎略,胸中自有雄兵百万。以《三国志》和《三国演义》为载体的“三国智慧”,成为他的智能武装和胜敌利器。

朱德阅读、运用《三国志》和《三国演义》的成功实践,成为两部三国书传播史上的佳话。

一、在《三国志》里找到过游击战的最好教材

朱德字玉阶,四川仪陇人。据《朱德年谱》记载:1904年,18岁的朱德读完四书五经,还涉猎了一些史籍,读了《三国志通俗演义》《东周列国志》等历史小说。①

早年,朱德加入同盟会,参加辛亥革命活动。1915年在云南参加反对袁世凯称帝的起义。1917年在四川参加反对段祺瑞的“护法战争”。1919年,“护法战争”结束后,朱德因战功卓著被晋升为滇军旅长,驻防在四川泸州。此期间,朱德和陈玉贞在泸州结婚以后,由于他们都酷爱书籍,不久便布置了一间精致的书屋,在那里看书和讨论读过的书。

这是一间十多平方米的房子。屋里存有大量的书籍,有《诗经》《唐诗三百首》和《古文观止》,有《三国演义》等古典小说“四大名著”,有《史记》《左传》和《史通》,也有“先秦诸子”和《明夷待访录》《李氏焚书》《习斋先生言行录》等书。对这间书屋,朱德和陈玉贞都十分满意。他们贪婪地读书,时而互相讨论,甚至展开一些争论。他们为古代英雄的爱国行动和英勇斗争精神所感动。②

朱德还结交当地文人学士博览群书,学习和总结历史经验。1918年8月至1919年4月,他精读了《史记》和《三国志》,并写下批语一百多处。

据研究朱德的专家沈学明在1985年第3期《文献和研究》杂志发表的《一份研究朱德早年思想的珍贵资料》一文介绍：1951年，云南李云鹄的家属将一批朱德的书籍捐赠中央革命博物馆筹备处，以作“七一”展览陈列之用。李云鹄是朱德在云南陆军讲武堂时期的同学。20世纪20年代初，朱德为寻求马列主义离开云南时，曾将一些无法带走的书籍赠送给他收藏。三十多年过去了，在他妥善保管下，这批书籍又完好无缺地被送到朱德身旁。在这批书籍中，有两部装帧讲究的线装《史记》和《三国志》，是清同治十年至十一年间成都书局摹武英殿本刊印的。两部书共42册，分装5函。打开函套，每册书的封面上都清晰地盖着“德字玉阶”和“仪陇朱氏藏书之印”两颗两寸见方的篆字图章。书中许多地方批有蝇头小楷，这是朱德早年的墨迹。

泸州读书留史痕。至今泸州市图书馆还收藏着1900多册他当年购置的经史子集各类图书。在这些书中，朱德最喜欢读《史记》、《三国志》、《孙子兵法》以及《曹刿论战》、《子鱼论战》、《烛之武退秦师》、贾谊的《治安策》、晁错的《守边劝农疏》、《言兵事疏》等名篇。他读史，惯于用军人眼光总结历史上军事成败的经验教训。

后来，朱德发动、组织和指挥了“八一南昌起义”，加入到红军队伍。1937年抗日战争全面爆发后，朱德任八路军总指挥，坚持抗日民族统一战线和党对八路军的绝对领导，深入敌后，建立和扩大抗日根据地。

读史籍，读小说，使朱德获益匪浅，1938年他在同美国记者安娜·路易斯·斯特朗交谈时曾说过：

> 学习运用游击战和多变的战法，我在中国一千多年前写的古典名著《三国志》里曾找到过最好的教材。[③]

朱德从《三国志》里找到过哪些游击战“多变的战法”呢？也就是说，他从《三国志》里找到过哪些战争指导规律呢？还是让我们回过头去看一下他1920年读《三国志》的批语吧：

(1)在《三国志·魏志·武帝纪》“太祖至陈留，散家财，合义兵，将以诛卓”处，朱德批曰：“成大事者起兵以义。”

(2)在《三国志·魏志·武帝纪》“卓兵强，绍等莫敢先进。太祖曰：‘举义兵以诛暴乱，大众已合，诸君何疑？……遂引兵西，将据成皋”处，朱德批曰：“敢战者成功，不敢战者不成功。”

(3)在《三国志·魏志·武帝纪》“刘岱与桥瑁相恶，岱杀瑁，以王肱领东郡太守”处，朱德批曰：“联军不战，必将内图，内衅一开，立见消灭。”

(4)在《三国志·魏志·文帝纪》“孙权破刘备于夷陵。初，帝闻备兵东下，与权

交战，树栅连营七百余里，谓群臣曰：‘备不晓兵，岂有七百里营可以拒敌者乎！……’后七日，破备书到”处，朱德批曰：“权、备当时人杰也，两相斗意气也，知其不可斗而斗之，逞一时之小忿也。小不忍则乱大谋，曹之灭蜀吴，是吴蜀之自亡也。”

(5)在《三国志·魏志·武帝纪》“刘备袭刘璋，取益州，遂据巴中；遣张郃击之”处，朱德批曰：“此时方得根据地可为(谓)差矣。”

(6)在《三国志·魏志·武帝纪》“孙策受袁术使渡江，数年间遂有江东”处，朱德批语写道：“乱世有大志无力者，均远避，养力以待，后多成功。”④

虽然朱德批点《三国志》是在抗战全面爆发的20年前，战场类型也完全不同，但是军事规律总有相通之处，试析批语中可悟出的抗日游击战道理：

第一条批语主题：起兵以义。曹操起兵讨伐董卓，诛乱以安定国家，救民于倒悬之灾，可谓兴义兵以诛强暴；朱德等抗日报国，驱倭寇于疆场，发动游击战争更可谓举义旗兴义兵也。

第二条批语主题：敢战。曹操临战，敢于以一支弱旅主动攻击董卓强势之军；朱德等指挥力量弱小装备低劣的八路军和游击队，深入敌后，主动出击，不仅敢战，而且充满胜利信心。

第三、四条批语主题：联军。刘岱与桥瑁相互杀戮，联军内耗，必然失败。孙吴与刘蜀本是盟友，夷陵之战是破坏联盟，所以吴、蜀必亡。朱德等主张抗战，以始终不渝之努力维护抗日民主统一战线，所以抗日必胜。

第五条批语主题：根据地。曹操、孙策(孙权)得根据地早20年，所以先胜；刘备得根据地晚20年，所以后胜。朱德等中国共产党人，深入敌后广泛发动群众抗日，到处建立根据地和游击区，此乃以游击战争战胜强敌之一大法宝也。

第六条批语主题：无力、养力、成功。孙策初“无力”，占据江东根据地后“养力”待机，终于取得鼎足之势。朱德等抗日亦是“有大志”者所为：一边作战，一边发展壮大自己，终于聚结百万胜利之师。

历史有惊人的相似之处，历代军事斗争规律也有打通之点。

“将不知古今，乃匹夫之勇”的古训，激发起朱德深入学习军事经验和军事理论的热情，注重寻求历史的经验，使自己成为智勇双全的战争指导者。

1940年的一天，在八路军总部的小松林里，集合着许多八路军的军事干部，朱德正在给他们上军事课。他讲道：“任何军事理论都不能机械地当公式来学习，只有那些不怕打败仗的笨家伙们才会一成不变地去搬用外国的军事理论。”当他分析到游击战术适合中国当时的国情时，幽默地说：“我们为什么不运用游击战术呢？世界上只有我们才可以称为游击博士。”从此，“游击博士”的称号不胫而走，朱德成为干部战士心目中极受尊敬的一位“游击博士”。⑤

朱德所以能成为革命战争与民族自卫战争的“游击博士”，除了他具有多年丰富的实战经验之外，找到《三国志》《三国演义》等“最好教材”，恐怕也是不可忽视、不能忽视的原因。

二、接受曹操屯田的成功经验

当年在泸州批点《三国志》，朱德对世俗所传之“白脸奸臣”曹操有自己正确的看法，对曹操统军作战的谋略策略，也多有肯定性评价。他尤其推崇曹操在危难之际大力施行屯田政策的魄力，认为这是曹操统一北方战胜群雄的胜利之本。“(曹操)置扬州郡县长吏，开芍陂屯田。”(《三国志·魏志·武帝纪》)朱德批曰:“留薪办法。”[⑥]研究朱德的专家沈学明、郝敏解释过“留薪”的含义:薪，柴草，又为薪水的省称，旧指俸给。“留薪”意指解决生活必需品。

东汉末年，军阀混战，长时不休，北方农业生产遭到严重破坏，民人流离失所，粮草几近枯竭。面临这种严重局面，曹操集团从公元 196 年开始屯田。兴办屯田的建议是由颍川人枣祗首先提出来的。曹操初到兖州，任命他为东阿令，陈宫、张邈叛乱时，他坚守东阿，抗击吕布，后又接济曹操军粮，为收复和巩固兖州根据地发挥了重要作用。枣祗提出兴办屯田的建议后，曹操极为重视，立即召集部下开会讨论，议论损益，权衡利弊。在基本统一认识之后，曹操正式公布了《置屯田令》:

> 夫定国之术，在于强兵足食。秦人以急农兼天下，孝武以屯田定西域，此先代之良式也。[⑦]

曹操以秦孝公的厉行耕战、汉武帝的西域屯田为“良式”，借鉴这些做法推行屯田政策，使粮草充足，兵力强盛，达到安定天下的目的。

曹操首先在许都(今许昌)附近大量无主荒芜土地上开荒屯田。许下屯田成功后，随着统治区域的不断扩大，屯田的规模也越来越大，北方有不少地方成了屯田区。曹操在军事重镇芍陂(今安徽寿县南)推行屯田政策，在淮南地区修筑芍坡、茄陂、七门、吴塘等水渠，促进了淮南地区的经济发展，解决了那里基本生活资料不足的难题。曹操先后实行屯田的地方还有颍川、襄城、荥阳、洛阳、野王、河内、原武、汲县、弘农、南阳、汝南、梁国、谯郡、沛国等地。内地多为民屯，边地多为军屯，每年生产的粮食除自己食用外，还有大量积余。“数年中，所在积粟，仓廪皆满”，不仅解决了军粮问题，而且也使北方农业经济得以逐渐恢复，为曹操战胜群雄、统一北方奠定了较充实的物质基础。

抗日战争的战略相持阶段，陕甘宁边区遭到国民党内顽固派的经济封锁，抗日军民生活日益陷入困境。1940 年冬，中央提出“南泥湾政策”，开展大生产

运动，以粉碎国民党顽固派对陕甘宁边区的封锁。朱德积极贯彻中央的决策，指导三五九旅等部驻南泥湾开荒种地，保障军需。1941 年初春，朱德赴南泥湾实地勘察，准备在那里屯垦。晚上，在破窑洞住宿。朱德和警卫员们坐在破窑洞门口的篝火旁，一边吃着带来的干粮，一边望着灿烂的星空。朱德给大家讲了一个故事，他说：

那是在二十多年以前，我读过一本书叫《三国志》，书里讲了这么一件事。东汉末年，天下大乱，群雄并起。当时势力比较大的，一个是统辖河北的袁绍，一个是雄踞中原的曹操，一个是逃往江淮的袁术。他们之间长年互相征战，使得广大农民根本无法从事生产。再加上旱灾和虫灾，大片的土地荒芜了，粮食颗粒无收，饿死了很多老百姓。在这种情况下，军队的粮草自然更困难。袁绍的军队每天摘桑葚吃，袁术的军士只能捞水草、拾蚌蛤吃。曹操要和吕布争夺兖州，把一个县的粮食都征来了，结果也只够吃三天。由于粮食奇缺，有的部队就不战自乱了。俗话说："兵马未动，粮草先行。"没有粮食，军队还打什么仗呢？于是曹操就下定决心实行屯田的办法，鼓励老百姓搞生产，也把一部分军队分下去种田。同时颁布法令：谁生产的粮食多就奖励谁，谁的生产搞不好就受罚。并且还给部队下了一道命令："损坏麦田者处死。"有一次，曹操自己骑的马受惊闯进麦田，他就割掉一束头发放在麦田边上，表示"斩首"。这样搞了几年，粮食获得大丰收，百姓们安居下来了，军队也获得了立足的粮草。有了这雄厚的物质基础，再加上其他有利条件，后来曹操果然战胜了群雄，统一了北方天下。这故事虽然发生在古代，但它说明军队屯田是自古以来就有的事。现在咱们来这里开荒种田，也是接受前人的成功经验。⑧

朱德此处谈曹操屯田，以激励官兵搞好南泥湾开荒种地，正是他读《三国志》与《三国演义》的收获。他说的二十多年前读《三国志》，其中记住了曹操"下决心实行屯田办法"的故事，是他对泸州阅读《三国志》记载曹操"芍陂屯田"批点"留薪办法"之事的回忆复述。其中讲到的曹操维护麦田"割发代首"的故事，则出自《三国演义》。这大约是朱德读三国古为今用最具亮色的一笔。

三、诸葛亮不成事在此

在民间故事和演义小说中，诸葛亮是辅佐刘备治江山打天下的贤相楷模，被传为"神人"，成为无所不知无所不能的智慧化身。朱德读《三国志》，反其道而行之，对诸葛亮多有质疑问难，尤其对他的用人之道和用兵之道多有批评。

“(马)良弟(马)谡,……才器过人,好论军计,丞相诸葛亮深加器异。先主临薨谓亮曰:‘马谡言过其实,不可大用,君其察之!’亮犹谓不然,以谡为参军,每引见谈论,自昼达夜。……建兴六年,亮出军向祁山,时有宿将魏延、吴壹等,论者皆言以为宜令为先锋,而亮违众拔谡,统大众在前,与魏将张郃战于街亭,为郃所破,士卒离散。亮进无所据,退军还汉中。”(《三国志·蜀志·马良传》)朱德批曰:“溺爱不明,慎者不免。”

“(刘)封即至,先主责封之侵陵(孟)达,又不救(关)羽。诸葛亮虑封刚猛,易世之后终难制御,劝先主因此除之。于是赐一死,使自裁。”(《三国志·蜀志·刘封传》)朱德批曰:“所以败也。不容将何能克敌?亮、备之不成事也在此。”[9]

马谡是智谋之士,好论军计而言过其实。刘丰是虎贲之将,行事强势而不易驯服。两人颇具干才能力,是蜀国中后期独挡一面的高级将领。如果用其所长,扬其所长,避其所短,辖其所短,则都会成为军队主脑,国家栋梁,成为争雄沙场、捍卫社稷的有功之臣。可惜,诸葛亮并没用好他们。无论是对马谡的“溺爱”,还是对刘丰的忌惮(不容将),都是用人上的失策。结果是“不成事”,“所以败也”。

诸葛亮本是“慎者”,所谓“诸葛一生唯谨慎”也。但是,这位足智多谋行事谨慎的“贤相”仍然“不免”用人之失。那些做事鲁莽灭裂的领导者,谬识人、错用人的事情,更属难免矣!比较魏、吴两国,偏处一寓的蜀国地狭人稀,本来就人才难觅,导致蜀国后期“蜀中无大将”的艰窘状况,刘备、诸葛亮难辞其咎。朱德不从流俗之见,明确指出此点,见解独到,警醒自己,启示他人。

诸葛亮显然被后人神化了!《三国志》的记载还比较平实,而《三国演义》的描写则多处有意拔高。诚如鲁迅所说:“状诸葛之多智而近妖。”[10]朱德读《三国志》和《三国演义》,注意客观地评价,以排除强加在他身上的虚光幻影。

抗日战争最艰难的1943年,在军委总参谋部工作的雷英夫,有一次在总司令朱德家里修改报告提纲,发现朱德对《三国演义》熟极了,对诸葛亮、刘备、曹操、司马懿、孙权、周瑜、陆逊等都有深刻的分析。雷英夫听朱德说:

> 诸葛亮被人神化了。他虽然很有本事,有许多高明的见解,干过许多惊天动地的大事,对蜀国的贡献很大,对后人有很多启发和教育,是一位了不起的历史人物,以至于广大人民群众都喜欢他,把他作为智慧的化身,当作无所不知、无往不胜的神仙,但诸葛亮的错误缺点也很多,有些还很严重。以指挥作战来说,“六出祁山”就很笨。按照当时情况,魏延建议孔明率主力出斜谷,魏延率步兵出子午谷直插长安,两路人马夹击曹兵的意见是正确的,司马懿也是这种主张,说“若是吾用兵,从子午谷径取长安,早得多时矣”。但诸葛亮不敢用此计,坚持只出祁山的错误主张,一而再,再而三,以

至六出祁山，完全是顶牛阵，老一套。结果一事无成，打不开局面。论工作方法，诸葛亮有严重的事务主义，事无巨细，包办代替，只相信自己，不相信别人，结果自己累得要死，大家的积极性发挥不出来，事情也未必办好。司马懿看准了诸葛亮的这一弱点，定下了和他打持久战（蘑菇战）的方针，说“孔明食少事烦，岂能久乎?!”硬把诸葛亮累死拖死了。论用人，诸葛亮有宗派主义倾向，只喜欢顺从自己的人，听不得一点不同意见。这一点比曹操、孙权差多了，关云长、魏延、马谡都未用好，不该用的用了，不该杀的杀了，弄得后继无人。⑪

朱德关于诸葛亮的谈话，肯定了诸葛亮对蜀国的贡献，也具体分析了他在指挥作战、工作方法和用人用将三个方面的错误缺点。这些批评，并非朱德苛求古人，诸葛亮确有此类失误。拿指挥作战来说，《三国志·诸葛亮传》陈寿在“评曰”中指出：“诸葛亮之为相国也……可谓识治之良才，管、萧之亚匹也。然连年动众，未能成功，盖应变将略，非其所长欤！”《三国演义》对诸葛亮的“用兵如神”有多层次渲染，但也无法掩饰诸葛亮参与谋划指导的荆襄之战、夷陵之战的失败，无法掩饰诸葛亮直接指挥的“六出祁山”的毫无战果，以攻而不取告终。谈话中关于诸葛亮用人用将方面的失误，又呼应了二十余年前批点《三国志》中的观点，都可谓睿智之见，哲理之思，战略大家之宏韬伟略。

总括朱德从20世纪20年代反袁护国战争到40年代抗日救国战争中，阅读、批点、运用《三国志》和《三国演义》的实践活动，可以看到这两部书在近代传播的一个缩影，至少是激进社会运动和革命党人队伍的典型个案。朱德将这两部书视为进行正义战争和民族解放战争（抗日战争）的“最好教材”，毛泽东也曾经说过《三国演义》是他“读过的第一本军事教科书”！关四平先生在《三国演义源流研究》一书中说：《三国演义》是“兵家作战的兵法库”，“民众战争的教科书”。被明以后的历代军事家和起义农民军首领视为寻求军事斗争艺术的通俗教材。⑫近现代的历史人物毛泽东、朱德继承了这个历史优良传统。这个现象也引起三国学界的注意，使三国文化传播史研究延续到今。

注释：

① 中共中央文献研究室《朱德年谱》，人民出版社1986年版，第11页。

② 胡家模《九大元帅珍闻轶事》，河南人民出版社1986年版，第200—201页。

③ 沈学明《朱德的读书生活》，于俊道主编《革命前辈们的读书生活》，中国社会科学出版社2013年4月版，第152—153页。

④ 转引自黄丽镛《共和国元帅读古书实录》，上海人民出版社1995年12月版，第58—65页。

⑤ 沈学明《一份研究朱德早年思想的珍贵资料》,《文献和研究》1985 年第 3 期。

⑥⑨ 朱德著作生平研究组《朱德早年读史批语选》,中共中央文献研究室编《文献和研究》1985 年汇编本,人民出版社 1986 年 12 月版,第 47、52—53 页。

⑦《三国志·魏志·武帝纪》注引《魏书》。

⑧ 高路《共和国元勋风范记事》,人民出版社 1990 年版,第 309—310 页。

⑩ 鲁迅《中国小说史略》,人民文学出版社 1976 年版,第 107 页。

⑪ 俞辉等《领袖交往实录系列·朱德》,四川人民出版社 1992 年版,第 160—161 页。

⑫ 关四平《三国演义源流研究》,黑龙江教育出版社 2009 年 1 月版,第 419、421 页。

(作者工作单位:白山出版社,编审、原总编辑)

明清文化视域下的《三国演义》序跋透视

温庆新

《三国演义》版本纷繁众多，各版本所刊载的序跋既是我们研究《三国演义》传播的重要资料，也是古代小说理论的重要文献。据丁锡根《中国历代小说序跋集》统计，现存《三国演义》的序跋约有26篇。综合而全面地把握这些资料，并将其置于明清不同时期的政治环境、社会矛盾及社会思想思潮中加以考察，不仅可以使我们了解各个时期的序跋者对《三国演义》认识程度，也有助于我们把握这种认识产生的原因，便于从宏观上对这种认识变化进行理性把握。由于明清两代的政治环境、社会思想思潮等极不一样，对明清两代序跋者产生了不同影响。因此，本节拟分两小节对《三国演义》明清两代序跋分别加以梳理。

一

孙楷第《中国通俗小说书目·明清讲史部》(卷二)云，《三国演义》“此书刊本甚多。今所知见明刊本已不下二十余种”。[①]现存最早刊本为明嘉靖壬午(1522)刊大字本，首有弘治甲寅(1494)庸愚子序，又有嘉靖壬午关中修髯子引。此本可能非《三国演义》之祖本。[②]但从版本的特征看，当属早期刻本。因此，从庸愚子、修髯子两篇序言的论述，可大致窥探时人于《三国演义》流行之初对其的大体认识。但凡一部通俗小说流行之初，序跋者每每为其“正名”，使其得以名正言顺广流开传，几成通则。如天都外臣《水浒传序》盛赞施耐庵:“纪载有章，烦简有则。发凡起例，不染易于。如良史善绘，浓淡远近，点染尽工；又如百尺之锦，玄黄经纬，一丝不纪”，对有人将其当作“近于诲盗”，他辩解道:“息庵居士叙《艳异编》，岂为诲淫乎?《庄子·盗跖》，愤俗之情；仲尼删诗，偏存郑卫。有世思者，固以正训，亦以权教。如国医然，但能起疾，即乌喙亦可，无须参苓也。”[③]在天都外臣看来，儒、史尚存民间低俗之事，权可当教，能稗益风教即可。这就为《水浒传》的存在，通过与正史的挂钩作了合理而正当的辨正。又如，康熙时高衍首为《聊斋志异》作序，先引据儒家经典，从教化意图着眼，辨明“异”存在之合理性:“夫圣人之言，虽多主于人事；而吾谓三才之理，六经之文，诸圣之义，可一以贯之，

则谓异之为义，即《易》之冒道，无不可也。”④作为通俗“讲史”类的早期作品，《三国演义》序跋者首要任务是保证其正常传播，因此为其正名，颇显急切与必要。通观庸愚子、修髯子两篇序言，这种证明之意颇具显著。欲先正名，必先准确定位，显然庸愚子、修髯子已意识到此点的重要，庸愚子《三国志通俗演义序》云：罗贯中“考诸国史”，“留心损益”，因“文不甚深，言不甚俗，事纪其实，亦庶几乎史，盖欲读诵者，人人得而知之”；⑤修髯子《三国志通俗演义》更是直接标明《三国演义》能“稗益风教广且大焉”，可“羽翼信史”⑥。他们都认为《三国演义》“羽翼信史”，近乎史著，无疑恰当把握了讲史类演义小说与历史的关系，为《三国演义》的流传做了极恰当解说与宣传。在通俗小说流行前夕为其正名之通则，是通俗小说得以流传的保证，它反映士夫阶层对民间文艺认识态度及看法在儒教许可范围内的转变。

有研究者指出庸愚子虽注意到“通俗演义作为大众文化形式或文学形式的实际社会价值”，“但他并没有能够完全放弃儒家正统的历史观念和传统的小说观念，他对‘以野史作为评话’评价不高已经说明了问题”，又评修氏之引云：“无不动情地说：‘於戏！牛溲马勃，良医所珍，孰谓稗官小说，不足为世道重轻哉？’但‘羽翼信史’的定位，使稗官小说至多只能成为‘二等公民’，而‘牛溲马勃’之喻，实在不比‘虽小道必有可观者焉’的传统小说观念高明多少。”⑦这样的论述，系论者未注意到作序跋者的首要目的。虽说庸愚子的小说观念确不比当时人高明多少，但将小说依附于正史，寻求小说的正当地位，则自古而然。从正史与小说（即“小道”）的关系看，小说的出现与盛行，很大程度上是由正史本身的特殊性决定的。史家为统治者服务，不合伦理纲常之事件，即使重大到左右历史进程，则以略书处理，更何况细小末节之事？史官的态度对历史事件的记载也有相当大影响，前四史尤为突出。在这种情况下，必然会出现“旧史遗文”与“稗官野史”两种情况。这两种情况，历来受正统史家鄙薄，但它们的存在本身就说明它们对社会、历史的发展具有合理的一面。因此，在庸愚子他们看来，具有这两种性质的《三国演义》“亦庶几乎史”“羽翼信史”，则是表明他们对《三国演义》所承担的教化职责及社会作用的肯定，他们为《三国演义》正名也主要从此入手。所谓“前代尝以野史作为评话，今瞽者演说，其间言辞鄙谬，又失之于野。士君子多厌之。”⑧“前代”云云，非针对《三国演义》而发，“亦庶几乎史”才是庸愚子所欲达之意。所谓“於戏！牛溲马勃，良医所珍。孰谓稗官小说不足为世道重轻哉？”⑨虽是“牛溲马勃”，却为“良医所珍”，必有可贵之处，“为世道重轻”才是修髯子言语之重点。可见，该研究者论断有断章取义之嫌。

需要注意的是，对庸愚子等人的序跋除上述因素外，我们还应从当时的社会思潮等方面去把握这种观点产生的个中缘由。通俗小说的出现，有许多影响因素，如刊刻条件、市场需求、政治环境等，但最重要的当属社会思潮以及所带

来的大众思想、观念的转变。社会思想的发展与政治环境并不同步，或先或晚；就明代而言，尤其是明中、晚期，社会思想的发展一方面得利于政治环境的松懈，另一方面，明代中后期，反理学思想的兴盛、心学的兴起又先于社会经济的发展，它对整个社会的影响毋庸置疑。通读庸愚子等序，我们觉得有三点值得注意，因为它从侧面反映了社会思潮对通俗小说刊刻者及作序者的影响，有助于我们深入把握通俗小说兴起的原因。其一，“文不甚深，言不甚俗，事纪其实，亦庶几乎史，盖欲读诵者，人人得而知之，若《诗》所谓里巷歌谣之义也。”这里肯定通俗小说“庶几乎史”，于“里巷歌谣”中亦可以见《诗》旨，亦可明“史”之旨意。这种思想其实就是明中期出现的复古思潮影响下转向关注民间文艺的社会现象的缩影。反理学思想影响下促使复古思潮兴起，主要者是诗文复古运动。前、后七子为此提出了“诗必盛唐”“文必秦汉”的口号。虽然前、后七子内部对复古理论及如何复古存有分歧，但有一点却是相同的，即针对理学之诗寡淡无味而发、学诗盛唐乃因盛唐诗多言及情。在这种思想的支配下，李梦阳将目光转向民间，探寻民间达真情之诗，他在《论学》云：“或问：《诗集自序》谓真诗在民间者，风耳；雅颂者，固文学笔也。空同子曰：吁！《黍离》之后，雅颂微矣。作者变正靡达，音律罔谐，即有其篇，无所用之矣。”修髯子《三国志通俗演义引》云：“史氏所志，事详而文古，义微而旨深，非通儒夙学，展卷阅，鲜不便思困睡。故好事者，以俗近语。檃栝成编，欲天下之人，入耳而通其事，因事而悟其义，因义而兴乎感，不待研精覃思，知正统必当扶，窃位必当诛，忠孝节义必当师，奸贪谀佞必当去，是是非非，了然于心目之下，裨益风教广且大焉，何病其赘耶？”这种思路与复古派转向民间寻求儒家微义之行为是何等相似。这种主动承担风行教化，对普通大众进行伦理道德教化的任务，与心学思想存有莫大关系。

其二，明中期，王阳明经过冷静反思，针对脱离社会实际的程朱理学提出与之分庭抗礼的心学体系。心学的核心是“致良知”，所谓“良知”，其实就是一种先验的道德意识，将其当作“天理”，与“吾心”等同，即“吾心之良知，即所谓天理也。致吾心良知于事事物物，则事事物物皆得其理”，“是合心与理而为一者也”（《答顾东桥书》）[10]。因此，心学与理学的不同之处，主要有二：一是对待个体与群体关系上，心学重视个人，“所谓良知良能，愚夫愚妇与圣人同”，只是“圣人能致其良知，而愚夫愚妇不能致”[11]，肯定人欲之合理；而理学则是“存天理，灭人欲”，个人只能迫于“天理”，这里的“天理”则是儒家正统伦理纲常。二是由对个体的不同态度引出的，对主观与客观的不同认识。理学重“理”，讲求“格物致知”，即遍格物形求“天理”。而心学讲求“心外无物，心外无事，心外无理，心外无义，心外无善”（《与王纯甫·癸酉》）[12]，偏重主观，修行之法主要为领悟自我心中之良知即可。但“良知”本为先验的意识，无标准可参照，个人之心难免庞杂，为真正达合“良知”，王阳明又提出“知行合一”说，推崇“知行并进”[13]。这在一定

程度上规避心学体系堕入主观极端的缺陷。这种思想产生了深远的社会影响。庸氏序云:"读书例曰:若读到古人忠处,便思自己忠与不忠;孝处,便思自己孝与不孝。至于善恶可否,皆当如此,方是有益。若只读过而不身体力行,又未为读书也。"便可当作受心学"知行合一"影响的典例,只是这里的"知"侧重儒家的伦理道德方面。心学"致良知"思想,在一定程度上要求知识阶层帮助"愚夫愚妇"致"良知",进行伦理道德启迪任务,避免出现偏离心学轨道之情形。修氏等人认为《三国演义》"稗益风教广且大焉",可"羽翼信史",亦可解读成是心学思潮影响下的产物。从几乎所有明代刊行的通俗小说的序跋中,我们发现他们大多表明"劝惩"之意,这种现象表明心学影响范围之广。其实,心学所要求的"致良知",自我之"良知",最终依旧指向了儒家伦理道德,这一方面表明心学理论体系的不完整、反理学的不彻底;另一方面心学经过社会的接受后,又与儒家伦理道德教化牵扯在一起,推动了儒家的伦理道德教化,也使心学本身逐渐异化变质。通俗小说的兴盛,在某种意义上,就是这种环节得以完成的一种中介。

庸氏序云,《三国演义》"其最尚者,孔明之忠,昭如日星,古今仰之。而关、张之义,尤宜尚也。其他得失,彰彰可考。遗芳遗臭,在人贤与不贤,君子小人,义与利之间而已。观演义之君子,宜致思焉"。[⑭]显然是从"义"与"利"之角度,进行儒家伦理道德教育。无独有偶,明中后期兴起的反理学思潮中,以祝允明、杨慎为代表的一批人,主要从批判朱熹等人求利伪学的角度入手。如祝允明《祝子罪知录》认为理学多伪,感慨"道学之名甚尊,伪学之利甚厚,莫不小惑于初,而大获于后。"批判当时士人借"道学"沽名钓利的情况[⑮];杨慎《丹铅续录·庄子愤世》更是直抨"谈理性而钓名利者"的虚伪本质,云:"其流莫甚于宋之晚世,今犹未殄。使一世之人,吞声而暗服之。"[⑯]据明张时初《芝园外集·说林二》(卷二)载:"郡中士夫有白夺僧道之产者,彼此效尤,纷纷不已。……嘉靖初,又有诏毁,知府伍畴中纳金承佃,都御史毛贞甫亦纳金佃焉。……呜呼!一庵之小,而第四公之高下,则人心不古,世道日下可知矣。"[⑰]清程烈《惬心集》(卷五)亦云:"嘉靖时,括天下广寺田,尽鬻民间,士大夫往往藉是占业。"[⑱]由此可见,当时士大夫钓名利之现象的严重性。因此,对士大夫乃至整个社会进行"义"与"利"的道德教化颇显迫切。从庸氏等序,我们发现他们的思想深受当时社会思潮的影响,他们为保证通俗小说《三国演义》的流传而为其正名,主要是从通俗小说能稗补历史、进行道德教化角度入手;其所规劝读者注意"义"与"利"之关系,就是对教化功用的具体层面的操作,这种操作首先针对社会普遍存在的现象,并与弥漫于整个明中、后期的反理学思潮有紧密关系。

除此之外,有关《三国演义》明代序跋者的思想,我们还应注意以下两人的观点:

一是,建阳吴观明刊本的秃子《序批评三国志通俗演义》已注意《三国演义》

雅与俗的分别，云："夫俗，雅士方将扫除之，而反鼓吹之何耶？"认为《三国演义》俗中带雅、雅中含俗："昔年之本，香山之黄苦地，今日之本，亦青莲之李赤也。若在雅士，又曰俗子俗子矣。"[19]已涉及《三国演义》的趣味性。这至少有两点需要注意：首先，它从侧面表明《三国演义》在明代已引起强烈反响，反映这时期的人将《三国演义》当作一种消遣读物，亦可侧面反映社会经济的发展与人心的变化对通俗小说的流行所起的重要作用。其次，从庸氏到禿子，表明当通俗小说的正当性得到合理肯定后，序者已开始转而关注《三国演义》本身的艺术魅力。这种转变对明末乃至整个清代序跋者思想的影响颇为明显。

二是，书林熊冲宇种德堂刊本的李贽（或系托名）《三国志序》云："乃吾所喜《三国》人物，则高雅若孔北海，狂肆若祢正平，清隐若庞德公，以至卓行之崔州平，心汉之徐元直，玄鉴之司马德操，皆未效尽才于时。然能不为者，乃能大有为，而无所轻用者，正其大有用也。"[20]已注意到《三国演义》塑造的个性化人物。这是明末以来重视《三国演义》本身的艺术特征的典型，并已落实到具体层面的操作，这种操作对毛宗岗《读三国志法》有直接影响，从而成为明、清两代序跋者对《三国演义》关注侧重点转变的过渡。

二

清代的序跋者，一方面沿着明末以来对《三国演义》艺术特征的探讨，继续深入，呈系统性发展态势；另一方面则由于清代较明代特殊的政治环境、社会矛盾及截然不同的思想思潮，致使序跋者对《三国演义》的艺术特征的认识较明代而言，有本质变化。

清初毛宗岗《读三国志法》所涉及的思想、理论，较明代序跋者而言，同与异、通与变并存。首先，毛氏关注三国的正统问题，云：所谓正统，"论地则以中原为主，论理则以刘氏为主，论地不若论理，故以正统予魏者，司马光《通鉴》之误也。以正统予蜀者，紫阳《纲目》之所以为正也。"[21]继承明末序跋者的思想，并加以发挥，认为魏、晋、唐、宋各朝"不如汉正"，故而他在评点时"特于《演义》中附正之"，纠正俚俗谬误。其实明代序跋者，如佚名氏《重刊杭州考证三国志传序》、吴翼登《叙三国志传》已注意三国正统之问题，但《读三国志法》开篇便谈三国正统问题，似乎欲使读者意识到此问题的重要；这除了受明代序跋者影响外，更应从清初这个特殊的大背景加以考察（下详）。其次，盛赞《三国演义》之"奇"处，认为"古今人才之众未有盛于三国者也。"认为"观才与不才敌，不奇；观才与才敌则奇，观才与才敌，而一才又遇众才之匹，不奇；观才与才敌，而众才尤让一才之胜，则更奇。吾以为三国有三奇，可称三绝：诸葛孔明一绝也，关云长一绝也，曹操亦一绝也。"[22]毛氏不仅意识到《三国演义》写了如此众多人才，认为其人才塑造的最大特点在于个性鲜明,叹其写人“收不胜收,接不暇接”。如“三国之后,问有运筹帷幄如徐庶、庞统者乎?问有行军用兵如周瑜、陆逊、司马懿者乎?问有科人料事如郭嘉、程昱、荀彧、贾诩、步骘、虞翻、顾雍、张昭者乎?”

最主要的是,毛序已开始全面关注《三国演义》的艺术特征。注意总结《三国演义》的行文手段,认为《三国演义》的叙事,以汉帝始,终于晋国;叙述正统刘备时,以刘表、刘璋、刘辟等陪衬;于第一回叙刘备、曹操出名,而孙权则于第七回方出名;曹氏之定许都在第十一回,孙氏之定江东在第十二回,而刘氏之取西川在第六十回后。其叙事“有能如是之绕乎其前,出乎其后,多方以盘旋乎其左右者哉?古事所传,天然有此等波澜,天然有此等层折,以成绝世妙文”。避免了稗官“劈头便叙三人,三人便各据一国”的庸常叙述。又如,总结《三国演义》“六起六结”的结构,认为它们之间“联络交互于其间,或此方起而彼已结,或此未结而彼又起,读之不见其断续之迹,而按之则自有章法之可知也”。在《三国演义》的接受史及研究史上,首次注意《三国演义》行文结构的研究,开创之功,当书一笔。在毛氏看来,这样的结构是作者“追本穷源”的意识诉诸文字的必然结果。在对《三国演义》结构特征的整体把握的基础上,毛氏分列《三国演义》行为组织的叙事手法:有巧收幻结之妙;有以宾衬主之妙;有同树异枝、同枝异叶、同叶异花、同花异果之妙;有星移斗转,雨覆风翻之妙;有横云断岭,横桥锁溪之妙;有浪后波纹,雨后霡霂之妙;有寒冰破热,凉风扫尘之妙;有笙箫夹鼓,琴瑟间钟之妙;有隔年下种,先时伏著之妙;有添丝补锦,移针匀绣之妙;有近山浓抹,远树轻描之妙;有奇峰对插,锦屏对峙之妙;有首尾大照应,中间大关锁处。[23]在小说评点史上,较早注意小说的结构特征及叙事手法的是金圣叹,他在《第五才子书》中对《水浒传》的叙事手法作了十几种总结,如草灰蛇线、横云断岭,等等。总的来看,毛宗岗对《三国演义》的评点有袭抄金圣叹之痕迹;甚至,将《三国演义》的叙事手法与《史记》《列国志》《西游记》《水浒传》进行比较,这种比较式的解读方法也源于金圣叹的《第五才子书》。关于此点,学界多有述及,不赘。但是,在《三国演义》的接受史上,首先全面重视并探讨《三国演义》的结构与叙述特色的,毕竟始于毛氏父子。更主要的是,在《三国演义》的历代序跋中,毛序首先将对《三国演义》关注的侧重点,由明代序跋者为《三国演义》在正史之中寻求立足之位及序跋者的稗官情节与史官精神的关注重点,转移到立足于从艺术及创作手法的角度去把握《三国演义》的重心上。这种转移反映了明清序跋者对《三国演义》的不同认识。

毛宗岗所关注的重点,成为清代《三国演义》序跋者的风向标,影响深远。据丁锡根《中国历代小说序跋集》统计,在12篇清代序跋中,有相当一部分关注《三国演义》的艺术特征。如李渔《三国志演义序》云“首尾映带,叙述精详,贯穿联络,缕析条分”,就已注意到《三国演义》的行文组织。需要指出的是,此序对

《三国演义》艺术特征的认识是建立在史官“鉴戒深意”彰显的基础上。序者认为《三国演义》之“奇”与“灭没圣贤为治之志”的《西游记》之“奇”有着本质不同；《三国演义》较之于《三国志》，“事有吻合而不雷同，指归据实而非臆造”，显系以史家标准衡量小说家言的《三国演义》的艺术特征，指出《三国演义》在鉴戒方面所起的作用，因而序者又云：“传中模写人物情事，神采陆离，了若指掌，且行文如九曲黄河，一泻直下，起结虽有不齐，而章法居然井轶，几若《史记》之列本纪、世家、列传各成段落者不侔”。不仅认为《三国演义》秉承史家意识，及至行文组织多有借鉴史传之处。该序又将《三国演义》的写作手法与其他演义小说相比较：“演此传者，又与前后演列国、七国、十六国、南北朝、东西魏、前后梁各传之手笔亦大相径庭。”可见当时人已经认识到从横向对比去探讨《三国演义》的艺术特征。[24]这种手法未脱毛序之藩篱。从李序一文，我们可以明确看到明清序跋者关注侧重点转移的过渡痕迹。一方面，清初序跋者继承明代序跋者对《三国演义》鉴戒稗补之作用的认识，这种情况直至雍正七年致远堂、启盛堂列本所刊穉明氏的《三国演义序》依然存在，穉明氏虽鄙薄《三国演义》等通俗演义小说，但认为稗官小说“可以开其心思，启其神志”，认可稗官小说的“惩戒”作用。[25]另一方面，作序跋者开始将关注重心转移到发掘《三国演义》更多艺术特征上，提出了许多新见解。如金人瑞《三国演义序》推崇《三国演义》，系因其能“先得我心之同然，因称快者再”，已注意到《三国演义》之“感动人心”的魅力，“足以使学士读之而快，委巷不学之人读之而亦快；英雄豪杰读之而快，凡夫俗子读之而亦快也”；序者认为《三国演义》“以文章之奇而传其事之奇”，“奇”在能使不同阶层、身份的读者都能从中获得“快”感。这里已涉及现代文艺理论有关接受学与诠释学的视角、接受者与文本之间的互动关系。尽管这种见解未上升到理论高度，但序者的超前意识值得肯定。又如李渔《三国志演义序》中提出对小说进行归类划分：“愚谓书之奇，当从其类”，认为弇州先生将《史记》《南华》《水浒》《西厢》合称“四大奇书”，颇显不伦不类。因《水浒》为小说类，《西厢》为词曲，故以“从其类以配其奇”之原则，赞同冯犹龙将《三国》《西游》《水浒》及《金瓶梅》归为“四大奇书”的分法。这种“类聚”意识，无疑推动后来的学术研究。所谓“类聚”，《易·系辞》云“方以类聚，物以群分，吉凶生矣”[26]；可知相同或相似事物的综合称为类，同类事物的汇聚称类聚。大概因《三国》《西游》《水浒》及《金瓶梅》均属小说，且为世人所乐道，故而合称标类。可见，李序已初具现代意义的科学研究的意识与方法观，参据一定标准加以归类；尽管这种分类意识自古已然，但对分类明确标准的做法，无疑是时代进步的缩影。

到穉明氏《三国演义序》时，已注意到演义作者所演义的“事实”与史实乃属不同层面，即所谓“夫三国之事实，作者演义；作者之精神，评者发之”[27]。这里的“事实”，显然是《三国志》所记载的“史实”；但《三国志》所记载的“史实”，不等同于全部三国时代的史实。并不是所有过去的“事实”都可以成为“历史事实”,历史学家由于政治、伦理等原因,甚至由于历史学家个人的偏好,或将原来无关大节的事实变成“历史事实”,或将许多大的事件过滤出正统的范围而摒弃于“历史事实”圈外。《三国演义》作者据《三国志》演义的“事实”,又可以根据作者个人的偏好,或发挥或摒弃,演义出“实有的事实”,不一定局限在史书记载的“曾有的事实”。因此,稗氏云“三国之事实,作者演义”,对历史演义作品的认识较明代序跋者所存有的将《三国演义》套将正史的看法,具有历史的辩证的进步意义。因为稗氏更多看到《三国演义》作为通俗演义小说的个体独立存在价值,开创了清代中后期序跋者强调《三国演义》作为一部特殊的小说及对其文体特征较显理性认识的意识先导作用。同时,“作者演义”,这里涉及演义体小说的特殊文体特征。所谓“演义”,除了演史书之“义”外,还含作者演自我之“义”。稗氏又说“作者之精神,评者发之”,一方面注意到“演义”过程中作者之“义”的重要性,这就需要评者明之,也需要读者从中领悟。这其实是将史家之“微言大义”手法借用到小说的构思上。另一方面,稗氏也意识到小说评点对小说传播的重要性,它可以帮助读者了解作者之意图,这或许有感于毛氏评点的《三国演义》成为清代最流行的本子而作的总结、甚至是批评:“说者谓三国争天下之局之奇,故传之者亦奇;而又得锦心绣口之人,一一代古人传其胸臆,则评之者亦奇,是固然矣。”[28]已经意识到在小说的流传过程中,史家、演义者、评者与读者四方面的紧密关系。这种认识与金序所涉及的接受学与诠释学的认识,有异曲同工之妙,均指向《三国演义》内在的艺术魅力。

清代中后期序跋者则将关注的重点集中于《三国演义》与小说的关系。清溪居士《重刊三国志演义序》[29]认为演义事有所本,非“架空杜撰”,具有“意主忠义而旨归劝惩”的史家精神,故不可与“一切小说等量而齐观”。在清溪居士看来,《三国演义》非一般意义的普通小说,乃是“旧史遗文”,故其又云:“凡志所不载,事宜存录者,毕取以为之注,而三国事迹略备”。因为《三国志》“失在于略”,故本着“事宜存录者”之原则,“复上搜旧闻,旁摭遗逸”,广泛搜罗。实际上,清溪居士已意识到演义体的历史小说所演义的史实除了正史所载外,还可以是“实有的历史”,非局限于史籍“曾有的历史”之狭小范围内。从稗明氏到清溪居士,对历史观念、“历史事实”及历史演义小说之特质的认识已逐步深入。同清溪居士一样,莼史氏《重校第一才子书叙》也强调《三国演义》之“小说家”言,但也不认为其是普通的小说,而是以之为“可以观文章”,是“人皆称善,则虽谓之大文章可矣”之小说。莼史氏关注重点已经转向《三国演义》的文体定位及这种特殊文体的作用;他同样意识到作为小说的《三国演义》与正史的《三国志》之间的异同,看到《三国演义》“书中演说,有陈史所未发,申之而详者;有陈史所未备,补之而明者”。[30]这种认识已不是章学诚《丙辰札记》中仅仅在宏观面注意《三国

演义》"七分事实,三分虚构"的情况,而是从具体层面认识"演义体"小说的文体特征及艺术构架。这是将《三国演义》首先当作一部小说、其次才是承担正史"稗补鉴今"职责之意识转变所带来的结果;这必然促使读者根据自身的需求以及社会的具体实际,淡化史官职责,转向消遣、谈资的个人目的。如傅治山《三国演义跋》云:"凡为士者,自束发受书,皆欲博览古今,贯通史事,求其宜古而不戾于公者,储有用之学,以为他年庭献之资。"㉛许时庚《三国志演义补例》云:"供村老谈说故事。"均作此观。莫伯骥《三国志通俗演义跋》更是列举许多此类事例:"清雍正间有某侍部保举人才,引孔明不识马谡事,清宪宗责其不当以小说入奏,责四十,仍枷示焉,见《竹叶亭杂记》。又嘉鱼刘氏撰《奇觚室金文述跋》五'牧锯'云:'关王青龙偃月刀,一名冷艳锯,可知锯亦是兵器。'不意金石书中乃引及《演义》。《竹叶亭杂记》又述:乾隆朝初,某侍卫擢荆州将军,人贺之,辄痛哭,怪问其故。将军曰:'此地以关玛法尚守不住,今遣老夫,是欲杀老夫也。'此盖熟读《演义》而愦愦者。玛法,满洲语,呼祖之称。此则尤可笑也。"㉜

纵观清代序跋者之言语,序者对《三国演义》的"稗补鉴今"的强调一直延绵未断。这种思想倾向,除了明代序者所强调的稗官意识之影响的延续外,更多需要从社会、思想等具体环境加以考察。共性之外,个性突出,这是清代序跋者推崇"稗补鉴今"意识的总体特征。其实,这种意识的存在,本身就是经世致用思想的表现。经世致用之学一直贯彻于有清一代,但不同时期,其表现及关注重点又不尽相同。从学术渊源看,清初的经世致用之学是对宋明理学的修正或否定,是对明末心学思潮的拨乱,致使考据学之兴。这时期的经世致用主要表现为由虚入实,关注的重点则是如何处理阶级矛盾与民族矛盾。因为这时期的倡导者大多是明末遗老,他们或多或少具有反清思想。到道光年间复苏的经世致用思想则是对考据之学的修正,关注的重点则转向社会现实问题,重视恢复儒家的"微言大义",以虚带实。因此,道光年间的诗文创作表现出了两种基本倾向:一是重视规范诗歌的情感,提高诗歌的道德规格,发挥其陶冶人的道德情操的作用,如神韵诗派标举温柔敦厚的诗学主张;一是发挥诗歌的美刺作用,龚自珍、魏源均是此类。这种经世为用的思想成为当时诗、散文、小说创作的重要理论支架之一。这时期小说出现的复古思潮,背后就存有经世致用的影子,如文康《儿女英雄传》塑写安水心则为重振士大夫传统的价值观。基于上述认识,反观《三国演义》的清代序跋者之言语,我们发现,他们的思想也不脱整个主流思想圈。毛氏大谈特谈《三国演义》的正统问题,李氏序云"司马昭篡禅大位,与曹丕之篡禅",关注重点之一为正统性,在本质上与反满族入主中原之思想是何等相似!当然,我们不能处处错实,牵强附会。我们只想表明毛宗岗等人的思想倾向带有清初经世致用思想的某些方面及精神实质,他们未曾脱离整个社会的思想影响。稺氏序云,作为稗官小说之《三国演义》"可以开其心思,启其神志";清溪居士序直

接标明《三国演义》具有“意主忠义而旨归劝惩”的史家精神，不可与“一切小说等量而齐观”；许时庚《三国志演义补例》所谓“意主忠义而旨归惩劝”。所有这一切均强调《三国演义》的“美刺”作用，经世致用思想关注的重点随时代的转变而转变之情形，已颇为明显。至于《三国演义》在陶冶人的道德情操方面的作用，清溪居士序、莼史氏序已多有述及。由此可见，《三国演义》清代序跋者关注侧重点与整个时代学术思想的转变存在紧密联系。当然，至于对这种变化是如何进行的、进行到何程度之探讨，仍须深入。这已超出拙文范围，伺机再补。

近人王大错《考证三国志演义序》更是综合历史与演义的特征，认为《三国演义》承继史家意识，免于流为“稗官说部而鄙不之信”，又免于“世俗之流，又过于信，崇奉为金匮宝书”的另一极端，从而形成“融合正史演义二者，并出一端”的特质，从而对历史演义小说的文体特征及叙事原则之认识达到更深程度。以此去反驳将《三国演义》作“俗本小说等夷之”的观点，是很具说服力的。更甚者，由于近代动荡的环境，列强的入侵，致使民众思想麻木；王大错希望借《三国演义》的流行，唤起民众的爱国激情，因为在他看来，“一国国民之特性与夫爱国心，皆系乎历史观念之深浅。历史观念深者，其民必强毅而多爱国心”㉝。这是首次在小说序跋中将《三国演义》的作用与时代、与政治相联系，突出小说为政治服务的功用。这种观念一定程度上延续了经世致用思想的内涵，但也与近代由西方传入的实用主义思潮有紧密关系。所谓实证主义（或称实用主义），概言之，有用即是真理，以“我之用”为标准。胡适《红楼梦考证》就是运用这种思想的典型。王大错将《三国演义》与时代背景及政治需求相联系，这种思路本身就是实用主义的表现。在《三国演义》接受史上，尚属首例。但这种思路的影响却远不仅此，“文革”时期的《三国演义》研究，无疑将这种思想推广到相当的程度，毒害之深，令人不堪。

综上所述，明清两代的序跋者对《三国演义》关注的重点与社会、政治的变迁，社会的思潮有紧密关系，并在总体上与这些方面的变迁相同步。厘清这种变化的过程及变化的本质，对我们把握《三国演义》的流传及社会接受史的演变，具有十分重要意义。

注释：

① 孙楷第《中国通俗小说书目》，作家出版社 1957 年版，第 30 页。

② 江苏省社会科学院明清小说研究中心、江苏省社会科学院文学研究所《中国通俗小说总目提要》，中国文联出版公司 1990 年版，第 36 页。

③ 丁锡根《中国历代小说序跋集》，人民文学出版社 1996 年版，第 1462—1464 页。

④ 丁锡根《中国历代小说序跋集》，第 135—137 页。

⑤ 丁锡根《中国历代小说序跋集》，第 887 页。

⑥ 丁锡根《中国历代小说序跋集》,第 888 页。

⑦ 王齐洲《中国文学观念论稿》,湖北教育出版社 2004 年版,第 466—467 页。

⑧ 丁锡根《中国历代小说序跋集》,人民文学出版社 1996 年版,第 887 页。

⑨ 丁锡根《中国历代小说序跋集》,人民文学出版社 1996 年版,第 889 页。

⑩ 王阳明《王阳明全集》,上海古籍出版社 1992 年版,第 45 页。

⑪ 王阳明《王阳明全集》,第 49 页。

⑫ 王阳明《王阳明全集》,第 156 页。

⑬ 王阳明:《王阳明全集》,第 41 页。

⑭ 丁锡根《中国历代小说序跋集》,第 888 页。

⑮ 马积高《宋明理学与文学》,湖南师范大学出版社 1989 年版,第 160—161 页。

⑯ 杨慎《丹铅续录》,中华书局 1985 年版,第 86 页。

⑰ 谢国桢《明代社会经济史料选编》,福建人民出版社 2004 年版,第 182 页。

⑱ 谢国桢《明代社会经济史料选编》,第 182 页。

⑲ 丁锡根《中国历代小说序跋集》,第 893—894 页。

⑳ 丁锡根《中国历代小说序跋集》,第 895 页。

㉑ 丁锡根《中国历代小说序跋集》,第 917—918 页。

㉒ 丁锡根《中国历代小说序跋集》,第 920 页。

㉓ 丁锡根《中国历代小说序跋集》,第 921—932 页。

㉔ 丁锡根《中国历代小说序跋集》,第 902—903 页。

㉕ 丁锡根《中国历代小说序跋集》,第 904 页。

㉖ 周振甫译注《周易译注》,中华书局 2006 年版,第 229 页。

㉗ 丁锡根《中国历代小说序跋集》,第 904 页。

㉘ 丁锡根《中国历代小说序跋集》,第 904 页。

㉙ 丁锡根《中国历代小说序跋集》,第 906 页。

㉚ 丁锡根《中国历代小说序跋集》,第 907 页。

㉛ 丁锡根《中国历代小说序跋集》,第 908 页。

㉜ 丁锡根《中国历代小说序跋集》,第 912 页。

㉝ 丁锡根《中国历代小说序跋集》,第 915 页。

(作者工作单位:扬州大学文学院)

由烟标看诸葛亮文化的魅力

张晓刚

我热心三国文化的学习,也喜欢三国文化中某些系列的收藏,烟标便是其中的一类。

烟标,俗称烟纸,是卷烟制品的包装盒、商标。在我国,烟标已有百年历史。

一般来讲,香烟名字、相关图案以及生产厂家等内容为烟标基本要素,而其名字和图案往往相关联。历史和现实生活中的人物故事、重大事件、文物古迹、风景名胜、风土民情等内容,都是烟标名称和图案的最佳选择。烟标,具有一定的知识性、艺术性和时代特征。

魏、蜀、吴三国时代,是我国历史上一个短暂时期,但三国时代,是一个人才辈出、万花纷呈的耀眼时代,是一个金戈铁马的英雄时代,是一个文韬武略的智慧时代,加之《三国演义》的渲染,老百姓对三国的了解,远远超过对其他历史时期的了解。其中,诸葛亮则是三国文化中一颗闪亮的明珠,因此,在数以百种的三国文化烟标中,诸葛亮烟标占有一定的位置。诸葛亮一生中的主要经历以及世人对他的纪念,在方寸烟标上都有所映现。

诸葛亮出生于琅玡阳都,后随叔父避难荆州,"躬耕于南阳"。南阳是诸葛亮的第二故乡和成才的摇篮。诸葛亮的躬耕地南阳卧龙岗为历代各阶层人们所神往。烟标上诸葛亮"躬耕于南阳"的题材非常丰富。

早在1937年至1945年设立在保定的"中国河北华大烟厂",就出品有"卧龙岗"牌香烟,图案为清代的卧龙岗全图。民国时期,"中国豫通烟厂"也生产"卧龙岗"牌香烟,图案用中英两种文字表述。烟标图案上歇山式建筑门楣悬挂"诸葛武侯祠"匾额,"注册""商标"之间为八阵图,副版上自左至右圆形图

案分别为草庐、孔明车、诸葛亮像、羽毛扇和卧龙岗牌坊，画面设计精美。以上两款烟标，是笔者目前所知道最早和诸葛亮有关的烟标，也足以反映出南阳卧龙岗的知名度和影响力。

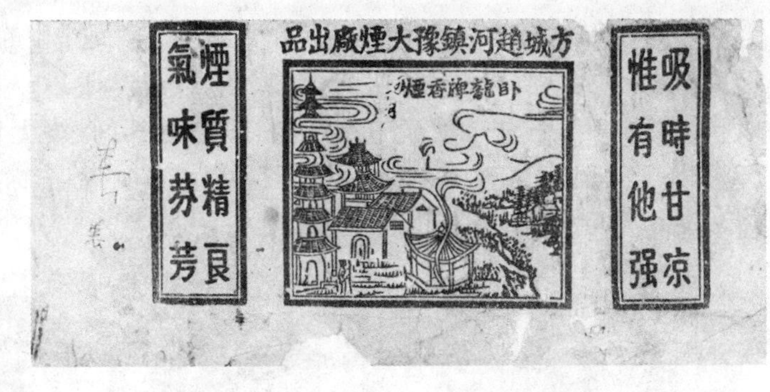

之后的 1948 年前后，河南“方城赵河豫大烟厂”出品有“卧龙牌香烟”，图案由南阳卧龙岗武侯祠山门、诸葛井、龙角塔等古迹组成。

新中国成立后的 1957 年前后，“公私合营镇平光复烟厂”也出品有“卧龙牌香烟”，其图案，为南阳武侯祠山门和龙角塔。

到了 20 世纪 70 至 90 年代，诸葛亮躬耕所在地的“河南南阳卷烟厂”“中国南阳卷烟厂”再次出品了有近 10 个品种的“卧龙岗”“卧龙”牌香烟，烟标图案多为南阳卧龙岗文物古迹，其构图明快，印刷精美，让人有过目不忘之感。其中一款烟标上，诸葛亮手执鹅毛扇，镇定自若、栩栩如生，并配有文字说明：“卧龙岗——位于南阳城西。岗上立有三国时期政治家、军事家诸葛亮的武侯祠堂。”

“躬耕于南阳”的诸葛亮并不是单纯地种地，而是发奋苦读，广交士林，怀有远大志向，要像春秋战国时期的管仲、乐毅一样，干出一番轰轰烈烈的事业来。而自讨黄巾始，在军阀混战中凄凄惶惶、奔走其间，终无依靠的刘备，此时又投奔荆州刘表，表使其屯兵新野，以御曹操。后来，刘备在徐庶等人的举荐下，三顾诸葛亮于草庐之中，咨其当世之事。

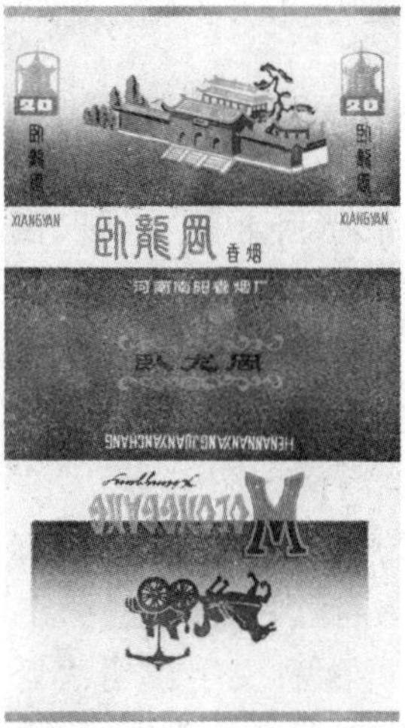

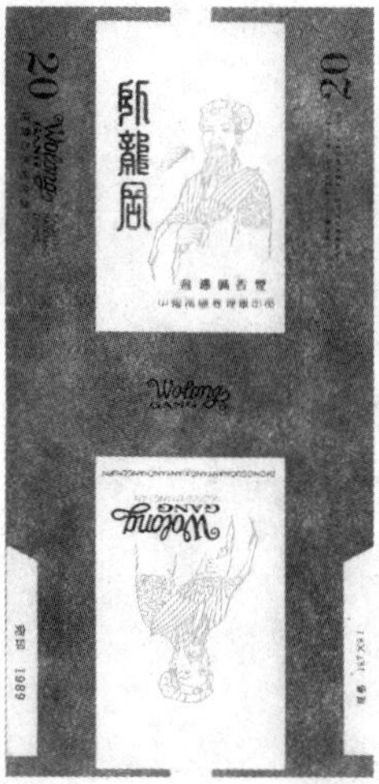

诸葛亮、刘备的一番晤对，促成当时中国三足鼎立数十年。于是“南阳诸葛庐”、南阳“茅庐”便名扬天下。这一家喻户晓的历史故事自然为卷烟厂家和烟标设计者所青睐。

1957 年 7 月至 1959 年 3 月的“公私合营南阳烟厂”、1959 年 3 月开始的“地方国营南阳烟厂”和 1962 年更名的“国营南阳卷烟厂”长期出品至少 6 个品

种以上的"诸葛庐"牌香烟。之后80年代至90年代,以"河南省南阳卷烟厂""中国南阳卷烟厂"和"南阳卷烟厂"之名,至少出品有近30个品种的"茅庐"牌香烟。烟标上基本上都有卧龙岗茅庐图案,有的烟标上的文字介绍为:"南阳诸葛茅庐为汉昭烈皇帝刘备三顾诸葛亮的故址。"还有的介绍文字是:"武侯祠位于南阳城西八里,为三国时期著名政治家、军事家诸葛亮的祠堂。祠内茅庐系汉昭烈皇帝刘备三顾诸葛处。"该品牌香烟生产时间之长、标样之多,充分表达了人们对这一品牌的喜爱程度,也显示了南阳人民对诸葛亮的爱戴并以其为骄傲。其畅销不衰也自然使利润可观,仅据1995年第一季度的统计,此牌号一个季度实现利润就高达百余万元。

南阳人民是对诸葛先贤有着特别感情的,具体体现在,南阳常常把"茅庐"等与诸葛亮相关的内容作为南阳的标志。烟标,也是如此。自20世纪70年代至今,"南阳卷烟厂"出品至少有4个以上的"南阳"牌香烟,其图案都为"茅庐"等卧龙岗景观。1990年7月以后,"河南南阳烟卷厂"甚至在出品的"群英会"烟标上,也采用了"三顾茅庐"的图案。另外,2012年由河南中烟工业有限责任公司出品"南阳"和一款"黄金叶"烟标主版画面,则为明代著名画家唐寅等人的"三顾茅庐"图案。凡此这些,都增添了烟标文化的厚重,也反映了人们对诸葛亮与南阳的广泛认知。

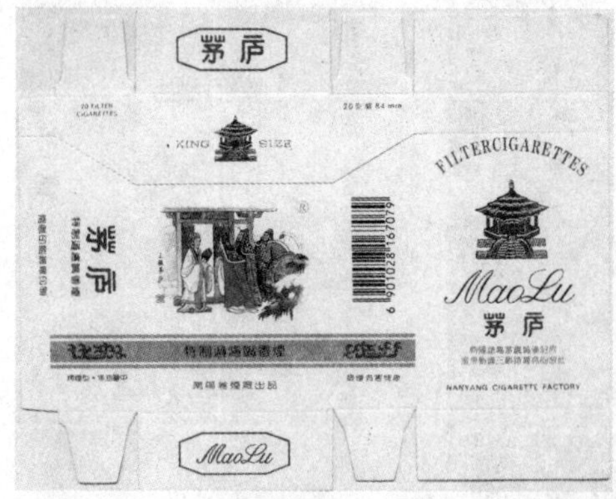

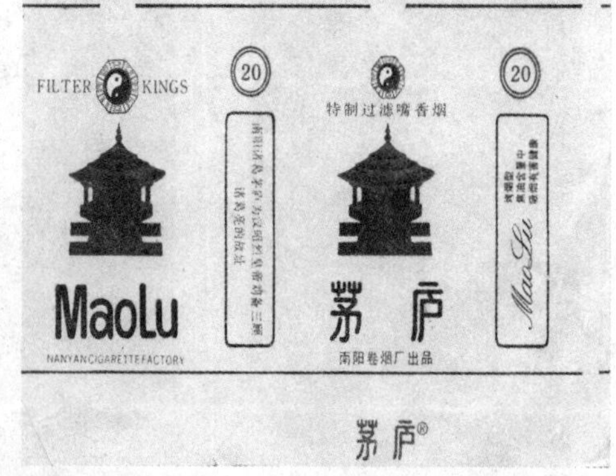

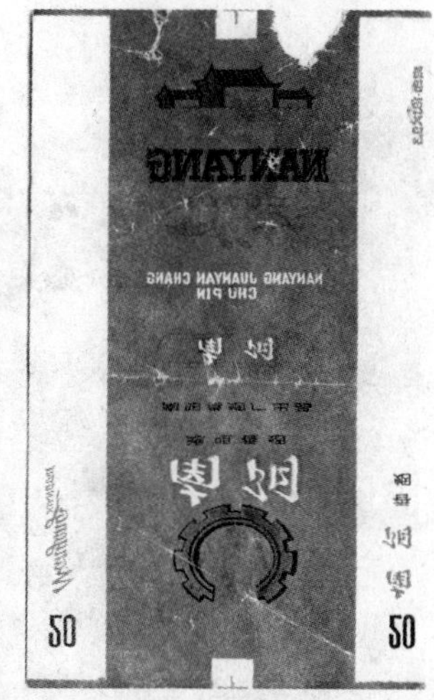

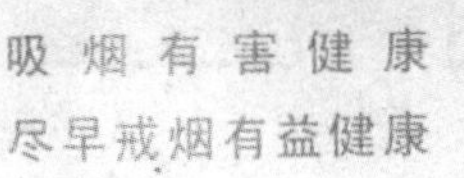

刘备三顾茅庐后，诸葛亮开始登上政治舞台，南阳新野县曾为刘备、诸葛亮小住之地，古迹“议事台”传为刘备、诸葛亮议论军政的地方。因此，早在20世纪50年代初期，“新野县公营烟厂”便出品有“议事台”香烟。

诸葛亮在《出师表》中说，他在受刘备三顾之后首先遇到长坂坡之战军事失利，是在兵败的时候承担重任，在危难关头接受任务出使东吴。诸葛亮促成了刘备与孙权的联合，共同抗曹。接着，发生了中国历史上著名的以少胜多的战役——赤壁之战。这段历史后经罗贯中的精心加工，成为《三国演义》中的精彩篇章。诸葛亮以不卑不亢之舌说服了江东君臣，接纳了惶惶不可终日的刘备。赤壁之战，诸葛亮巧借东风，大败曹军。战争的主角由周瑜移至诸葛亮。但无论历史也好，演义也罢，赤壁之战诸葛亮功不可没。

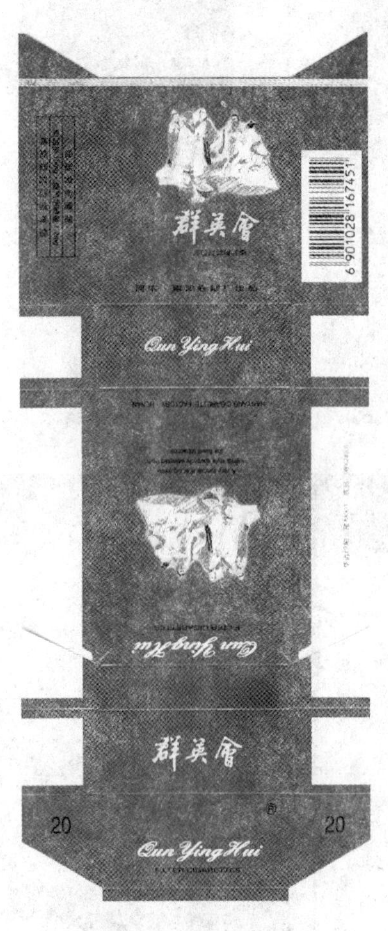

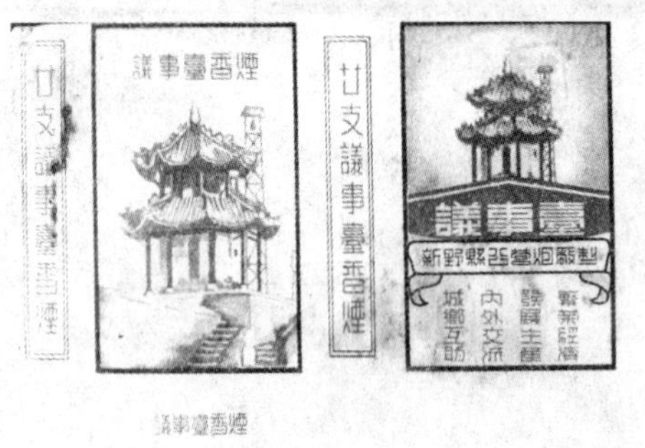

自 1992 年以后,河南南阳卷烟厂共出品有数十个品种的“群英会”香烟,销售十几个省份,并出口利比亚等国。前三年纯利润就突破 1000 多万元。而在其中的人物版烟标上,自左至右为诸葛亮、鲁肃、周瑜、蒋干,完美地再现了演义中赤壁之战中的诸葛亮等人物的形象。这一图案,还为云南卷烟厂生产的“英雄”烟标所使用。《三国演义》的开篇中有句话是“滚滚长江东逝水,浪花淘尽英雄”。此烟标的名字,大概摘选于这句话中。云南是诸葛亮南征所到之地,那里至今还流传许多诸葛亮故事和与诸葛亮有关的地名等。南阳的又一款烟标“群英会”三字写在扇面上,如同戏剧演出的水牌,舷窗式的画面透出紧张的气氛,孙权对众将质疑正举棋不定。还有一款为“舌战群儒”,诸葛亮与东吴君臣舌战场面跃然纸上。

20 世纪 80 年代，安徽“中国蚌埠卷烟厂”出品一款“渡江”烟标，画面展现的是诸葛亮手执羽扇、巧借东风、火烧赤壁的场景，其场面壮观，诸葛亮于战船上指挥若定，风流儒雅。

20 世纪 90 年代，湖北“中国咸宁卷烟厂”也为再现了当年赤壁之战的故事，出品有“武赤壁”香烟。其主版上，刀光闪闪、烈火熊熊中曹操带领残兵败将被孙刘联军攻打得狼狈逃窜，副版绘出“诸葛亮借东风”传奇故事。另外，“中国红安卷烟厂”也出品有多款“赤壁”香烟。

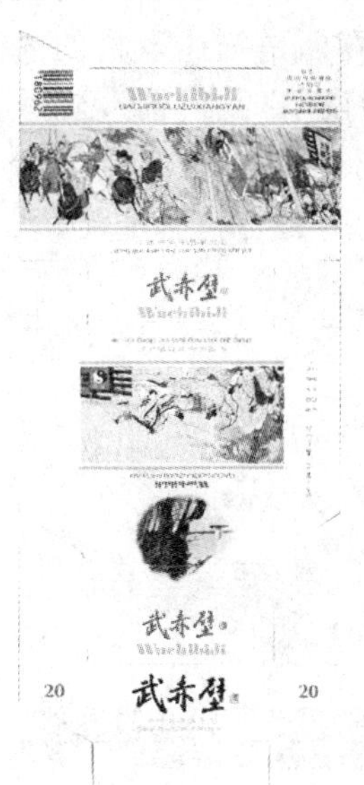

赤壁之战奠定了魏、蜀、吴三分天下的基础，之后，诸葛亮又辅佐刘备于成都建立了蜀汉政权，诸葛亮的政治理想得到初步实现。20 世纪 90 年代，“四川武陵卷烟厂”出品了一套八张的“蜀都”烟标，诸葛亮和刘备自然为其主角，其他人物有五虎上将关羽、张飞、黄忠、赵云、马超和蜀汉后期著名将领姜维。其戏剧

人物形象，具有广泛的社会基础。

蜀吴夷陵之战，刘备失利病逝于永安。诸葛亮受命托孤，是蜀汉历史的转折，也是诸葛亮人生的重大转折，这也自然反映在烟标上。20 世纪 90 年代后期，以“中国烟草总公司巫山卷烟厂”、“中国烟草总公司四川省烟草公司巫山卷烟厂”或“巫山卷烟厂”的名义至少生产有 5 种以上的“白帝城”香烟，有的烟标上还印有文字：“白帝城系西汉末年公孙述在此称‘白帝’而得名。相传，‘刘备托孤’于此。为瞿塘门户古今游览之胜地。”还有一款为白帝城“托孤堂”大型雕塑场景。

诸葛亮生前被封为“武乡侯”，死后追谥为“忠武侯”，后世人们便纷纷建祠来纪念这位千古人龙，并将祠庙称为“武侯祠”。于是“武乡侯”和“武侯祠”也自然成为有关烟厂确立烟标名称的选择。20 世纪 80 年代以后，“中国陕西南郑卷烟厂”、四川“什邡光明烟厂”和“什邡光明雪茄烟厂”都出品有“武侯祠”香烟。其中，南郑卷烟厂出品的“武侯祠”绘以陕西勉县武侯祠琴楼和钟鼓楼的图案；什邡烟厂的“武侯祠”表现的是成都武侯祠，有一款的副版上还印有“成都武侯区烟草公司专销”字样。与此同时，“中国烟草总公司陕西固城雪茄烟厂”出品了“汉侯”雪茄烟一套 5 枚，其中一枚为“武侯诸葛亮”，正版是诸葛亮羽扇纶巾画像，副版画面为“武乡侯诸葛墓”。其他四位“汉侯”为张良、韩信、张骞、蔡伦。1985 年，“中国河南许昌卷烟厂”出品了“游中原”套标共 10 枚，展现了河南当时最具代表性的十处风景名胜。烟标的正面为风景名胜，背面是描述景物的简洁文字，使烟标达到了诗情与画意的完美结合，其中一枚为南阳“武侯祠”，副版上的说明文字为：“武侯祠位于南阳，又名卧龙岗，相传建于唐宋年间，经元、清重建，1949 年后又经大修。献帝建安十二年（公元 207 年）诸葛亮隐居于此，系刘备三顾茅庐之地。”

诸葛亮生前官职“丞相”，于是与“丞相”相关的烟标也有之。在湖北大禹治水纪念馆黄陵庙内，有一株千年铁树，传为蜀汉丞相诸葛亮所植。1983 年，该铁树突然开花，实属千载难逢，人们便尊称“丞相花”。爱人及物。“宜昌烟厂”出品有三种以上“丞相花”香烟，以资纪念。“宜昌烟厂”后来又更名为“三峡卷烟厂”，该厂还曾出品过“诸葛亮”套标。

湖北襄阳，是诸葛亮文化厚重地区之一，烟标上也得到了印证。“襄阳卷烟厂”“襄阳县卷烟厂”“中国襄樊卷烟厂”出品有多种版别的“隆中”“古隆中”“诸葛亮”“伏龙”牌香烟，其中 5 枚套的“隆中”烟标，主版上分别呈现了隆中的野云庵、三顾堂、草庐亭、抱膝亭、武侯祠景点，副版上是对应的文字介绍，画面内容丰富生动。

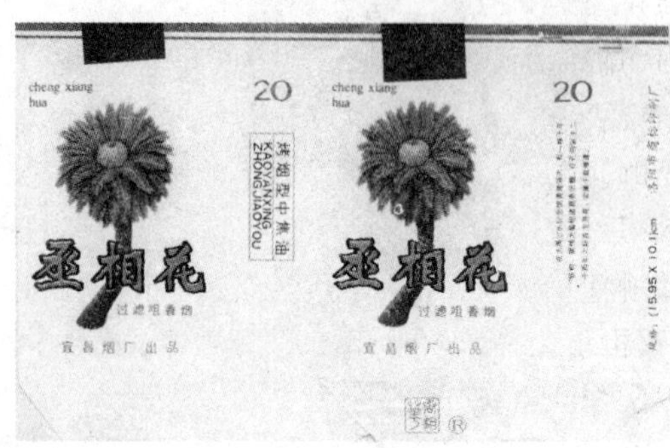

江西"中国广丰卷烟厂"曾出品有"孔明"牌香烟，棱形画面中似戏剧"空城计"中诸葛亮的形象。江西是诸葛亮躬耕南阳之前所生活过的地方。

今天，我们对诸葛亮及三国历史如此熟悉，其功绩应归于西晋的史学家陈寿。据史料称，陈寿是在四川南充西山的"万春楼"完成了《三国志》一书，于是四川"蓬安卷烟厂"出品了"万春楼"套标，表现了三国中 10 位代表人物，除诸葛亮外，还有吕布、貂蝉、曹操、司马懿、刘备、关羽、张飞、孙权、周瑜。烟标上有说

明文字，十分精练地点明了主题：“万春楼，坐落于四川南充西山。据考，西晋陈寿在此写下了举世瞩目的史书《三国志》，后由《三国演义》脍炙人口，其人物、其韬略计谋，令人拍案叫绝，实乃当今学习借鉴之本也。”烟标白底黑描，精美典雅。

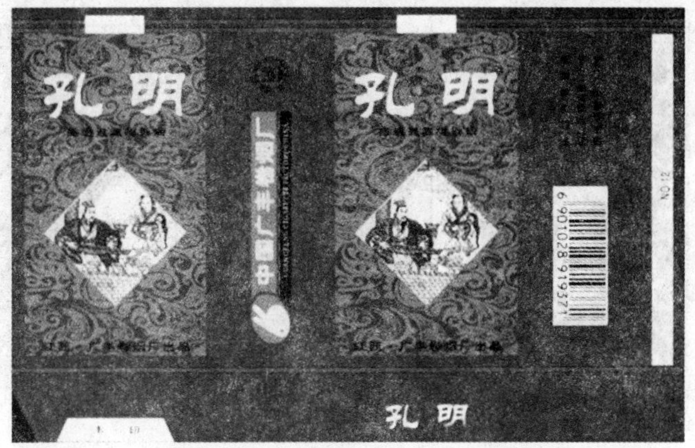

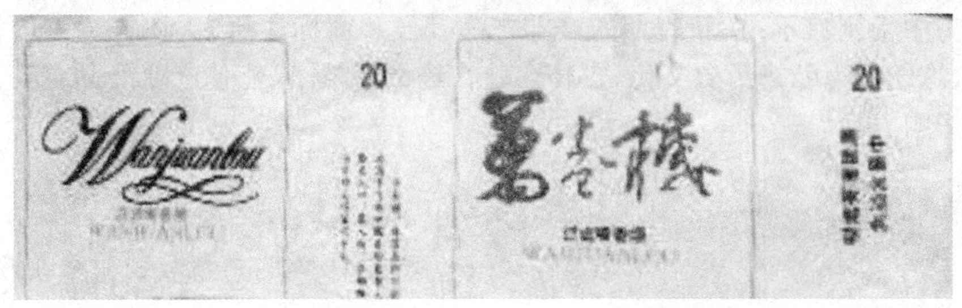

还值得一提的是，黄山出品的“黄山·中国香”烟卡上，也有诸葛亮手持羽扇的儒雅图案，这款烟卡如此大胆地设计，更能说明诸葛亮文化的影响力。

此外，笔者见到民国以来与烟标密切相关的香烟提货券——烟卡上，也有不少诸葛亮的形象。

随着社会的发展,上述诸葛亮文化现象将成为历史。但我们应从诸葛亮文化魅力中受到启示:在新时期的产业产品开发和商标注册中,积极注入诸葛亮文化,这既能为弘扬历史文化、宣传名胜古迹做贡献,也能使产业产品更具知名度和影响力。

(作者工作单位:河南省南阳市博物馆)

刘知远在俗文学中

——三论《残唐五代史演义传》的承前启后

石　麟

《残唐五代史演义传》是一部历史演义小说。这类小说必须追求历史真实与艺术虚构的结合，对于那些大的历史事件和人物，作者是不能篡改的。五代中，梁、唐、晋、汉、周每一个朝代的开国皇帝都是行伍出身，或者说，都是由军阀进而成为皇帝的。但刘知远却有特异性，他不像朱温（晃）、李存勖、石敬瑭、郭威那样直接从前代皇帝手中夺取江山，而是在后晋幼主"称臣降契丹""天下无主"的情况下才称帝的。这一点，在《残唐五代史演义传》中有生动描写：

> 却说刘知远封为北平王，镇守河东。却有诸将劝知远称尊，以号令四方，知远不从。及闻晋主北迁，又称说欲出兵井陉，迎归晋阳。命指挥使史弘肇集诸军商议，告以出师之期。军士皆曰："今天下无主，平天下者，非我主而谁？宜先正位号，然后出师。"于是，众军山呼不已。知远曰："虏势尚强，吾之军威未振，当建功恢复主室，迎立新君，汝士卒何知天命有在耶？"郭威与都押衙杨邻入说知远曰："此天意也，大王不乘此以取中原，人心一移，则反受他人所制矣！"知远从之。……知远乃即帝位于晋阳，复迁于大梁。诸镇多降，国号曰汉，改元乾祐，更名曰杲。（第五十八回）[①]

此事在史书中也有所反映。《新五代史》卷十载王峻出使契丹，受到侮辱和威胁，于是，他奉劝刘知远称帝与契丹抗衡："峻还，为王言契丹必不能有中国，乃议建国。二月戊辰，河东行军司马张彦威等上笺劝进。辛未，皇帝即位，称天福十二年。"[②]而《旧五代史》的记载更为详细一些：

> 及峻至太原，帝知契丹政乱，乃议建号焉。是月，秦州节度使何建以其地入于蜀。戊辰，河东行军司马张彦威与文武将吏等，以中原无主，帝威望日隆，群情所属，上笺劝进，帝谦让不允。自是群官三上笺，诸军将吏、缁黄

者耋,相次迫请,教答允之。……辛未,帝于太原宫受册,即皇帝位,制改晋开运四年为天福十二年。[③]

刘知远的行为,遭到后人截然相反的评价,欧阳修对其基本上是否定态度,在《文忠集》卷十六《正统论下》中,欧阳文忠公写道:

五代之得国者,皆贼乱之君也。……夫梁固不得为正统,而唐、晋、汉、周何以得之?今皆黜之。而论者犹以汉为疑,以为契丹灭晋,天下无君,而汉起太原,徐驱而入汴,与梁、唐、晋、周其迹异矣,而今乃一概,可乎?曰:较其心迹,小异而大同尔。且刘知远,晋之大臣也。方晋有契丹之乱也,竭其力以救难,力所不胜而不能存晋,出于无可奈何,则可以少异乎四国矣。汉独不然,自契丹与晋战者三年矣,汉独高拱而视之,如齐人之视越人也,卒幸其败亡而取之。及契丹之北也,以中国委之许王从益而去。从益之势,虽不能存晋,然使忠于晋者得而奉之,可以冀于有为也。汉乃杀之而后入。以是而较其心迹,其异于四国者几何?[④]

几百年后的王夫之,观点却与欧阳修相反,他在《读通鉴论》卷三十"五代下"中说:"刘知远之自立也,在契丹横行之日,中土无君而为之主,以拒悍夷,于华夏不为无功。"[⑤]

由此可见,《残唐五代史演义传》的作者在塑造刘知远这个人物形象的时候,对历史上的刘知远及其事迹,还是有所取舍乃至于艺术虚构的。

那么,针对历史上的刘知远其人,宋元明清的通俗文学作品是怎样表现他的?《残唐五代史演义传》在其间又具有何种承前启后的作用?其中,在历史真实与艺术虚构两者之间这些俗文学作者又是如何处理的?这些,正是本文要探讨的问题。

一

我们先看《残唐五代史演义传》中刘知远的出场秀:

此人身长八尺,两耳垂肩,乃是徐州沛邑沙陀人也,姓刘名暠表字知远。彦真曰:"汝有何能,敢领此职?"知远曰:"自幼曾习一十八般武艺,无所不通。"彦真遂命知远为先锋,于是披挂全副,只少一骑骏马。彦真谓左右曰:"可往厩中选第一骑来!"须臾,使关西汉带过马来。但见那马,身如炭火,眼似銮铃。彦真指曰:"汝识此马否?"知远曰:"莫非黄骠马乎?"彦真曰:"然

也。"即连鞍赐之。(第二十六回)[6]

这里的彦真姓岳,是刘知远的顶头上司,在民间传说中他还是刘知远的岳父,此事后论。即以上述描写而论,其间模仿《三国志通俗演义》痕迹宛然,"身长八尺"来自张飞,"两耳垂肩"模仿刘备,[7]至于那马"身如炭火,眼似銮铃",简直就是吕布的赤兔,不知何以不伦不类地形容"黄骠",而"识此马否"的对话却毫无疑问套用的是孟德与云长口吻。[8]

更有趣的是,历史上的刘知远的先人本属沙陀不假,但却不是什么"徐州沛邑沙陀人也"。而且,其身材相貌也远不是刘备与张飞的超常搭配,而是长得异于常人的。司马光《资治通鉴》卷二百七十一说:"敬瑭、知远,其先皆沙陀人。"[9]《旧五代史·汉书·高祖纪》说:"高祖睿文圣武昭肃孝皇帝,姓刘氏,讳暠,本名知远,及即位改今讳。其先本沙陀部人也。……帝弱不好弄,严重寡言,及长,面紫色,目睛多白。"[10]《新五代史·汉本纪》也说:"高祖睿文圣武昭肃孝皇帝,姓刘氏,初名知远,其先沙陀部人也,其后世居于太原。知远弱不好弄,严重寡言,面紫色,目多白睛,凛如也。"[11]宋元讲史话本《五代史平话·汉史平话》对刘知远出身、长相、性格的描写在依照史书的基础上有所虚构:"且说知远姓刘氏,其先世沙陀部绿柳村人氏,后居太原汾州孝义县。父名光赞,母苏氏,生知远,初名成保。为人严重不好言笑,面色紫黑,目多白睛。年方七岁,父光赞早已丧亡。"其母改嫁慕容三郎,成保乃是"拖油瓶"到慕容家,因此不务正业,难以管教:

慕容三郎取得浑家归后,其阿苏挈带得刘光赞的孩儿成保自随,归他义父慕容家看养,改名做刘知远,年渐长成。慕容三郎是个有田产的人,未免请先生在书院教导义男刘知远读习经书。争奈知远顽劣,不遵教诲,终日出外闲走,学习武艺,使枪使棒,吃酒赌钱,无所不作,无所不为。义父慕容三郎心下不乐。一日,是二月八日,庆佛生辰时分,刘知远出去将钱雇倩针笔匠文身,左手刺个仙女,右手刺一条抢宝青龙,背脊上刺一个笑天夜叉。归家去激恼义父,慕容三郎将刘知远赶出门去。[12]

这样一个出身社会底层而又不务正业的刘知远,在宋元间多种通俗文学作品中屡有展现,如四大南戏之一的《刘知远白兔记》对此就有生动的描写:"(生上)[金焦叶]奈何奈何,恨苍天把人耽误!自恨时乖运苦,怎禁这般折挫?朦胧喑哑家豪富,智慧聪明却受贫。年月日时该分定,算来由命不由人。我刘智远身上无衣,口中无食,受这般狼狈。风雪又大,无处赶趁,不免到马鸣王庙中去躲避则个。"(第四出《祭赛》)[13]出身社会底层而又不务正业,势必造成穷途落魄的窘境,而这种"时乖运苦"之人的前景却必然是两个极端状况:一是在消极等待中浑浑噩噩地走向生命的终点，二是积极“混社会”。而“混社会”者又有两种结局：一是在底层厮混，或盗贼，或打手，或骗子，或光棍……总之沉淀为“人渣”；另一种是由于种种机缘和努力，逐步跻身社会上层，成为帝王将相、达官贵人。刘知远属于后一种，他们的人生三部曲是“穷汉”——“军卒”——“将帅”，其中之佼佼者甚至可以成为“帝王”。中国古代俗文学中将这些人物及其故事写下来，成为一种专门的题材，叫作“发迹变泰”，而且是由“朴刀杆棒”而导致的“发迹变泰”，不同于文人或时来运转或靠诗词文墨赚来的“发迹变泰”。

发迹变泰后的刘知远，再也不是当年那种偷鸡摸狗的窘况，而是威风八面，令人侧目，且看《残唐五代史演义传》中的描写：

> 只见知远纵马，背后数百人，簇拥知远出城。看他怎生打扮？但见：戴一顶缨撒火、锦兜鍪、双凤翅照天盔，披一副绿绒穿、红锦套、嵌连环锁子甲，穿一领翠沿边、珠络缝、荔枝红、圈金绣戏狮袍，系一条衬金叶、玉玲珑、双獭尾、红鞓钉虫监蝻带，着一双簇金线、海驴皮、胡桃纹、抹绿色云根靴。弯一张紫檀靶、泥金鞘、龙角面、虎筋弦宝雕弓，悬一壶紫竹杆、朱红扣、凤尾翎、狼牙金点铜箭，挂一口七星妆、沙鱼鞘、赛龙泉、欺巨阙霜锋剑，横一把撒朱缨、水磨杆、龙吞头、偃月样安汉刀。骑一匹快登山、能跳涧、背金鞍、摇玉勒黄骠马。（第二十七回）⑭

这里所描写的还只是作为将军的刘知远战场上的八面威风，而后来，位居高官的刘知远则更是威风八面：“等候良久，刘太尉朝殿而回。只见：青凉伞招飐如云，马颔下珠缨拂火。乃是侍卫亲军左金吾卫上将军殿前都指挥使刘知远。……刘知远头踏，约有三百余人，真是威严可畏。……刘知远出镇太原府，为节度使，日下朝辞出国门，择了日进发赴任。刘太尉先同帐下官属带行亲随起发，前往太原府。留郭牙将在后管押钧眷。行李担仗，当日起发。朱旗飐飐，彩帜飘飘。带行军卒，人人腰跨剑和刀；将佐亲随，个个腕悬鞭与简。”（《喻世明言·史弘肇龙虎君臣会》）⑮据考，这篇《史弘肇龙虎君臣会》是宋元小说话本，可知在当时已经有了刘知远发迹变泰后威风凛凛的情节，可以作为补充印证的是当时的讲史话本《五代史平话》中也有类似的描写：“那元帅经行，但见鼙声振野，骑气惊人；旌旗飘九陌红霞，戈甲浸满毗秋水。……那厅上坐的，却是李长者赘婿刘知远，受了北京留守，衣锦还乡也。使左右请将三娘子出来，令排备香案，戴冠穿帔，拜受夫人宣命。拜罢，就知远左边列坐。”⑯

像刘知远这种发迹变泰之人，是被后世许许多多的穷汉永远景仰钦佩的。清初章回小说《樵史通俗演义》就有这方面的反映：

刘良佐道:“听得说唐朝郭子仪也是当军出身,后来做到天下大元帅,咱弟兄们一身本事,怕没这富贵的日子哩。”李自成道:“大元帅什么打紧,汉高祖、刘知远,我明朝的太祖皇帝,难道是祖宗传下来的天子?少不得也是平空做成事业的。”(第二十六回)[17]

刘知远在这里,与汉高祖刘邦、明太祖朱元璋一样,成为发迹变泰之极致——当皇帝的代名词。不要说这些章回小说的作者没有大见识,他们其实对中国的一部历史读得滚瓜烂熟。即如此处所列举的几位“开国之君”,确实都是中国历史上罕见的出身寒微而又位登绝顶的人物。那么,这种人混社会、打天下靠什么呢?除了运气、胆气和阴谋之外,剩下的就是呼朋引类,结拜弟兄以为基本队伍。刘邦、刘知远、朱元璋如此,李自成亦乃如此。《樵史通俗演义》中的刘良佐与李自成在当时既是同僚,均乃杨总兵标下的把总,同时,他们又一贯称兄道弟。这样的人纠合在一起,方能成其事业。

俗文学作品中的刘知远,也是靠着呼朋引类、结拜兄弟而发迹变泰的。《刘知远白兔记》对此有明确的描写:“自家当初结义十个弟兄,各自投东往西去了,止剩弟兄三人。大哥刘知远,二哥郭彦威,自家史弘肇。大哥流落天街,我已怀揣贯百,不免寻访他,买三杯五盏,与他敌寒,有何不可?”(第二出《访友》)[18]戏曲如此,小说亦如是,《史弘肇龙虎君臣会》中间亦有他们三人的风云际会:“刘知远见史弘肇生得英雄,遂留在手下为牙将。史弘肇不则一日,随太尉到太原府。后面钧眷到,史弘肇见了郭牙将,扑翻身体便拜。兄弟两人再厮见,又都遭际刘太尉,两人为左右牙将。后因契丹灭了石晋,刘太尉起兵入汴,史郭二人为先锋,驱除契丹,代晋家做了皇帝,国号后汉。史弘肇自此直发迹,做到单、滑、宋、汴四镇令公,富贵荣华,不可尽述。”[19]在《残唐五代史演义传》中,刘、郭、史三人的关系也非同一般:

天色已明,知远部大军入关安民。郭威、史弘肇各献功毕,史弘肇问曰:“元帅如何知文宝此计可成其功?”知远曰:“文宝初降之时,我观其材貌,是个好汉,故释之,委为将,以安其心。金井关原是他守,必熟知地势,吾故问他求计。彼献此计出乎本心。使他人,如何进关?惟文宝可成此功。用之而无疑,吾不负文宝,文宝宁负我乎?今得此关,胜用数万人马之力矣。”史弘肇拜服曰:“元帅深谋远识,我等皆不及也!”(第五十三回)[20]

这样,我们就可以看到源自部分历史事实的历代俗文学作品对刘知远这种出身贫寒而后发迹变泰的人物描写的一般情况。那么,《残唐五代史演义传》在中间起到什么样的承前启后的作用呢?

首先，作为历史演义小说，《残唐五代史演义传》并不以刘知远穷困时的落魄状态作为描写重点，因为它没有这么多的篇幅去写每一个英雄人物的微时状态，而是一开场就写其从军以后在战场中的表现。其次，对刘知远八面威风的描写主要体现在战场生活，是军事方面的大将军八面威风，而不像宋元话本那样写日常生活方面的人模人样。第三，对于呼朋引类的兄弟结拜情节，在历史演义小说《残唐五代史演义传》中也被有意无意地淡化，更强调的是建功立业的君臣风云际会。这一点，又得力于宋元话本小说的灌溉。第四，这种改造，使宋元话本小说和宋元戏曲中刘知远一类的发迹变泰的英雄人物更加“回归”历史，并给后代的俗文学尤其是历史演义、英雄传奇小说提供了学习的范型与摹本。《樵史通俗演义》写李自成对刘知远的钦佩和艳羡就是证明。

二

在刘知远形象塑造方面，《残唐五代史演义传》最大的成绩就在于对其英勇善战的描写。请看如下场面：

> 知远截阻去路，厉声大骂曰：“逆贼子，我在此等久！好将小姐留下，饶你性命。如或执迷，决无干休。”朱义听得此言，慌自逃走。友珍一马当先，问来将何名。知远答曰：“吾乃沛邑刘知远是也。”友珍曰：“吾与汝无仇，缘何阻我去路?”知远曰：“汝乃不仁，夺人妻子。”友珍大怒，跃马挺枪，直取知远，两马相交，战不数合，知远大喝一声，友珍措手不及，被知远一刀斩于马下。余众四散，各自逃生。（第二十六回）[21]

> 知远大怒，轮刀直取朱温，二人战上五十余合，不分胜负。知远取鞭在手，大喝一声，朱温躲避不及，中了一鞭，抱鞍吐血，拨马而走。知远飞马赶来，看看赶上，不防朱温暗取雕弓，搭箭当弦，回马望知远一箭，正中左腿，知远翻身落马。朱温部将齐克让杀出，却得岳存训、向慎之两个救回营去。（第二十八回）[22]

像这样不顾生死，在战场上英勇杀敌的行为，小说中的刘知远多有表现。其实，历史上的刘知远也的的确确是一位勇敢刚毅而又当机立断的将军。新旧五代史均记载了他年轻时的一件事：“初事唐明宗，列于麾下。明宗与梁人对栅于德胜，时晋高祖为梁人所袭，马甲连革断，帝辍骑以授之，取断革者自跨之，徐殿其后，晋高祖感而壮之。”（《旧五代史·汉书·高祖纪》）[23]“与晋高祖俱事明宗为偏将，明宗及梁人战德胜，晋高祖马甲断，梁兵几及，知远以所乘马授之，复取高

祖马殿而还，高祖德之。”(《新五代史》卷十)[24]从这些记载中可以看出，刘知远在对付突发事件时，不仅是果断的，而且充满了智慧。他这种勇敢果断、足智多谋，有时甚至还具有过人政治眼光的素质，在《残唐五代史演义传》中亦有颇为生动的描写：

> 敬瑭与刘知远议曰："公主无辜受苦，此仇如何可报？"知远曰："明公久得士卒之心，今据形胜之地，士马精强，若兴兵传檄，帝业可成。岂可坐视而忍辱乎？"(第四十六回)[25]

此事发生的背景是：石敬瑭的妻子木樨公主受到后唐废帝的张皇后欺负，并被囚禁。公主写血书给前线带兵的丈夫，石郎驸马收信大怒，随即就与刘知远商量对策。刘知远审时度势，劝石敬瑭借机与后唐废帝争夺江山。此事一方面可以看出石敬瑭对刘知远信赖有加，另一方面也显示了刘知远具有远大的政治眼光，值得信赖。对于刘知远的智勇双全和远见卓识，小说中还通过其他人物的视角进行渲染。第五十一回，自立为帝的殷主王延政手下参军雷友金说"刘知远善能用兵，威振华夏"。[26]第五十六回，契丹主听说弟弟伟王军马尽被刘知远部下杀了，不禁大惊曰："知远必乘胜而出，使吾无葬身之地。"[27]通过上述这样一些正面描写和侧面烘托，使眼光过人且能征善战的刘知远形象在《残唐五代史演义传》中显得颇为出色。

在五代开国君王中，刘知远出身贫寒，对社会诸多现象理解深刻，属于最具远见卓识，随机应变且能征惯战的一位。这些，在史籍记载和后人评价中屡屡可见："清泰元年，晋高祖复镇河东。三年夏，移镇汶阳。帝劝晋高祖举义，赞成密计，经纶之始，中外赖之。"(《旧五代史·汉书·高祖纪》)[28]宋人孔平仲《续世说》中还记载了刘知远严于治军的故事：

> 刘知远谓晋高祖曰："愿陛下抚将相以恩，臣请戢士卒以威，恩威兼著，京邑自安。本根安固，则枝叶不伤矣。"知远乃严设科禁，宿卫诸军无敢犯者。有军士盗纸钱一襆，主者擒之，左右请释之。知远曰："吾诛其情，不计其直。"竟杀之，由是众皆畏服。(卷二"政事")[29]

就这样，刘知远主动请求与石敬瑭一个唱红脸，一个唱白脸，宁可自己扮演得罪人的角色，从而使军队大治，这其实是一种深层智慧。正因如此，王夫之才在《读通鉴论》中将刘知远与石敬瑭进行比较分析，并大力赞扬刘知远：

> 刘知远之智，过于石敬瑭也远甚，拒段希尧、赵莹移镇之谋而亟劝敬瑭

以反,其情可知也。当其时,所谓天子者,苟有万人之众、万金之畜,一旦蹶起,而即褎然南面,一李希烈、朱泚之幸成者而已。范延光、赵延寿、张敬达之流,智力皆出知远下,而知远方为敬瑭之偏裨,势不足以特兴,敬瑭反,而后知远以开国元功居诸帅之右,睨敬瑭之篡而即睨其必亡,中州不归己而奚归邪?呜呼!人之以机相制,阴阳取与伏于促膝之中,效死宣力,皆以自居胜地,而愚者不悟,偷得一日之尊荣以亡其族,亦可愍矣哉!(卷二十九"五代中")㉚

的确,无论是政治眼光,还是做人的标准,刘知远都比石敬瑭高出许多。司马光《资治通鉴·后晋纪》有一段记载很能说明问题:

石敬瑭遣间使求救于契丹,令桑维翰草表称臣于契丹主,且请以父礼事之,约事捷之日,割卢龙一道及雁门关以北诸州与之。刘知远谏曰:"称臣可矣,以父事之太过。厚以金帛赂之,自足致其兵,不必许以土田,恐异日大为中国之患,悔之无及。"敬瑭不从。(卷二百八十)㉛

这段文字下面,胡三省注曰:"他日卒如刘知远所言,为契丹入中国张本。"石敬瑭割让给契丹的"卢龙一道及雁门关以北诸州",也就是后人所谓燕云十六州,这么大一片土地割让给契丹人,对中原造成了极大的祸乱。不仅后晋、后汉、后周的统治者再也没有收回这块土地,终宋一代,也是"幽燕不照中天月"(刘因《白沟》),㉜由此可见石敬瑭的短视与罪恶,同时也可以看出刘知远在政治上的目光如炬。

刘知远不仅自己具有敢于担当的勇敢果决,而且他选择的手下也有"敢当"之气概。褚人获《坚瓠四集》中对于"石敢当"的生动记载,或许从侧面能窥见刘知远及其手下的勇士风采:

人家门户,当巷陌桥梁之冲,则立小石将军,或植石碑,镌字曰"石敢当"以厌禳之,不知起于何时。按石敢当,见史游急就章颜师古注曰:"卫、郑、周、齐,皆有石氏,其后因以命族;敢当,所向无敌也。"据此,其名始于西汉。《五代史》载刘知远为晋押衙,高祖与愍王议事。知远遣勇士石敢,袖铁椎,侍晋祖以虞变,敢与左右格斗而死。今立门首以为保障,似取五代之石敢。其曰"当"者,或为惟石敢之勇,可当其冲也,否或因急就章之石敢当也。(卷三"石敢当")㉝

这段文字中的《五代史》包括新旧五代史,二书均有关于刘知远与石敢的简

略记载:“闵帝左右谋害晋高祖,帝密遣御士石敢袖锤立于晋高祖后,及有变,敢拥晋高祖入一室,以巨木塞门,敢寻死焉。”(《旧五代史》)[34]“知远遣勇士石敢袖铁槌侍高祖以虞变。高祖与愍帝议事未决,左右欲兵之,知远拥高祖入室,敢与左右格斗而死。”(《新五代史·汉本纪》第十)[35]两书记载虽小有不同,但刘知远的知人善任和石敢的勇猛顽强却都跃然纸上。

综上可见,《残唐五代史演义传》根据相关的历史资料和民间传说,将刘知远塑造成为一个目光远大、智勇双全、果敢坚定、临危不惧、随机应变、知人善任的英雄人物。在五代开国之君中,应该是最优秀的。而刘知远这种近乎完美的大将军风度,经《残唐五代史演义传》定格之后,又对同时和以后的俗文学作品的创作产生了重大影响。如明代成化年间出版的《石郎驸马传》就多次写到刘知远,尤其是其中一段,借刘知远的宝刀写其大将军八面威风,真正是渲染得十分到位:

却说桑丞相,见点人马完聚,只待吉日良时,便要登途,当时只听(对)驸马言曰:“若欲明日就要行兵,可将刘知远冰(并)铁打就刚(钢)刀一口,插在三关面上,便交(叫)众将拜于此刀,倒者即便行兵。如若不倒,难以登途。”驸马见说,即便依允。等待来朝天晓,便见如何。[唱]石郎见说心欢喜,依了桑丞相一人。借了知远刀一口,插在三关大寨门。当时把刀来立起,插在三关面上存。好个有名刘知远,他是安邦定国人。他有此刀真个大,上秤秤来一百斤。冰(并)铁真刚(钢)来打就,此刀真个宝中珍。插在三关大寨内,石郎便把宝香焚。烧起宝香烟一道,诸官来做拜刀人。大小众官都道好,都拜三关宝刀身。[36]

石敬瑭的部队出发打仗,却要祭拜石郎驸马手下首席大将刘知远的并铁刀,可见刘知远在军中的威信有多高,而刘知远威信的建立,并非因为他出身豪门,也不是因为他家财万贯,而是他诸多优秀品质多次闪现的结果。更为重要的是,在《残唐五代史演义传》中,还有一段描写,更能体现刘知远胜过石敬瑭一筹。当石敬瑭为妻子报仇抓获张皇后以后,这位尚未登基的新天子居然产生了将张皇后“欲留在后宫”享用的无耻念头,幸亏“殿前闪过刘知远”,[37]直言奉劝、断然制止,才浇灭了石敬瑭心中罪恶的火苗。而这段描写,同样出现在《石郎驸马传》中:

妆果(裹)一人张皇后,整齐鸾(銮)驾出宫门。……皇后看了人和马,眼中流泪落纷纷。姑嫂二人重相见,嫂嫂便拜国姑身。伏望我姑生慈悯,放我残生一命魂。驸马见他如此说,一时心里便思论。把他带上三关去,一国山

河便太平。此时转过刘知远，伏惟驸马你知闻。我今与你言此事，莫留皇后姓张人。单为此人生歹意，起动三关马共人。驸马见说言道是，连忙推出法场门。推出法场中上面，执刀总管姓柴人。手执无情刀一把，嘱付(咐)张皇后一人。你在宫中多了得，今朝做个吃刀人。听得一下刀声响，皇后头落地中心。㊳

作为一个从穷汉到士卒再到军阀最终登基为帝的历史英雄人物，刘知远的形象在《残唐五代史演义传》中定型以后，不仅影响了上述讲唱文学，而且对戏剧舞台卓有影响。明代以后关于刘知远的戏曲和民间讲唱作品的著录不绝如缕，择其要者而言之如下：

《刘知远风雪红袍记》，此戏未见著录。张牧《笠泽随笔》所录《百二十家戏曲全锦目》有《风雪红袍刘知远》一本。又《金瓶梅词话》第六十四回中，有递上关目揭帖，拣了一段《刘知远红袍记》云云。疑即指此本。今盲词中有说《红锦袍记》，亦系刘故事，题材相同。佚。㊴

刘唐卿……《李三娘麻地捧印》，《录鬼簿》(曹本)著录。贾本别作《李三娘麻地里傍郎》。简名《李三娘》。《太和正音谱》、《元曲选目》均简名《麻地捧印》。……佚。㊵

《刘智远白兔记》，此戏未见著录。明万历间富春堂刊本，许之衡饮流斋据富春堂重订钞本，《古本戏曲丛刊初集》本据富春堂刊本影印。㊶

《白兔记》，清道光五年(1825)抄本。题《新编刘知远磨房相会白兔记》，二卷，一册。㊷

《李三娘宝卷》，惜阴书局石印本。㊸

《五龙斗》：史彦唐、高行周随李克用、李嗣源、石敬瑭、郭威、刘智远等人共在狗家疃合战王彦章，王不得出，自刎而死。

《李三娘》：刘智远未得志时，于药王庙偷鸡，得遇李修元，李以女三娘妻之。李夫妇死，三娘兄洪义及嫂嫉刘，屡欲害之。刘守瓜园，降瓜精，往邠州投军。兄嫂逼李三娘改嫁不从，逼使推磨、汲水，苦受折磨。李磨房产子，命名咬脐郎，嫂夺子投河中，为窦老所救，护送至邠州。刘以军功为节度，咬

脐郎长成，出猎，遇三娘于井台，代其寄书，刘始知为己妻，易服回家，磨房相会，擒李洪义夫妇，一家团圆。[44]

有趣的是，在上述与刘知远相关的戏曲与民间讲唱作品中，讲述的却是两个方面的内容，一是刘知远从穷汉到皇帝奋斗过程，另一个则是刘知远与李三娘悲欢离合的婚恋故事。而后者，在《残唐五代史演义传》中述之甚微，成为刘知远故事的又一系列。

三

关于刘知远与李三娘的故事，史书中记载颇为简略。《旧五代史》谓："高祖皇后李氏，晋阳人也。高祖微时，尝牧马于晋阳别墅，因夜入其家，劫而取之，及高祖领藩镇，累封魏国夫人。……天福十二年册为皇后。"（《汉书·后妃列传》）[45]《新五代史》的说法基本一致："高祖皇后李氏，晋阳人也，其父为农。高祖少为军卒，牧马晋阳，夜入其家劫取之。高祖已贵，封魏国夫人，生隐帝。……高祖即位，立为皇后。"（《汉家人传》）[46]

综合二传所述，有几个要点：第一，李皇后出身晋阳农家；第二，刘知远微时为军卒，在李氏家附近牧马；第三，刘知远入李氏家抢劫而娶之；第四，刘知远发达后，先封李氏为魏国夫人，后封其为皇后；第五，在新旧《五代史》中，于刘知远、李氏之间，均无另一个女人岳氏的记载。

然而，就是这么一个军卒强娶农家女后来又贵为皇后的故事，在此后的俗文学中被写得五彩缤纷，甚至成为一个"俗典"。

首先来看《五代史平话·汉史平话》，在这个讲史话本的目录中，涉及刘知远、李三娘故事的条目如下："刘知远借宿李长者庄上，李敬儒得异梦，李敬儒收刘知远养马，见刘知远有异相，李敬儒招刘知远为女婿，知远被两舅潺僽，刘知远去太原投军，……刘知远为北京留守，军卒报刘承义娘子消息，刘知远自到孟石村探妻，知远装作打草人，刘知远见李敬业，知远见三娘子，知远赶回行司，知远统军到孟石村，知远坐李长者厅上，唤三娘子拜受夫人宣命，知远责骂两舅，要斩两舅李洪信洪义，洪信兄弟得叔父救免，知远带取夫人回府。"[47]这些条目是经过笔者筛选而得出来的，是有意而为之。有趣的是，大体与《五代史平话》同时的金代作品《刘知远诸宫调》残卷，却由"历史"做了一个选择。这部唱本残存的部分恰恰就是刘知远与李三娘故事："知远走慕家庄沙陀村入舍第一，知远别三娘太原投军第二，知远充军三娘剪发生少主第三，知远探三娘与洪义厮打第十一，君臣兄弟子母夫妇团圆第十二。"[48]而《五代史平话》中的"李敬儒得异梦"和《刘知远诸宫调》中的相应传奇色彩情景的描写又特具异曲同工之妙："李敬

儒梦见甚底？梦见他门楼上有一条赤蛇，缠绕作一团，被敬儒将棒一驱，那赤蛇奋起头角，变成一条青龙，在雾露中露出两爪，吓得李长者大叫一声，魂梦忽觉。”（《五代史平话》）[49]“［商调·定风波］老儿离庄院，料他家中，须是豪强。……见槐影之间，紫雾红光。睹金龙戏宝珠，到移时由有景象，罩一人，鼻如雷，卧堰仰，万千福相。［尾］翁翁感叹少年郎，这人时下别无向当，久后是一个潜龙帝王。”（《刘知远诸宫调》）[50]如此，就将刘知远的发迹变泰蒙上了一层神秘的迷雾。这种描写，在稍后的南戏《白兔记》中也有表现：

远远望见卧牛冈边，一道火光，透入天门。莫非小的失火？待我观看。［下山虎］见一人高卧，见一人高卧，倒在蒿蓬。鼻息如雷振也，气如吐虹。我把两眼摩挲，觑他貌容，呀！原来是霸业图王一大雄。更有蛇穿窍定须显荣，振动山河鱼化龙。咳！自古道：草庐隐帝王，白屋出公卿。蛇穿五窍，五霸诸侯。蛇穿七窍，大贵人也。我家一洼之水，怎隐得真龙在家？眉头一皱，计上心来。我小女三娘，未曾婚配他人，趁此汉未发达之时，将女儿配为夫妇，后来光耀李家庄。（第六出“牧牛”）[51]

《白兔记》所述刘知远与李三娘故事与《五代史平话·汉史平话》的开头部分以及《刘知远诸宫调》残存部分有很大的相同之处，可见在宋元讲史话本、金代诸宫调和宋元南戏中这种同题材的作品颇为多见。但三部作品所叙故事还是有某些差别，其中最大的差别就是有没有“岳家父女”。《刘知远诸宫调》这一段恰巧缺佚，不好妄断。而《五代史平话》中的描写却是完整的，叙刘知远被两个舅子潺僽，不得已而从军，是“一直奔去太原府李横冲帐下”，后来又与“石敬瑭两个厮合结义，做个兄弟”，[52]然后逐步发达。但《白兔记》却写的是：“知远投军，卒发迹到边疆，得遇绣英岳氏，愿配与鸾凰。”[53]两者迥然不同。

刘知远与岳家父女的故事，在《白兔记》中是被大肆渲染的。尤其是岳绣英小姐“发现”并同情刘知远一段，更具传奇色彩。据《曲海总目提要》卷四《白兔》所叙，刘知远“往并州，投岳勋节度麾下为军。岳有女绣英，见知远徼巡，寒冻难忍，取一衣从楼上投与之，而误取勋锦袍。知远不知，以为天赐也。勋索衣不得，而军士见知远所衣，以告于勋。勋欲重罪之，见其有金龙护身之异，乃不加罪，而以为赘婿”。[54]且看岳绣英同情刘知远而高楼抛衣一段：

（小旦）喝号三更鼓，声音似龙虎。款款推窗看，只见紫雾红光护。前生做人做人修不足，今世里罚令你受劳碌。好苦！倒跌倩谁扶？未审家乡，家乡在何所？奴家有恤孤念寡之心，见他身上寒冷，我爹穿不了的旧衣，撇一件与他遮寒。天上人间，方便第一。（小旦下）（第十七出“巡更”）[55]

这样的关目，在《五代史平话》中没有，不料在根据《五代史平话》发展而成的《残唐五代史演义传》第二十七回中却被改造为一个很生动的场面，而且占了不小的篇幅：

> 时彦真一女名曰玉英，与一使女乘夜出院步月。忽然望见营内红光一道，闪烁耀目，二人疑为火发。近前视之，乃一将士熟睡于此，果然红光罩体，鼾声如雷。二人吃了一惊，急忙转归私宅来，告知其父。父曰："待我自去看他。"视之，果是知远。数日战倦，故此熟睡。"向来累有异能，真帝王气象。今夜之事，只你我知之，不可漏泄。"是夜各自安歇。次日彦真备酒，请知远贺功。酒至半酣，彦真曰："今日此酒专为足下而设，某有一事，今以实告。累蒙足下建功，无以补报，某有一女，名曰玉英，年方二八，愿与足下为妻，意下如何？"知远曰："某乃一小卒，大人乃朝廷元臣，以令爱而配末卒，正所谓贵贱不伴，某安敢望此？"彦真曰："今敌朱温逆贼，别无英雄，惟足下耳！某等之命，皆赖足下，望乞勿辞。"知远跪谢曰："诚如此，愿当犬马之报。"彦真大喜，唤女玉英与知远当日成亲。[56]

《残唐五代史演义传》不仅将故事中的女主角岳绣英改为岳玉英，更重要的是删掉了由"误会法"形成的"高楼抛衣"事件，并将其改造为另一种"误会"，岳小姐误以为起火而其实是刘知远睡着后红光罩体。其实，稍微细心一点考察，我们就可以发现，这是将李三娘的故事移植到岳玉英身上。因为《残唐五代史演义传》中并未涉及李三娘故事，但那个红光罩体的故事又确实很吸引人，于是，小说作者就移花接木，来了一番艺术处理。由此看来，《残唐五代史演义传》的故事叙述并非仅仅依靠历史资料如新旧《五代史》，或者只是源自《五代史平话》这样的讲史话本，对于像《白兔记》这种活跃在舞台上的戏曲作品，作者也是经常投之以青目的。这大概也算得上是《残唐五代史演义传》的一种艺术性的"承前"吧。

相比较而言，南戏《白兔记》描写的刘知远故事较之讲史话本《五代史平话》更野、更俗、更具传奇性，例如下面这一段"刘知远杀鬼得宝"的描写：

> (鬼上)那里生人气？(生)我是村中好汉。(鬼)好汉好汉，生吃你一半，死吃你一半。(生)拿住妖精，一刀两段。(杀介。鬼下。生)业畜斗俺不过，放一道火光，径入地裂去了。待我掘开来看，却原来一块石皮。下面石匣里面，头盔衣甲，兵书宝剑。我刘知远喜的是兵书，明月之下观看则个。有几行字在上："此把宝刀，付与刘暠。五百年后，方显英豪。"刘知远前程有分了！（第十二出"看瓜"）[57]

这样的片段，在《五代史平话》中没有看到。但这种英雄战妖精而得宝贝的描写对后代章回小说尤其是英雄传奇小说和武侠小说却产生了巨大影响。那么，这样的描写在《残唐五代史演义传》中是否存在呢？答案是否定的。因为这是一部历史演义小说，对神奇怪异的描写尽量避免，除非在万不得已的时候才偶尔露峥嵘，写那么一点点。

刘知远的故事，在《残唐五代史演义传》之后，还有不少俗文学作品涉及，上面我们已经提到过一些戏曲和民间讲唱作品，下面再举两个将刘知远作为“俗典”运用的例证：

> （旦）我看了又看，分明是虎，却不知怎的向后是人。娘，我想来当初汉高祖在芒砀山中，所居之地，有云气在上；刘知远微时，五色蛇钻他七窍。帝王将相，俱有灵异。（明·张四维《双烈记》第十二出“就婚”）[58]

> 当时晋齐帝，名重贵，禅位与后汉高祖刘知远为帝。其时，国家多乱，四方反侧尚多。知远既殂，其子承祐为隐皇帝，即了天位。……这隐皇帝原是其母李氏所生，乳名唤做咬脐的便是。（《二刻醒世恒言》第三回“九烈君广施柳汁”）[59]

上一例中的“旦”扮演的是巾帼英雄梁红玉，她所看到的现身为虎之人乃韩世忠，这里用了两个“俗典”来比拟韩世忠，一是汉高祖刘邦，另一个就是后汉高祖刘知远，而三者之间最大的共同点就是“帝王将相，俱有灵异”。下一例的发言者是“九烈君”，他是一位掌管文人命运的神灵，据小说作者所言：“儒生的禄籍，都是梓潼神所掌，还有一位九烈君，识人善恶。有那文齐福齐的，这九烈君用绿柳之汁，染他衣上，这人就得脱白换绿，中了高第；若不遇得这九烈君用柳汁染衣，任你才华，终身不得一荣显哩。”[60]言语之中，也将刘知远、李三娘、咬脐郎作为俗典引用。

综上所述，根据现有的资料，刘知远生平事迹在通俗文学中形成了三个“故事株”：《五代史平话》《白兔记》和《残唐五代史演义传》，且三者之间的故事互有交叉。相比较而言，《五代史平话》比较接近历史，《白兔记》更为“稗野”一些，而《残唐五代史演义传》在两者之间各有取舍，最终成为刘知远故事的集大成之作。同时，这三个故事株或共同或各自，又都对其后通俗文学中刘知远故事的叙写产生了不同程度的影响。从这个意义上讲，《残唐五代史演义传》堪称刘知远传奇故事中一部重要的承前启后的通俗小说作品。

注释:

①《残唐五代史演义传》,宝文堂书店 1983 年版,第 221 页。

② 欧阳修撰《新五代史》,中华书局 1974 年版,第 100 页。

③ 薛居正等撰《旧五代史》,中华书局 1976 年版,第 1324—1325 页。

④ 欧阳修撰《文忠集》(《景印文渊阁四库全书》第 1102 册),台北商务印书馆 1964 年版,第 134—135 页。

⑤ 伊力主编《资治通鉴之通鉴:文白对照全译读通鉴论》,中州古籍出版社 1994 年版,第 1469 页。

⑥《残唐五代史演义传》,宝文堂书店 1983 年版,第 102 页。

⑦ 罗贯中《三国志通俗演义》,上海古籍出版社 1980 年版,第 4 页。

⑧ 罗贯中《三国志通俗演义》,上海古籍出版社 1980 年版,第 244 页。

⑨ 司马光编著,胡三省音注《资治通鉴》,中华书局 1956 年版,第 8850 页。

⑩ 薛居正等撰《旧五代史》,中华书局 1976 年版,第 1321—1322 页。

⑪ 欧阳修撰《新五代史》,中华书局 1974 年版,第 99 页。

⑫《新编五代史平话·汉史平话》(《宣和遗事等两种》),江苏古籍出版社 1993 年版,第 140—141 页。

⑬ 俞为民校注《宋元四大戏文读本》,江苏古籍出版社 1988 年版,第 188 页。

⑭《残唐五代史演义传》,宝文堂书店 1983 年版,第 106 页。

⑮ 冯梦龙编《喻世明言》,人民文学出版社 1958 年版,第 251—253 页。

⑯《新编五代史平话·汉史平话》(《宣和遗事等两种》),江苏古籍出版社 1993 年版,第 147—149 页。

⑰ 江左樵子《樵史通俗演义》,中州古籍出版社 1987 年版,第 226 页。

⑱ 俞为民校注《宋元四大戏文读本》,江苏古籍出版社 1988 年版,第 181 页。

⑲ 冯梦龙编《喻世明言》,人民文学出版社 1958 年版,第 253 页。

⑳《残唐五代史演义传》,宝文堂书店 1983 年版,第 208 页。

㉑《残唐五代史演义传》,宝文堂书店 1983 年版,第 103 页。

㉒《残唐五代史演义传》,宝文堂书店 1983 年版,第 110 页。

㉓ 薛居正等撰《旧五代史》,中华书局 1976 年版,第 1322 页。

㉔ 欧阳修撰《新五代史》,中华书局 1974 年版,第 99 页。

㉕《残唐五代史演义传》,宝文堂书店 1983 年版,第 186 页。

㉖《残唐五代史演义传》,宝文堂书店 1983 年版,第 202 页。

㉗《残唐五代史演义传》,宝文堂书店 1983 年版,第 216 页。

㉘ 薛居正等撰《旧五代史》,中华书局 1976 年版,第 1322 页。

㉙ 孔平仲原著,吴平译注《续世说》,东方出版中心 1996 年版,第 204 页。

㉚ 伊力主编《资治通鉴之通鉴:文白对照全译读通鉴论》,中州古籍出版社 1994 年版,第 1428—1429 页。

㉛ 司马光编著,胡三省音注《资治通鉴》,中华书局 1956 年版,第 9146 页。

㉜ 刘因《静修集》(《景印文渊阁四库全书》第 1198 册),台北商务印书馆 1964 年版,第

604 页。

㉝ 褚人获《坚瓠四集》(《笔记小说大观》第廿三编第八册),台北新兴书局有限公司1978 年版,第 4782—4783 页。

㉞ 薛居正等《旧五代史》,中华书局 1976 年版,第 1322 页。

㉟ 欧阳修《新五代史》,中华书局 1974 年版,第 99 页。

㊱ 朱一玄校点《明成化说唱词话丛刊》,中州古籍出版社 1997 年版,第 80 页。

㊲《残唐五代史演义传》,宝文堂书店 1983 年版,第 199 页。

㊳ 朱一玄校点《明成化说唱词话丛刊》,中州古籍出版社 1997 年版,第 86—87 页。

㊴ 庄一拂编著《古典戏曲存目汇考》,上海古籍出版社 1982 年版,第 132 页。

㊵ 庄一拂编著《古典戏曲存目汇考》,上海古籍出版社 1982 年版,第 297—298 页。

㊶ 庄一拂编著《古典戏曲存目汇考》,上海古籍出版社 1982 年版,第 958—959 页。

㊷ 胡士莹编《弹词宝卷书目》,上海古籍出版社 1981 年版,第 24 页。

㊸ 胡士莹编《弹词宝卷书目》,上海古籍出版社 1981 年版,第 111 页。

㊹ 陶君起编著《京剧剧目初探》,中国戏剧出版社 1963 年版,第 184 页。

㊺ 薛居正等《旧五代史》,中华书局 1976 年版,第 1381 页。

㊻ 欧阳修《新五代史》,中华书局 1974 年版,第 191 页。

㊼《新编五代史平话·汉史平话》(《宣和遗事等两种》),江苏古籍出版社 1993 年版,第133-135 页。

㊽ 蓝立蓂校注《刘知远诸宫调校注》,巴蜀书社 1989 年版,目次。

㊾《新编五代史平话·汉史平话》(《宣和遗事等两种》),江苏古籍出版社 1993 年版,第143 页。

㊿ 蓝立蓂校注《刘知远诸宫调校注》,巴蜀书社 1989 年版,第 9—10 页。

51 俞为民校注《宋元四大戏文读本》,江苏古籍出版社 1988 年版,第 195—196 页。

52《新编五代史平话·汉史平话》(《宣和遗事等两种》),江苏古籍出版社 1993 年版,第145 页。

53 俞为民校注《宋元四大戏文读本》,江苏古籍出版社 1988 年版,第 180 页。

54 黄文旸《曲海总目提要》,大东书局 1930 年版,卷四第 6 页。

55 俞为民校注《宋元四大戏文读本》,江苏古籍出版社 1988 年版,第 228 页。

56《残唐五代史演义传》,宝文堂书店 1983 年版,第 108—109 页。

57 俞为民校注《宋元四大戏文读本》,江苏古籍出版社 1988 年版,第 214—215 页。

58 张四维《双烈记》(《六十种曲》十),中华书局 1958 年新 1 版,第 32 页。

59 心远主人编次《二刻醒世恒言》(《古本小说集成》第二辑第 007 册),上海古籍出版社1992 年影印本,第 72—81 页。

60 心远主人编次《二刻醒世恒言》(《古本小说集成》第二辑第 007 册),上海古籍出版社1992 年影印本,第 71—72 页。

(作者工作单位:湖北师范大学文学院)

《隋唐志传》中的李白

蒋　志

2011年三晋出版社出版的《罗贯中全集》收集整理了罗贯中的全部著作，除代表杰作《三国演义》外，还有小说《隋唐两朝志传》《残唐五代史演义》《三遂平妖传》《粉妆楼》，剧本《赵太祖龙虎风云会》《忠正孝子连环谏》《三平章死哭蜚虎子》，等等。在《隋唐两朝志传》中的第九十九回最后两段和第一百回、一百一回专门写的李白。这是最早将李白的传说故事写成小说。之后冯梦龙在此基础上，扩写成《李谪仙醉草吓蛮书》，流传更为广泛。李白传说故事的演变过程值得研究。

一

在《隋唐两朝志传》（以下简称《隋唐志传》）第九十九回的后半部写唐玄宗正在与杨贵妃饮宴，忽报契丹国遣使，送来国书，玄宗宣翰林学士开读，皆鸟迹之书，无人识得。翰林学士贺内干举荐西川绵州人氏李白，“胸藏锦绣文章，笔写龙蛇鸟迹”，“文章盖世，提笔惊人，必识此书”。李白被召入朝。

第一百回写，李白开读国书，并愿代草诏书，要契丹拱手称臣，永不相犯。玄宗大喜，随令安排御宴，款待李白。李白在宴席上吟诗作赋，不觉大醉。玄宗亲为调醒酒羹。

接着写李白草答番书，杨国忠捧砚磨墨，高力士穿靴脱靴。李白一笔挥成答番书，并向来使宣读。使者惊得面如土色，暗思中华有如此奇才，表示不敢侵犯，拜辞而去。

玄宗欲封李白官职，李白推辞，不愿为官，但愿游览江湖，逍遥闲乐。玄宗赐金牌一面，逢场饮酒，遇库支钱。李白谢恩而出。玄宗带领文武百官，送李白出城，并互赠诗送别。李白回到故乡绵州。

第一百一回写李白在华阴倒骑骡，羞辱华阴徐知县。李白听说徐知县贪财好色，终日饮酒，不理民讼，便喝醉后，倒骑骡在县衙前往来游走，被徐知县抓进狱中。徐知县看了李白的供状，惊得面如土色，纳头便拜。李白痛斥其贪赃枉法的罪行。徐知县表示愿意悔改。

接着写玄宗思念李白,再次召入宫中,与之朝夕饮宴吟诗。

鲁迅先生的《中国小说史略》,中国科学院文学研究所编写的《中国文学史》,游国恩等先生主编的《中国文学史》,马积高、黄钧先生主编的《中国古代文学史》等,均记载《隋唐两朝史传》是元末明初著名的章回小说鼻祖、戏曲家罗贯中(1330—1400)创作的。该书最早的版本是明万历四十七年(1619)龚绍山刊本。原题"东原贯中罗本编辑西蜀升庵杨慎批评"。

沈伯俊先生在《〈隋唐志传〉非罗贯中所作》①一文考证,《隋唐志传》大量地、机械地抄袭《三国演义》,是万历年间刊刻时书商或其雇佣的浅薄文人假托罗贯中之名编写的。此文有理有据,值得重视。《隋唐志传》是否为罗贯中所作,还可商榷。不过,姑无论其作者是不是罗贯中,该书中写的有关李白的部分不是抄袭,应当是原创,是第一次将零星的李白传说铺写为小说。

该书中有关李白的部分,其历史价值是应肯定的。有学者认为冯梦龙的《警世通言》中的《李谪仙醉草吓蛮书》是最早将李白传说故事写成小说的,而事实上《隋唐志传》才是最早将李白传说故事写成小说。因为罗贯中生活于元末明初,而冯梦龙生活于明末清初(1574—1646)。《隋唐志传》比《警世通言》出书早。前者最早版本出现于万历年间,而后者的最初版本是天启甲子(1624)金陵兼善堂刊本。

二

《隋唐志传》中的第一百回写了李白醉草和番书、力士脱靴、赐金放归。第一百一回写了李白教训华阴县令。在此之前,唐宋文人的诗歌、笔记中曾经提到李白的这几件很值得称道的事。如中唐著名诗人张祜《梦李白》:"中人高力士,脱靴羞欲死。"晚唐李肇的《唐国史补》说李白"令高力士脱靴"。段成式《酉阳杂俎》说:"玄宗于便殿召见……白遂展足与高力士,曰去靴,力士头势,遽为脱之。"说明中晚唐时,已流传力士脱靴的故事。后来又采入了正史新、旧《唐书》的《李白传》中。李白教训华阴县令的事最早见于宋人刘斧《青琐高议》和谢维新《合璧事类》。而最早将这些故事收集整理,进行艺术加工,铺写成小说,还是《隋唐志传》。作者用他那生花妙笔,刻画人物的性格,展现具体场景,塑造出了才华横溢、藐视权贵、狂傲不羁的李白形象。既融汇了众多民间传说,又有更加理想化的润色,更能体现人们心目中的李白。随着小说《隋唐志传》的流传,李白的故事让更多的人知晓。应当说,李白出现在小说中在李白文化传播史上具有里程碑的意义。

比较《隋唐志传》中的第一百、一百一回与《警世通言》中的《李谪仙醉草吓

蛮书》(以下简称《醉草》)可以看出其继承关系。两者都写了醉草和番书、力士脱靴、赐金放归、教训华阴县令等故事,都歌颂了李白敢于藐视权贵、教训贪官、为民请命的精神。主要的故事情节相似。如李白之所以要高力士脱靴、杨国忠磨墨是因为李白参加科举考试,被杨国忠、高力士赶出考场。李白醉草吓蛮书,平息一场战争,得到唐玄宗的宠幸。不仅主要情节相似,还有些语言也相同,如写唐玄宗为李白设宴于金銮殿,“宫商韵奏,琴瑟声清。嫔妃斟酒,彩女传杯”。又如写赐金还山:“敕赐李白为天下无忧学士,逍遥落托秀才,逢坊吃酒,遇库支钱,府给千贯,县给五百贯。文武官员军民人等,有失敬者,以违诏论。”再如写李白在华阴的供状“杨太师当朝磨墨,高太尉对圣穿靴。天子殿前尚容吾走马,华阴县里到不许吾骑骡。”两者仅有个别字的变异。不过,《醉草》并非完全抄袭《隋唐志传》。两者故事虽相似,但有些情节差异还是很多。《隋唐志传》写李白的母亲是“绵竹县令贺知章家一使女名曰秀春”。《醉草》的可一主人眉批说:“旧小说谓李白为贺家婢出,得此正之。”可一主人曾见过的李白出身故事的旧小说应当是指年代较早的《隋唐志传》。李白出身于贺家婢完全是没有历史依据的虚构,在《醉草》中给以纠正,采用了李阳冰《草堂集序》的说法:凉武昭王李暠九世孙,其母梦长庚入怀而生。《隋唐志传》中说向唐玄宗推荐李白的是翰林学士贺内干,这是虚构的人物。《醉草》中说推荐者是贺知章,合符于历史真实。和番的对象《隋唐志传》说是契丹,《醉草》说是渤海国。和番书的内容都是宣扬大唐国威,义正辞严,斥责其无端挑衅,收到了不战而屈人之兵的效果。但两者的文风不同,《隋唐志传》基本上是骈体文,还在书后附律诗一首,更显示其文采。而《醉草》是文白夹杂,更通俗化。《隋唐志传》说李白写和番书后,拒绝封官,返回故乡,之后到华阴教训贪官。最后写玄宗再次召李白入宫,君臣饮酒和诗。《醉草》还写了李白救郭子仪、醉写《清平调》、高力士进谗言、漫游各地,最后在采石江边骑鲸升天,涵盖了李白从生至死完整的一生,而且更接近历史真实。从字数看《隋唐志传》有关李白故事用了 4462 字,而《醉草》用了 8390 字。《醉草》较之《隋唐志传》内容更丰富,描写更为细腻生动,塑造了一个神形兼备、栩栩如生的李白。因此,《醉草》的流传更为广泛,影响更为深远。笔者在李白故里江油民间收集到的李白传说故事:《力士脱靴》《义救郭子仪》《醉写清平调》《御赐金牌》《痛斥贪官》等,内容与情节基本上与《醉草》相似。如果说《隋唐志传》是李白文化传播史上第一个里程碑,《醉草》应当是第二个更高的里程碑。

有关李白的传说故事、小说与戏曲相互影响。据现在所知,早在元代就有《李太白贬夜郎》《李太白匹配金钱记》等 6 部戏曲作品。明清两代各有 10 部。[②]现存最早的戏曲是元代王伯成的《李太白贬夜郎》,展现李白杰出的才华和豪放不羁的性格,突出了李白与高力士、杨贵妃、安禄山的斗争。明代屠隆创作的《彩毫记》,以李白的诗笔贯穿全剧,表现了一个忠君爱国、刚正不阿、狂放不羁的李白。清代写李白的戏曲更多。其中经常上演的有京剧《金马门》,其内容大部取之于小说《醉草》。不仅在京剧中演李白,其他各地方剧种:川剧、秦腔、豫剧、汉剧、湘剧、徽剧、桂剧、粤剧、滇剧、昆曲、河北梆子、并州梆子等十多个剧种,都有以李白为题材的戏目。

改革开放以来,以李白为主题的小说、电视剧、戏剧不断出现。有关李白的戏曲,除改编原来的,还有新创作的,如京剧的《太白进京》,川剧的《诗酒长安》《峨眉山月》《坎坷太白》《太白下凡》。话剧《李白》曾在全国各地巡演,得到了很高的评价。以李白为主题的小说,有安旗的《李白传》、马昭的《醉卧长安》、李子龙的《残阳》等。特别是当代女作家王慧清的长篇小说《李白》,长达 75 万字,再版三次。她怀着李白家乡人对李白无限崇敬的感情,以浓墨重彩,酣畅淋漓的描绘了李白浩气磅礴、大起大落的传奇人生。歌颂了李白爱国爱民、刚正不阿、敢于与邪恶抗争的高贵品质。可以说是李白小说的集大成者。2001 年,文化部将这部小说作为珍贵礼品赠送给当时的法国总统、李白的崇拜者希拉克。从罗贯中《隋唐志传》中的第一篇李白小说到王慧清的长篇小说《李白》,经历了六百多年的历史,在这个过程中,李白的故事流传得愈来愈广泛,李白的光辉形象愈来愈深入人心。

三

千百年来,人们在崇敬李白、接受李白、传播李白、研究李白的过程中,形成了李白文化。[③]李白小说是李白文化的重要组成部分。罗贯中的《隋唐志传》与冯梦龙的《李谪仙醉草吓蛮书》,以及当代的王慧清的长篇小说《李白》,对传播李白文化起了很重要的作用。他们以李白传奇的一生为素材,进行艺术再创造,使李白形象更生动、更丰满、更高大,更符合人们的审美要求。李白自来是中国文人崇拜的偶像。李白敢于藐视权贵的傲骨,追求个性自由的精神,为中国文人所推崇。在封建专制制度禁锢下的知识分子,在内心深处有一种争取独立人格和抗衡权贵的愿望,而李白的精神,恰好代表了他们的愿望。"安能摧眉折腰事权贵,使我不得开心颜。"呼唤出了他们共同的心声,引起了内心的共鸣。广大民众之所以崇敬李白,主要是因为他具有人民大众所理想的各种美德。他任侠好义,扶危济困,蔑视权贵,笑傲王侯。一介布衣凭自己的勤奋和才华,"名动京师",让最高统治者皇帝"降辇步迎","御手调羹";使炙手可热的高力士脱靴,让贪官县令叩头认罪。读了描写李白这些传奇故事的小说可以使人们扬眉吐气,拍案叫好。

作为文艺形式的小说,不同于历史书籍,它允许艺术虚构。现在有些学者论证,高力士脱靴、郭李互救,并非历史的真实。特别是《隋唐志传》中说李白的母

亲是贺知章家一使女，李白写和番书后，拒绝封官，返回故乡，后来玄宗思念李白，再次召入宫中，这些显然不合符真实的历史。但这并不影响它的传播。这是因为虚构的这些情节是合符李白精神的。

何念龙先生提出了“三型李白”：“历史原型李白、诗艺造型李白、传说特型李白。”[④]原型李白是历史上真实的李白，诗艺造型李白是李白诗文中塑造的自我形象，传说特型李白是指千百年来文人学士笔下的李白。李白小说就是属于传说特型李白，既有历史真实，又有艺术加工，使李白形象更加生动传神，更加光彩夺目，更具有传播性。我们不必苛求，也不必拘泥于小说李白的某些情节是否合符历史真实的李白，而是看他塑造的李白形象是否合符李白的精神。李白自称“安能摧眉折腰事权贵，使我不得开心颜”。李阳冰《草堂集序》记载：“皇祖下诏，征就金马，降辇步迎，如见绮皓。以七宝床赐食，御手调羹以食之。”范传正《李公新墓碑》记载：“时公（李白）已被酔于翰苑中，乃命高将军（高力士）扶以登舟，优宠如是。”这些记载是很可靠的。既然皇帝亲手为李白调羹，命高力士扶侍李白上船，那让高力士脱靴，戏弄县令等故事，也是完全合符情理的，不能因李白诗中没有写这些事就否定其故事的真实性。

值得注意的是当前在网络传播中打着还原真实李白的旗号，歪曲李白形象，销解李白精神，将李白置于被嘲笑、被戏谑的尴尬处境。如《大话李白》《李白性事》《李白令人叫绝的马屁功》，等等，特别是《大唐第一古惑仔李白》先在网上广为传播。后又出版成书，标题特意加上“李白实录”，“表明这是一部学术著作，不是戏说”。在这本书中诗仙李白被改造成吃软饭、搞婚外情、一夜情、有恋足癖、打群架、混黑社会、在闹市拿刀砍人的古惑仔（广东一带的土语，指黑道上的混混、流氓）。在李白身上泼上一盆又一盆污水，说李白“拉帮结派……花很多钱组织黑社会”。“带着四川的一群古惑仔，跑到湖南横行霸道”。“吴指南很可能是和李白组织了一群四川的古惑仔，到了湖南，碰到当地的流氓，两组人为了斗鸡，或者为了抢美女，发生火并，结果吴指南被打死了。”……这完全是违背历史真实的胡编乱造。在当今信息时代，互联网传播面是相当广泛，影响是很大的，很容易被青少年迷恋，我们必须重视，坚决予以抵制。

习近平指出：“在有些作品中，有的调侃崇高、扭曲经典、颠覆历史，丑化人民群众和英雄人物；有的是非不分、善恶不辨、以丑为美，过度渲染社会阴暗面；有的搜奇猎艳、一味媚俗、低级趣味，把作品当作追逐利益的‘摇钱树’，当作感官刺激的‘摇头丸’；有的胡编乱写、粗制滥造、牵强附会，制造了一些文化‘垃圾’……凡此种种都警示我们，文艺不能在市场经济大潮中迷失方向，不能在为什么人的问题上发生偏差，否则文艺就没有生命力。”[⑤]

罗贯中《隋唐志传》中的李白，冯梦龙的《警世通言》中的《李谪仙醉草吓蛮书》，当代王慧清的长篇小说《李白》，都是正面宣扬李白精神，弘扬中华优秀传统文化，传播的是正能量，应当在广大读者中大力推广。

参考文献：

① 沈伯俊《〈隋唐两朝史传〉非罗贯中所作》，《明清小说研究》1997 年第 4 期。

② 朱玉麒《戏曲作品中的李白形象研究》，《千年诗魂 蜀道李白》，四川大学出版社 2003 年版。

③ 蒋志《李白与地域文化》，巴蜀书社 2011 年版。

④ 何念龙《李白文化现象论》，湖北人民出版社 2009 年版。

⑤ 习近平 2014 年 10 月，在文艺工作座谈会上讲话。

（作者工作单位：四川绵阳师范学院）

罗贯中《残唐五代史演义传》与欧阳修《新五代史》的传承关系

刘文传

在元末明初小说家罗贯中以前，记录和描写五代十国历史的主要著作有宋代人薛居正的《旧五代史》、欧阳修的《新五代史》、司马光《资治通鉴》中关于五代历史的章节和宋元间的市井话本《五代史平话》。而罗贯中的《残唐五代史演义传》的创作起点与欧阳修系统总结五代十国的历史教训及他著名的《三国演义》不同，走的是抛开较有史传意味的《五代史平话》的格局，有意识强化"瞽传诙谐之气"的路子，从而创造出了另一种历史演义的文体模式，包孕了可贵的探索精神。为与宋元市井讲说《五代史平话》的盛况相呼应，罗贯中根据欧阳修的《新五代史》创作的《残唐五代史演义传》，是藉以达到塑造时代英雄之目的。

一、罗贯中的正统观念与欧阳修的正统思想是一致的

五代史的格局与三国史不同：东汉后的魏、蜀、吴是时间相同，空间不同的鼎足三分，而唐末的梁、唐、晋、汉、周五代，却是时间不同而空间相同的先后承袭。加之当时的《五代史平话》所因袭的是欧阳修等人写的《五代史》正史格局，遂将一部完整作品分割为了五个独立的部分，使同一事件在不同卷帙中叙了又叙。如《梁史平话》已经说到了黄巢的失败，《唐史平话》又将黄巢的事情重说了一遍，给人以重复而不贯通的感觉。罗贯中不愿对这五个短命的朝代平均使用力量，更不愿将小说写成一连串人与事的偶然堆积，于是有意打破《五代史》各自孤立的状态，而以"残唐"—"保唐"的斗争为主线，将全书结构成有机的艺术整体。他将黄巢、朱温当作"残唐"的邪恶势力，而把李克用看作"保唐"的正面力量。以李唐政权为正统来组织素材并展开描写。正如第五回叙述郑畋对唐僖宗引街市童谣云："庚子年来日月枯，唐朝天下有如无。山中果木重重结，巢就鸦飞犯帝都。世上逆流三尺血，蜀中两见驻銮舆。若要太平无士马，除是阴山碧眼鹕。"

同时作者在书中还详细解释说:"'庚子年来日月枯',陛下立乾符元年,至乾符二年是庚子,我主又改为广明元年,'明'乃'日月'也,今岁失天下,岂不是'枯'矣?'唐朝天下有如无',即今黄巢在位,未知中兴如何,岂不是'有如无'也。'山中果木重重结',果字头有'三丝'乃为'巢'字,岂不是'重重结'也。'巢就鸦飞犯帝都',今黄巢入长安夺帝位,岂不是'犯帝都'也。'世上逆流三尺血',自黄巢作乱,顺者存,逆者亡,纵兵屠杀,流血成川,岂不是'三尺血'也。'蜀中两见驻銮舆',昔安禄山作叛,明皇蜀中避难,今日巢兵逼陛下,亦在蜀中避难,岂不是'蜀中两见驻銮舆'也。末此二句,'若要太平无士马,除是阴山碧眼鹏','碧眼鹏'即李鸦儿也。……'李鸦儿'就是李克用,因其黄睛绿珠,自号碧眼鹏,每出阵,有三万三千三百三十个铁甲军皆穿皂衣,号为鸦兵,群鸦入巢,巢必破矣。"

罗贯中的《残唐五代史演义传》虽有60回,但因他的兴趣不在对欧阳修等人的正史进行演绎,而是以"残唐"—"保唐"的主线展开情节,所以第三十五回方写到开平元年(907)朱温逼昭宗退位建后梁,篇幅已经过半;第四十三回写到同光元年(923)李存勖建唐,第五十回写到天福元年(936)石敬瑭灭唐建晋,由于在作者的观念中,李克用后人所建立的后唐,被视作大唐政权的延续,所以后唐的灭亡,无异于宣告大唐王朝的灭亡。在这条主线中,后汉、后周都成了"余事",故天福十二年(947)刘知远建汉,已是第五十八回;广顺元年(951)郭威建周,已是第五十九回;建隆元年(960)赵匡胤建宋,已是在第六十回,都是匆匆交代过去了事。罗贯中写到后唐,便没有耐心再创造出英雄来;连后汉高祖刘知远出世的故事都来不及加进去了。而刘知远的故事在同期话本《五代史评话》《刘知远诸宫调》《白兔记》中均有详叙。

后来周之标(建甫)先生在《点校〈残唐五代史传〉叙》时说:"残唐勋业,惟克用最著,下此,其嗣源乎?而乃艳称存孝。此不可解也。"周之标所"不解"的,只是将李存孝过分突出造成的功勋大小的颠倒,他没有想到罗贯中这样做,竟是对正史所做的反拨。《旧唐书》卷二十称:"太原军攻邢州,陷之,执其逆将李存孝,槛送太原,裂之。"《新唐书》卷十称:"河东将李存孝以邢州叛附于全忠。"《旧五代史》卷二十六称:"邢州李存孝叛,纳款于聚。李存信构之也。"《新五代史》卷四称:"李存孝以邢州叛。"皆于史可据,而罗贯中却全然不顾讲史的体例,在《残唐五代史演义传》中不仅为李存孝翻了案,而且还着力将在历史上未起重大作用的李存孝,写成一位叱咤风云的英雄,不惜将主要篇幅都让给了他,并进行了详细的描写和成功地塑造。

李存孝是在第十回"安敬思牧羊打虎"中登场的。小说先写晋王夜来飞虎入梦,次日游猎至飞虎山灵求峪,忽起一阵狂风,山坡中跃出一只斑斓猛虎,如水牛一般,晋王搭箭当弦,正中夹膀。其虎负痛跳过涧边,咬只羊食之。牧羊人正在

石上打睡，晋王令军士一齐叫喊，其人全然不动。忽有一羊窜过，惊醒其人，跳将起来，用手扭住虎项，那消数拳，其虎已死。晋王爱之，令众军士隔涧佯言："吾大王家养的虎随来游猎，汝何打死？"其人随即提起虎来，望对涧只一撩，撩过涧来。晋王令人唤至问询，其人曰："俺一生有母无父，固无姓氏。"遂自述出身故事道："吾母崔氏之女，年方二八，并未许配他人。时值艳阳天气，同班姊妹请母出游灵求峪，一来采野菜，二来游玩观景。行至皇陵，两旁列着八个石人，众姊妹相戏曰：'我等皆已适人。汝已及笄，尚未偕偶，今吾众人为汝保一丈夫，可乎？'母曰：'可。但不知保着何人？'众曰：'将此石人与你为夫，任你自择。'母曰：'烈女不择夫，择夫不烈女。'便将手持菜篮丢去，随石自接，结为夫妇。不想左边第二石人脖子上挂住篮儿，吾母向前抱之，呼曰：'石人石人，排行第二。汝为丈夫，吾心无异。'言罢各散，同众而归。当夜二更左侧，分明是石人，容貌了然，来与吾母成其夫妇，母遂怀孕。员外觉之，究问吾母与何人交媾，母以实告之。员外不信，随逐吾母出外，后在破窑过活。生吾七岁，沿门乞食，行至那坟边，见石人皆被推倒，头也打落了。是母教吾去捧头来安上，复旧如初，不差毫忽。母言安头为姓，遂取名安敬思。言罢大哭一场，回家自缢身死。我就将母尸与石人葬埋一处。我孤身无倚，令投邓万户家牧羊十年，人只叫吾为牧羊子也。"

据新、旧《五代史》本传记载，李存孝本姓安，名敬思，罗贯中遂据此为由头，编造出"石人为父，安头取姓。窑内为家，武艺异传"的故事，顿然添加了神异色彩。接着，在随后的第十一回"李晋王阅兵试箭"中，叙晋王将西凉州进贡好马赐予，并改名为李存孝，升做十三太保；又以第十二回"存孝打破石岭关"、第十四回"鸦观楼朱温赌带"、第十五回"存孝生擒孟绝海"、第十七回"李存孝力杀四将"、第十八回"存孝火烧永丰仓"的大量篇幅，叙述李存孝一日中杀耿彪、崔受、张龙、李虎四将，生擒孟绝海，大破葛存周一字长蛇阵，杀将五十余员、精兵四十余万，又单骑直接追入长安，真可谓"目无劲敌"。特别是写他带领一十八骑将校，追赶七天七夜，径直赶进长安城，尤为精彩。他望见长安城池，亦不晓是长安，回顾四将曰："这座城子却好，但不知是何府郡？"下令放火焚烧永丰仓后，忽然座下战马鼻流鲜血，正忙迫间，见灯光闪烁，人马无数簇拥着大将一员，李存孝见了那马，连夸数声好马："送马的来了！"夺了大齐皇帝御弟黄畦的骏马。黑夜寻不见长安门，便信马由缰，随马到得正阳门，黑暗之中不觉是皇城，只疑是长安城门开了，恰见黄巢在高处观望救火，便一箭射中黄巢平天冠，黄巢竟一时惊倒在地。这种由一连串误会构成的故事，充满了平话的趣味。然李存孝十八骑误入长安之事，亦非罗贯中之杜撰。《元史》卷一百六十一《刘整传》云：刘整沉毅有智谋，善骑射。金乱，入宋。隶荆湖制置使孟珙麾下。珙攻金信阳，刘整为前锋，夜纵骁勇十二人，渡堑登城，袭擒其守，"珙大惊，以为唐李存孝率十八骑拔洛阳"，今整所将更寡，而取信阳，乃书其旗曰"赛存孝"。可见早在金代灭亡(1234)

之前,“后唐李存孝率十八骑拔洛阳”(不是长安)的故事就在民间广为流传了。

二、对李存孝勇猛忠义形象的成功塑造

罗贯中为李存孝形象所定的基调,一是勇猛,二是忠义,二者紧密结合,互为表里。《旧五代史》卷五十三称其“骁勇冠绝”“未尝挫败”“元不克捷”,小说写李存孝之英勇善战,确有相当的历史根据。与此同时,罗贯中又竭力表现他的义和忠。力服王彦章之后,念他是个好汉,放他逃生,王彦章大哭道:“若存孝在世十年,我十年不出;存孝除非死了,我王彦章才敢出名。”他又爱惜高继思是个英雄,禀告晋王将其放回,高继思感动道:“你是有仁有义的好汉,吾到山东,誓不与人相持矣。”而李存孝的忠,从读者的眼光看原是清清楚楚的,却与蒙受的奇冤屡屡纠合在一起。先是邓天王定下反间计,假装存孝之兵去劫李嗣源营,晋王怒问李存孝“知罪”否,他误以为是责问自己之未曾救护,遂答应“知罪”。幸亏周德威及时劝谏,又在阵前套问出了邓天王的计谋,方使他躲过一劫。李存孝被封为沁州镇守后,康君立、李存信假传晋王“出姓”之命,要他竖起“安敬思”的旗号,以“别骨肉亲疏”。有勇无谋的李存孝果中其计,而此事又击中了李克用的心病,竟以五牛分尸的酷刑挣死了李存孝。小说写存孝大叫:“我得何罪,将五牛挣我?”声未绝,只见半空中现一金甲神人,道:“吾奉千佛牒文、玉皇敕旨,你原是上界铁石之精降临凡世,今日功行完满,取汝归天。若是迟缓,神人夺了你的座位。”存孝听后忖思:“既上天叫我,安敢不从?”遂叫军人:“这等如何挣得我死?除非是将剑割断我手足之筋,吾即死受。”当下五下里挣响一声,存孝身躯分为五块,遂成了摄人心魄的千古悲剧。

李存孝死后,小说又写了两段余渡以足之:一是第三十四回“梁兵劫夺勇南柩”,叙朱温遣尚让等领兵去灵求峪夺存孝灵柩,为王彦章所阻,曰:“汝等错矣!君子不念旧恶,人死不计旧怨。存孝亦是好汉,只因晋王恃酒误死,抢他尸首何益?不如引去见梁王,陈说和解之事。”一是第三十七回“宝鸡山存孝显圣”,叙晋王年老力衰,被王彦龙杀得大败而走。叫:“吾儿存孝,昔日汴梁赴会,汝曾救我,今吾死在须臾,汝何无灵?”言未绝,只见东南上一阵风,卷出两面飞虎旗,只见存孝一马当先,救了晋王。犹在云雾之中叫声老父:“儿与你相会一面,以完父子之情。梁兵自此势败,儿今辞别朝天去了。”晋王回头看时,只见风清月朗,不见了存孝,独有王彦龙死在地上,余众各散逃生。晋王放声大哭,叫数声吾儿,“死后还来救我一命!”对李存孝的颂歌,真是余音绕梁,挥之不去。

罗贯中的《残唐五代史演义传》一书,之所以对晋王李克用及李存孝以山西为舞台的活动的描写,在全书60回中占用了将近一半的篇幅,是因为李存孝是山西雁北人,在太原西南的风峪沟,至今有李存孝墓存留;从宋代开始,李存孝

这位风云一时的传奇人物的故事就在山西广泛流传，罗贯中原籍太原，从小生活在这样的社会环境之中，耳濡目染，接受了历史故事和民间传说的感染、熏陶，所以有《残唐五代史演义传》之作。此书在语言、情节和结构等方面与他的名著《三国演义》相比较，却显得粗疏简陋，据此推断，这可能是罗贯中创作的第一部长篇章回小说。但无论如何，《残唐五代史演义传》创造了有别于《三国演义》的另一种历史演义的文体模式，对于后世历史小说的创作，同样产生了巨大的影响，这是应当充分肯定的。

三、五代时期的大英雄李存孝

中国古代有两个顶级的勇猛大英雄，一个是秦朝末年的项羽，另一个是五代时期的李存孝。民间谚语中的"王不过霸，将不过李"，说的就是这两个人。意思是说，王侯级别的人再勇猛也超不过项羽，将帅级别的人再勇猛也超不过李存孝。可见都是顶极英雄人物。

项羽的事迹和故事已是家喻户晓，他少年举鼎，弱冠拔山，挥臂灭秦，功业盖世，西楚称霸，群雄拜伏，情断虞姬、乌江自刎，等等，各地官方和民间都以项羽故里、项羽战场、项羽遗迹、项羽传说无限自豪着。

李存孝的事迹和故事并不逊色，他少年打虎，弱冠为将，孤身拔城，百战无败，情重旧主，身遭分尸，功业比之项羽似有过之，命运也与项羽相似，似乎死得更惨。

项羽成名，得益于司马迁那支如椽巨笔，一是《史记》作为中国第一史书，史料翔实，文采绝冠，后人少疑，传播广泛。再是项羽以将帅之位名列本纪而与历代皇帝同列，也是全书一大看点。三是汉族之称起源于汉朝，刘邦项羽的故事作为楚汉相争的主线，主题鲜明简练，故事性强，登场主角加配角，也不过十几二十几人，易于记忆，多被传颂，鸿门宴等故事在当今也是教科书的内容。

李存孝的成名，则完全是自身创造的历史和传奇。五代之时，战场很多，主线繁杂，人物众多，国家与诸侯甚多，主题也不明确，史书记载的故事也较简练，王侯级主角就有上百人，个个重要，将帅级配角七八百人或过千人，也都有重要业绩，也都有关键的建树，也都是有功可陈。如此以来，研究表述五代历史就成为古代史中的一个难点，别说是现代的大众传播，就是现今文史界的专业学者，能厘清五代十国的历史线索、能详熟乱世中的各色人物的也不是太多。

虽然有此传播劣势，但诸多历史文献对五代史的记述，还是把李存孝作为顶级英雄加以称赞，如欧阳修、宋祁主编的《新唐书》，薛居正的《旧五代史》，欧阳修的《新五代史》，司马光的《资治通鉴》都有所记载。而演义小说、民间传说、戏曲故事之类的描述，特别是罗贯中《残唐五代史演义传》，则将李存孝写成了横贯古今、天下第一、空前绝后、亘古唯一的超级大英雄而使世人广为知晓。

四、史书记载中的李存孝

《新唐书·卷二百一十一·列传·第一百三十六》,《旧五代史·卷五十三·列传五·李存孝传》,《新五代史·卷三十六·义儿传·李存孝传》,《资治通鉴》卷二五七、二五八对李存孝的作战功绩都是推崇备至。

欧阳修等人的《新唐书·卷二百一十一·列传第一百三十六》中记载:“存孝,飞狐人,所谓安敬思者,善骑射,攻葛从周,败张浚、韩建,数有奇功。”

薛居正的《旧五代史》记载:“存孝每临大敌,被重铠櫜弓坐槊,仆人以二骑从,阵中易骑,轻捷如飞,独舞铁挝,挺身陷阵,万人辟易。”(辟易,就是退让、躲避、逃避、退避、逃跑。)

欧阳修《新五代史》记:“(李存孝)猿臂善射,身被重铠,櫜弓坐矟,手舞铁挝,出入阵中。以两骑自从,战酣易骑。上下如飞。”(櫜,囊也。《说文》解释为:“小而有底曰櫜,大而无底曰囊。”)

司马光《资治通鉴》记载:“存孝骁勇,克用军中皆莫及;常将骑兵为先锋,所向无敌,身被重铠,腰弓髀槊,独舞铁挝陷阵,万人辟易。每以二马自随,马稍乏,就阵中易之,出入如飞。”

上述史书的这四段记载都大致相同,都说:李存孝骁勇无比,猿臂善射,作战时,经常是身被重铠,腰带弓箭,槊防大腿,手舞铁挝冲阵,万人退避。而且身边总带着两匹马,战到酣处,马稍有疲惫,就换战马,且上下如飞。这是典型的孤胆英雄形象。

李存孝“常将骑兵为先锋,所向无敌,身被重铠,腰弓髀槊,独舞铁挝陷阵,万人辟易。”这与《史记》所载项羽“瞋目而叱之,赤泉侯人马(可能是一人一骑或赤泉侯及少数随从的人马,即使编队也不会超过20人)俱惊,(才)辟易数里”,比起李存孝“万人辟易”差得太多。虽然同为超级勇猛大英雄,溢美之词的差别可是很大的。

在五代时期还有个天下无敌的大将军,名叫王彦章,能在李存孝之后排上第二名。欧阳修在《新五代史》卷三十二记载:“彦章为人骁勇有力,能跣足履棘行百步。持一铁枪,骑而驰突,奋疾如飞,而他人莫能举也。军中号王铁枪。”

不过,这个可以排行天下第二的天下无敌大将军,在李存孝手下也走不了几个回合。野史中说,李存孝孤身引领十八骑就攻取百万人马把守的长安城,王彦章听传后不信,后来在寿章县淤泥河伏击李存孝,被李存孝一把抓住80斤重的浑铁篙,连人带篙扔出一百多步。王彦章拜服,发誓从此隐姓埋名不再出山,这在《残唐五代史演义》第二十二回“存孝力服王彦章”中有详细描述。直至李存

孝死后，王彦章才投奔朱温，战功卓著，确立下“天下无敌大将军”的威名。

李存孝和王彦章这样的武功和排名，对后世各种版本的《说唐》影响很大，把“天下无敌大将军”、武力排名天下第二的宇文成都像孩童般玩耍的李元霸，简直就是李存孝的缩影，也是李存孝力服王彦章的缩影。

而天下武功排名的说法，就开始于五代时期。从李存孝和王彦章排名开始，后世的演义小说、武侠小说，都把争夺天下武功第一的名位当作故事发端和吸引读者眼球的情节。以至于当代的各种排行榜，如财富排行榜、大学排行榜、唱片排行榜、读书排行榜，等等，都不过是滥觞于李存孝和王彦章故事排行而已。

十三太保的说法，也开始于五代时期。因李存孝名列李克用的十三太保：大太保李嗣源、二太保李嗣昭、三太保李存勖、四太保李存信、五太保李存进、六太保李嗣本、七太保李嗣恩、八太保李存璋、九太保李存审、十太保李存贤、十一太保史敬思、十二太保康君立、十三太保李存孝。这第十三名，让十三这个数字也有了灵气。在《说唐》中，天下武功排名后几位、李世民二十四位凌烟阁功臣排名最后一位的秦琼，当了杨林的第十三太保倍受恩宠不说，还成了《说唐》一书中的第一主角。

十八骑的说法，也开始于五代时期。因李存孝独领十八骑就攻取了百万人把守的长安城，武功震惊天下，成为后世武功卓绝的象征。以致现代武侠小说大作家金庸在《天龙八部》中把“燕云十八骑”描述成萧峰家族的杀手、护卫、勇悍、能战的武功卓绝的秘密组织。

总之，罗贯中继承和发扬光大了欧阳修、司马光等史学前辈的英雄情结，成功塑造了五代时期的英雄群体和一位超级大英雄，并对后世产生了深远的影响。

（作者工作单位：绵阳市三国演义学会）

《三国戏曲集成》的学术价值与文化意义

——以明代卷为例

杜贵晨

由著名学者胡士厚研究员主编的《三国戏曲集成》八部十二巨册,即将由复旦大学出版社隆重推出。这套编著由胡先生与卫绍生研究员等多位三国研究专家学者共同努力,历经数年完成,其在选题、选目、解题、校勘等诸多方面都精益求精,是近年来我国"三国学"和古代戏曲文献整理的重要成果,具有重要学术价值和现实文化意义,所以值得欢迎和祝贺!

胡士厚先生年过八旬,虽曾长期担任河南省文化界领导工作,但学者本色,未褪反增,几十年来,除组织参与大量国际国内学术活动之外,孜孜矻矻,勤于著述,论著良多。仅我先后得到他所赐赠的大作就有《花甲集》《古稀集》等多种,还知道先生有多种重要编著,都证明着先生是一位真正热爱和一直献身学术的老者,一位在政事与学术两界双有成就的可敬的老者。尤其是近年来,他在刘世德先生的支持下,与郑铁生教授等创办《罗学》辑刊,高标"罗(贯中)学"之帜,为海内外所知,更显示了一位老学者志在千里的精神。

胡先生治学领域宽广,但主要在古代小说戏曲方面。胡先生研究古代小说,对《三国演义》情有独钟,用力最勤,也成就最高,是改革开放以来新时期《三国演义》研究主要代表人物之一,受到学界同行广泛推重。近年本以为先生已届耄耋,可善刀而立矣,却不料又在三国戏曲的领域披荆斩棘,有此匠心独运、大刀阔斧的开拓。笔者有幸先睹此套书部分样本,拜读其《总序》《凡例》,浏览其《明代卷》,在为其厚重震惊和喜悦之余,也不由得对此书的学术价值与文化意义有初步的思考,大概有三个特点。

一、"三国学""罗学"研究的补白之作

古代小说研究中的"三国学"虽然未如"红学"的"闹热"非凡,但主要是作为《三国演义》研究的代名,也早为同好间所称了。但是,笔者认为,严格语义上的

“三国学”还应该包括“三国史”的研究，是文史合一的课题；即使只从文学上说，“三国学”在“罗（贯中）学”之内，也还包括了三国戏曲的研究，却向来很少人注意，更没有人顷大力做三国戏曲的研究，包括资料的搜集整理汇编等。因此，在傅惜华先生编《水浒戏曲集》出版三十多年后的今天，“三国学”“罗学”的领域里，作为重要内容的三国戏曲研究，在三国戏曲研究中作为基础的三国戏曲的汇集，还是一个空白，就很不应该了。然而，这既不是每一位三国学者都能注意、重视和得心应手的，也还因为一般说此非一人可成之事，要有团队的合作才能更好实行，从而空白至今又不是没有理由的。所以我想这件事可能正是要等着胡先生这样的学者来做。原因也很简单，即他有长期从事戏曲研究的兴趣，能移注于“三国学”发现这一课题，他在古代小说、戏曲等方面的学识功底可以做好这看似容易而实际繁难的工作，他有如与卫绍生等优秀学者长期合作的团队基础。有此三个优势，加以有关方面的支持，天时、地利、人和，胡先生和他的团队便非常漂亮地完成了这套大书的编纂。从此人间“三国学”“罗学”研究，得以补上这久缺待补的基础的一角，诚所谓功在当代，利在千秋，我谨随喜赞叹焉！

二、煌煌巨编，科学而严谨

《三国戏曲集成》之前没有类似的汇编，完全是一套平地起高楼的编纂，既是个大活，更是个细活，而且因为是个细活，就更是个大活。如今已经有了样本，看来这个大活的成品非常漂亮。我初步的观察，其在编纂上的特点，第一，是资料搜集完备，举凡古代今存全部和现当代至2014年前新编、创作之有关三国的优秀剧本都囊括在内，是名副其实的“三国戏曲集成”，我国古今三国戏曲的宝库！此书正式出版问世以后，读者无论阅读或查证有关三国戏曲，尽可以从本书得到基本的解决，其将于有关方面带来的好处自不待言，更是提供了古今、各地、各种各式三国戏比较研究的方便，成为三国戏搬演、改编、阅读、研究等第一必备之文献，并会反过来吸引更多学者关注三国戏，推动三国戏，进而推动“三国学”的发展。第二，编纂得体，检阅方便。这体现于全编既按元、明、清、现、当代之时代的先后为序立卷，又尊重实际，单立《山西地方戏卷》；又于各时代卷中以剧种之不同分编，每编以“今存剧本”“今存残本”“今存剧目”等以类相从，全编形成框架合理，线索分明，照顾重点，秩序井然的特点。就全书编纂之精当而言，既有论著所求严谨之致，又合辞书必当明析之则。其体例看似易成，实属难为，非精于宏观把握者莫办。第三，《凡例》精当，全书各卷汇集剧本的校理都严格遵循，一以贯之，萧规曹随，不越雷池一步，保证了全书内容的可靠与风格的一致，是较大型资料汇编一个成功的范例。

三、概论周至,校勘精慎

《三国戏曲集成》虽为编纂,但具体操作却需要宏观上的视野、理论上的高度、鉴赏的能力、考据的功底,以及准确细致扎实的文笔功夫。在这些方面,有关作者都做出了极大的努力和应有的贡献。如《总论》所显示宏观把握的编纂原则与高度,《凡例》的具体细致,面面俱到;各剧解题的要言不烦,简当精准等,可以见出作者一丝不苟的认真程度,更可以见出作者治学的功力与学养。

以上三点,除涉及宏观者外,都是我从浏览青年学者杨波所承担本套书之《明代卷》得到的具体感受。仍有未尽者,是我从这《明代卷》领教了杨波研究员对明代三国戏曲的倾心、高见与文献研究上的实力之外,还感觉她一定在这项工作中也得到了许多,特此祝贺她的新成就!

当然,虽然几乎所有的书都不可能是完美的,《三国戏曲集成》问世后也会在读者严格的目光审核下暴露某些不足之处,但是面对学术上的新生事物,我更愿意首先送上热烈的欢迎与赞美。祝愿胡先生健康长寿!感谢《三国戏曲集成》编纂团队的精品奉献,愿这个优秀的学术团队有新的诗与远方!

2018 年 3 月 30 日星期五急就于泉城历下

(作者工作单位:山东师范大学文学院)

清代花部三国戏简论

卫绍生

清代乾隆年间花部的兴起，是中国戏曲史上一次重大的变革，拉开了“花部”与“雅部”争艳的大幕，极大地促进了传统戏曲在民间的普及与发展。李斗《扬州画舫录》对乾隆年间两淮花部和雅部的发展情况作过这样的描述：“两淮盐务，例蓄花雅两部，以备大戏。雅部即昆山腔，花部为京腔、秦腔、弋阳腔、梆子腔、罗罗腔、二簧调，统谓之乱弹。”①所谓花部，实际上是指除昆山腔之外的各种地方戏曲，兴起于乾隆年间，兴盛于嘉庆、道光年间，道光之后，其势头远超以昆曲为代表的雅部，成为百姓日常娱乐的重要形式。花部三国戏就是这一时期兴起并逐步走向兴盛的。三国戏伴随着花部的流行而在民间广为流传，并进而成为花部的一道靓丽风景。

一、花部三国戏的创作情况

宋元以后，由于《三分事略》《三国志评话》《三国演义》以及元杂剧三国戏的流传和影响，三国故事在民间具有很高的知名度和影响力，对清代花部创作产生了重要影响，三国故事因此而成为戏曲创作的重要素材，并直接促成了花部三国戏的大量出现。

敷衍三国故事是中国古代戏曲的传统。从宋元开始，三国题材就受到了戏剧作家的关注，见诸记载的宋元戏文有三国戏 6 种。到了元代，“三国戏”在元杂剧中占了较大比重，有 45 种之多，其中写刘关张和蜀汉故事的有 30 种，占了元杂剧三国戏总数的三分之二。②三国故事为戏曲作家所喜爱，为广大观众所喜爱，是中国戏曲史上不争的事实。这种现象不仅一直延续下来，而且在清代发展到极致，出现了大量的花部三国戏。乾隆朝宫廷大戏《鼎峙春秋》主要就是敷衍三国故事，该剧长达 240 出，常常是一演就是一年，年头到年尾，天天都是三国戏。但宫廷大戏是为帝王将相和后宫嫔妃们演出的，寻常百姓无法一饱眼福。于是，花部三国戏也就仿照《鼎峙春秋》的样子，把百姓喜爱的三国故事搬上舞台，让三国戏走出了清宫，走进了民间，赢得了广大观众的喜爱。

清代三国戏大抵可以分为雅部和花部两大类。据南枝《〈中国三国戏曲集〉编目（上）》记载，清代花部以外的三国戏，以杂剧、传奇和昆曲为主，其中杂剧6种，传奇20种，[③]昆曲39种，[④]总计共有三国戏65种。而在昆弋腔基础上发展起来的各种地方剧种，如京腔、秦腔、楚曲、梆子腔、罗罗腔、二簧调等被称之为“花部”或“乱弹”的地方戏，都对三国故事表现出很高的热情，三国戏遍地开花，剧种剧目繁多，影响也颇为深远。据金登才《清代花部戏研究》统计，清代花部共计590种，[⑤]总量不可谓不多。但这显然还不是清代花部的全部。如果要对清代花部三国戏做出一个准确的统计，是十分困难的，这不仅因为清代花部剧种繁多，而且因为三国戏大多是各种戏班的演出本，很多是口口传授，有的只有一个剧情梗概或提纲，有的只是用工尺谱记载的主要唱腔唱词，没有完整的剧本。现今所见到的部分花部三国戏，就是十分简单的剧本。但更多的是有剧目而无剧本流传，有剧本存世者只是其中很小一部分。

花部剧种繁多，但其腔调主要有京腔、秦腔、吹腔、楚曲、梆子腔、弦索腔、罗罗腔、二簧调和西皮调。这些腔调后来发展成为京剧、秦腔、楚剧、黄梅戏、豫剧等地方戏，影响遍及大江南北。每一个剧种都有一些三国戏，其中三国戏剧目较多的剧种，主要有京剧、川剧、豫剧、秦腔、湘剧、蒲剧、晋剧等。自乾隆五十五年（1790）徽班三庆班进京，至道光年间京剧正式形成，产生的京剧三国戏多达511种；其他主要剧种，如川剧有三国戏142种，湘剧92种，蒲剧88种，秦腔85种，豫剧79种。[⑥]如果做一下调查，地方戏中的三国戏将是一个非常可观的数字。这些三国戏，大多是由一些知名戏班演出，如三庆班、四喜班、和春班、春台班等四大徽班，宜庆、集庆、萃庆、永庆等京剧名班，祥发、联升、福兴等楚剧名班。据《春台班戏目》记载，四大徽班之一的春台班演出的三国戏有《温明园》《陈宫记》《盘河战》《赐环》《战濮阳》《辕门射戟》《白门楼》《击鼓骂曹》《金锁阵》《荐诸葛》《长坂坡》《汉津口》《群英会》《赤壁记》《华容道》《黄鹤楼》《柴桑口》《斩马腾》《反西凉》《战渭南》《西川图》《冀州城》《战历城》《葭萌关》《献成都》《百寿图》《瓦口关》《定军山》《阳平关》《收庞德》《战山》《受禅台》《兴汉图》《造白袍》《伐东吴》《白帝城》《祭江》《英雄志》《渡泸江》《凤鸣关》《天水关》《骂王朗》《失街亭》《斩马谡》《陇上麦》《葫芦峪》等46种；另据《庆升平班戏目》记载，仅清道光年间，庆升平班演出的三国戏就有《陈宫记》《虎牢关》《盘河战》《借赵云》《战濮阳》《夺小沛》《凤凰台》《白门楼》《许田射鹿》《闻雷失箸》《马跳檀溪》《博望坡》《长坂坡》《舌战群儒》《临江会》《群英会》《借箭打盖》《祭东风》《华容道》《取南郡》《取桂阳》《取长沙》《战合肥》《龙凤呈祥》《柴桑口》《反西凉》《战渭南》《截江救主》《取雒城》《冀州城》《葭萌关》《献成都》《瓦口关》《定军山》《阳平关》《伐东吴》《白帝城》《英雄志》《渡泸江》《凤鸣关》《天水关》《失街亭》《五丈原》《铁笼山》等44种之多。[⑦]一个戏班在一个时期之内竟有如此之多的三国戏剧目，不难

看出三国戏在当时是多么流行，多么深受民众欢迎。

从春台班和庆升平班演出的三国戏来看，剔除重复的剧目，两个戏班演出的三国戏达 68 种之多。但是，与已知三国戏剧目相比，花部三国戏存本却较为有限。即使如此，花部三国戏的存本还是要比雅部三国戏的存本多得多。仅以收录在《故宫珍本丛刊》《清宫升平署档案集成》《清车王府藏曲本》中的存本三国戏而论，花部三国戏就超过了百种。其中仅清车王府藏曲本就收有乱弹 81种，高腔 7 种；而《京都三庆班京调全集》《梨园集成》《汪笑浓戏曲集》及萧长华藏本等则载有京剧 32 种，总数仅是车王府藏曲本的三分之一。花雅相加已达 120 种之多，约占花部三国戏总数的五分之一。由此不难看出，当时花部三国戏的演出是多么繁荣了。当然，这还不包括其他地方戏曲中的众多三国戏。所以，无论从三国戏剧目，还是从现有三国戏存本来看，在清代三国戏的花雅之争中，花部明显占据上风，并形成了百花齐放的局面。

二、花部三国戏的主要特色

与元明杂剧、传奇中的三国戏相比较，清代花部三国戏题材更丰富，内容更广泛，剧种更多样，特色更鲜明。

其一，从花部三国戏演绎的故事内容来看，自元代以来形成的以演绎诸葛亮、刘备、关羽、张飞为代表的刘备集团故事为主的倾向得以保持。仅以《车王府藏曲本》所收 81 种花部三国戏而论，写刘关张和蜀汉故事的三国戏多达 47 种，占了总数的二分之一强。金登才《清代花部戏研究》著录三国戏 85 种，其中与刘关张和蜀汉故事有关的多达 56 种，约占全部三国戏的百分之六十六。[8]之所以会出现这种现象，其原因主要有以下三点：第一，是受自东晋习凿齿以来的蜀汉正统观念的影响。陈寿是西晋人，晋承袭曹魏基业，故其所著《三国志》以曹魏为正统；东晋习凿齿作《汉晋春秋》，以为蜀汉上承刘汉，于是以蜀汉为正统，其实乃是因为东晋偏安，与蜀汉相似，以蜀汉为正统，则东晋正统名正言顺，北方诸朝代自然被视为僭越。此后，曹魏正统和蜀汉正统之争一直持续间断。到了宋代，司马光作《资治通鉴》，远绍陈寿之规，以曹魏为正统；南宋朱熹所著《资治通鉴纲目》，则承袭习凿齿之论，在汉献帝被废的第二年，就大书“昭烈皇帝章武元年”，[9]则是以蜀汉为正统。由于朱熹《资治通鉴纲目》深得后人推崇，朱子之学广有影响，蜀汉正统渐入人心。既然刘备代表的是正统，其在三国戏中占有主导地位也就是自然而然的事情了。第二，是《三国演义》的广泛影响。《三国演义》问世之后，很快成为坊间流行之书，而《三国演义》则是远承习凿齿、近袭朱晦庵，表现出非常明显的尊刘抑曹倾向，所以，大量篇幅用于刘备和蜀汉一方，而曹魏和孙吴则居于事实上的陪衬地位。三国戏既受《三国演义》的影响，自然也是以演绎刘备和蜀汉一方的剧目为多。第三,是沿袭了自元杂剧以来三国戏多以演绎刘备和蜀汉故事为主的传统。清代之前的三国戏,包括元杂剧和明代传奇,三国戏都占有相当的分量。清代花部继承了这样一种传统,并将其发扬光大,形成了清代三国戏繁荣的局面。

其二,从三国戏的思想倾向来看,清代花部三国戏继承了自东晋习凿齿以来的尊刘抑曹传统,以刘备和蜀汉为正统。如果说演绎刘关张和蜀汉故事的三国戏在清代花部中占有较大比重,仅仅说明了三国戏表现的主要内容倾向于蜀汉的话,那么,这些三国戏表现出来的尊刘抑曹倾向,则表明了剧作者鲜明的思想倾向和情感归属。结合花部三国戏可以看出,只要是涉及刘关张和蜀汉政权,剧作都要给予褒扬;而涉及曹魏,尤其是曹操及其属下谋臣武将,剧作就要进行贬抑。如《车王府藏曲本》中的《挡曹》,写曹操赤壁大战后败走华容道,与埋伏在华容道的关羽相遇。曹操一上场就是长吁短叹:“眼流泪手捶胸口怨苍天,在中原领人马八十三万,实指望扫东吴要夺江南。又谁知小周郎谋略广远,诸葛亮那妖道诡计多端。黄公覆他把那苦肉计献,蒋子义引庞统来献连环。我只说四九天东风少见,又谁知诸葛亮力能回天,烧得我众兵将头焦肉烂,只剩下十八骑好不惨然。”此时的曹操好似战败的鹌鹑斗败的鸡,垂头丧气,霸气全无。闻报华容道有兵埋伏时,曹操手下的猛将张辽、许褚也都是败军之将不敢言战,连说“战不得了”“杀不得了”,全不见往日的英雄豪气。这样一种表现,与往日的张辽、许褚判若两人。这是作者有意识地这样写,以此来贬抑曹操。而对于关羽,则是大力褒扬,不仅着力突出他的英雄豪气和一身正气,而且通过关羽之口,累数曹操罪状,对曹操进行严词斥责:“非是我忘却了云阳哀报,因为你这奸曹罪恶难逃!在许田射鹿时把君欺了,挟天子令诸侯势压群僚。逼死了董贵妃其罪非小,害董承斩马腾要夺汉朝。恨不得将奸曹剥皮揎草,向前来试一试偃月钢刀!”不仅如此,剧本还着力表现了关羽义薄云天的一面,他念当初对曹操的许诺,但又不好违背军令,心中十分矛盾:“往日里杀人不眨眼,铁打心肠也未然。背地我把诸葛怨,思前想后悔是难。杀也难,放也难,实实难坏关美髯。叫三军摆开了一字长蛇阵,簇旗呐喊放了奸曹回中原。”关羽感念曹操旧情,最终还是不顾与诸葛亮订立的军令状,放了曹操。剧本通过关羽与曹操的独唱、对白、对唱,一扬一抑,鲜明地表现出尊刘抑曹的思想倾向。

其三,从戏曲角色设计来看,出现在花部三国戏中的刘备一方的主要人物多是生、旦、末等正面角色,而曹操一方的主要人物则多是净、副、丑等角色。如《草船借箭》,旦扮周瑜,生扮孔明,末扮鲁肃,外扮黄盖,净扮曹操,丑扮曹操传令官;《失街亭》中,生扮孔明,小生扮马谡,净扮司马懿,花扮张郃;《空城计》中,生扮孔明,净扮司马懿;《西川图》人物较为复杂,曹操一方是净扮曹操,外扮杨修,小生扮曹洪,副扮徐晃,花扮李典,丑扮乐进、李华;刘备一方则是生扮孔

明，老扮庞统，小生扮赵云，刘备等人则是径以姓称，关羽既以姓称，又作净扮。至于张松，入许都见曹操为末扮，入荆州见刘备则以生扮。花部三国戏与其他戏曲一样，重要角色都是由生扮或旦扮，较为重要的角色由末扮，至于净、副、丑等角色，则是次要角色。刘备、诸葛亮、赵云等人物，在三国戏中经常是以生、末等角色扮演。这种角色设计不仅明显地分出主次，而且突出了刘备代表的蜀汉政权，与传统的尊刘抑曹思想倾向相呼应。

其四，与元明三国戏相比，花部三国戏的内容更为丰富，几乎涉及三国题材的方方面面，《三国演义》和《鼎峙春秋》敷衍的三国故事，在花部三国戏中几乎都有表现。从汉末之乱的黄巾起义开始，到诸侯纷争、汉献帝都许，再到曹操平定北方、刘备占据荆州、孙权割据江东、赤壁之战奠定三分局面，再到曹操称霸北方、刘备入主西蜀、孙权雄踞江东，直到最后三国归一统、西晋统一中国，中国社会经历了一个由合到分、又由分到合的历史轮回。这些历史史实和流传于民间的三国故事，花部三国戏都有表现。如写黄巾之乱的《前出劫》，写刘关张桃园结义的《桃园结义》；写诸侯之乱的有《温明园》《虎牢关》《战濮阳》《盘河战》《辕门射戟》《神亭岭》《下邳城》等；写关羽的有《辞曹》《挑袍》《过五关》《挡曹交令》等；写诸葛亮的有《三顾茅庐》《草船借箭》《祭风台》《三气周瑜》《柴桑口》《空城计》《斩马谡》《葫芦峪》《五丈原》等；写赤壁之战的有《舌战群儒》《群英会》《盗书》《苦肉计》《连环计》《华容道》等；写刘备伐吴的有《造白袍》《小桃园》《伐东吴》《抱灵牌》《连营寨》《白帝城》等；值得注意的是，花部三国戏不像宫廷大戏《鼎峙春秋》那样对诸葛亮七擒孟获浓墨重彩进行描绘，而仅有《祭泸江》一个折子戏。这究竟是花部三国戏的本来面目，还是七擒孟获的剧目没有流传下来，很值得探究。

三、花部三国戏的著录与版本

在中国古代，戏曲小说属于不登大雅之堂的作品。同时，由于戏曲小说较为注重描写和表现世俗生活，而其中难免会有一些不入统治者“法眼”的东西，甚至有一些所谓的“诲淫诲盗”内容，因而常常遭到禁毁。也许正是因此，历代书目类著作在著录各种文献时，重在著录经史子集，而很少著录戏曲小说。中国戏曲研究院编辑的《中国古典戏曲论著集成》收录古典戏曲论著 48 种，属于曲目类的有 《录鬼簿》《录鬼簿续编》《古人传奇总目》《笠阁批评旧戏目》《重订曲海总目》《也是园藏书古今杂剧目录》《曲目新编》等 7 种。此外，《太和正音谱》《传奇汇考标目》《今乐考证》等 3 种也涉及戏曲曲目。但这些著作著录的剧目多是杂剧、传奇和院本，而花部剧目则很少著录。

花部虽然在清初就已经出现了，但真正形成与雅部相抗衡的势头，则是在乾隆年间四大徽班进京之后，尤其是在嘉庆和道光年间，花部发展势头甚猛，不仅可以与雅部分庭抗礼，而且其影响和普及程度已经超过了雅部。但是，当时的许多剧目都是演出本，有的甚至只有故事梗概和主要人物，像元杂剧和清代宫廷大戏《鼎峙春秋》那样主要人物、各种角色、戏曲宫调、宾白科诨、旦末道具等都一应俱全的文学剧本则是十分少见。一些戏班包括当时著名的四大徽班等，只有自己的演出剧目单，或简单的演出本，而很少留下完整的文学剧本。关于这点，可以从前面所引乾隆年间春台班戏目单与道光年间庆升平班戏目单得到证明，不再赘述。

花部见于书目著作著录的，只有姚燮的《今乐考证》。是书“著录四”《国朝杂剧》附录有“燕京本无名氏花部剧目”45 种，但实际著录 95 种。据是书小字注，《烤火》以上 44 种当是所谓“燕京本无名氏花部剧目”，以下 27 种录自吴长元《燕兰小谱》；《关王庙》《打盏饭》《广举》《毛把总上任》4 种录自李斗《扬州画舫录》，《雪拥蓝关》以下至《请师斩妖》15 种录自《钱氏曲选》（即《缀白裘》），最后 5 种《三休樊梨花》《宫门挂带》《秦琼表功》《砍柴》《大审玉堂春》则不言出处。姚燮所录 95 种花部剧目，只有《斩貂》1 种属于三国戏。这种情况在曲目类著作中较为少见。

除《今乐考证》外，清代戏班的剧目单也记载了不少花部剧目。如清乾隆三十九年春台班戏目，记载剧目 743 种，其中包括老徽戏的连台本剧目 47 种，《三国志》单出戏剧目 30 种，其他单出、杂出提纲戏 566 种，全班戏名 96 种，初排新戏 4 种。其中除《三国志》单出戏 30 种外，尚有前述三国戏 46 种；道光年间庆升平班戏目单见载于周明泰《道咸以来梨园系年小录》，收录剧目 272 出，其中三国戏 41 种。⑩清代学者余治《得一录》卷十一之二《永禁淫戏目单》收录《晋阳宫》《打花鼓》《翠华宫》等剧目 80 种，以为“以上各种风流淫戏，诲淫最甚。而近世人情沿于习俗，每喜点演。试思少年子弟，情窦初开，一经寓目，魂消魄夺，因之堕入狭邪，渐成痨瘵。究其流毒所极，甚至贞女丧贞，节妇失节，桑濮成风，廉耻丧尽。推原祸始，此实厉阶”。⑪因而主张严加禁止，违者重罚。此外还有一些零星散见的著录，如李斗《扬州画舫录》著录扬州乱弹《滚楼》《抱孩子》等 12 种，焦循《剧说》《花部农谭》，吴太初《燕兰小谱》，小铁邃道人《日下看花记》，华胥大夫《金台残泪记》等，也都记载了一些当时流行的花部剧目。

由于花部剧本大多是艺人演出的提纲或简单的文学剧本，所以花部剧本大多是珍本或孤本，比较罕见。以花部三国戏而论，现今可见者，主要集中在《清车王府藏曲本》。北京首都图书馆藏《清车王府藏曲本》收录花部三国戏 81 种，高腔 7 种；仇江据北京孔德学校图书馆藏《清蒙古车王府曲本分类目录》、北京首都图书馆藏《清蒙古车王府藏曲本目录》、中山大学图书馆藏《车王府曲本编目》等收录的三国戏统计，《清车王府藏曲本》共收录三国戏 125 种。⑫此外，《清宫

升平署档案集成》《故宫珍本丛刊》《新镌楚曲十种》和清钱德苍辑《缀白裘》中也收录少量花部三国戏。《新镌楚曲十种》收录有《英雄志》和《祭风台》2 种;《缀白裘》收录梆子腔、乱弹腔、西秦腔等花部 30 种,其中只有《斩貂》为三国戏。这是现今所能见到的花部三国戏的主要作品。这些作品基本上都是原抄本与少量的刻本,很少有其他版本可以参校。即便同是《清车王府藏曲本》,又有同名不同戏、同戏不同名等情况,同时还有“总讲”“总本”和“全串贯”之分。同一剧目,如果有“总讲”“总本”和“全串贯”,那么就实际上等于是同一剧目的多个不同演出本,故事情节大体相同,而唱词、宾白甚至人物等都有较大出入。

鉴于上述情况,对花部三国戏的整理,只能以本校为主。此次校勘整理,以《清车王府藏曲本》中的花部三国戏为底本,兼及《新镌楚曲十种》及《故宫珍本丛刊》中的花部三国戏,结合《三国志》《三国演义》和元明戏曲中的三国戏,对花部三国戏进行本校,显系讹误者,径加改正;属于当时用语用字习惯但与当下不同者,则一仍其旧,不作改动;至于其他衍夺讹舛等情况,则依校勘之例予以增删或复原。上述各种情况并出校记说明之。对于存在“总讲”“总本”和“全串贯”情况的花部三国戏,则通过比勘,择其善者而收录,而没有全部照录。差异较大者,则视为另一同名剧目收录。

现存花部三国戏多是抄本。由于抄写者的文化水平参差不齐,抄写者的字写得有好有坏,有的字迹模糊不清,很难辨识。许多剧本不显示宫调和曲牌,有的甚至唱词和宾白不分。这给整理校勘带来了很大麻烦。为了按时完成校理任务,胡世厚先生、杨波博士承担了部分校勘任务。胡世厚校勘的部分,包括《温明园》《谢冠》《陈宫记》《辕门射戟》《探营》《战濮阳》《白门楼》《盘河战》《战宛城》《骂曹》《骂曹饯行》《三国志》《英雄志》《祭风台》《六出祁山》等 15 种;杨波博士校勘的部分,包括《美人计》《下邳城》《问安说降》《取冀州》《博望坡》《黄鹤楼》《临江会》《汉阳院》《长坂坡》《求计》《群英会》《盗书》《献连环》《取南郡》《取南郡总讲》《取桂阳》《甘露寺》《取雒城》《葭萌关》《让成都》《讨荆州》《战合肥》《瓦口关》《定军山》《造白袍》《伐东吴(带)擒潘璋总讲》《凤鸣关》《战北原总本》等 29 种;其余 48 种由卫绍生负责校勘。最后由胡世厚先生对全书进行统稿。为表示对各自的工作负责,特说明于后。

现存《清车王府藏曲本》所收花部三国戏编目有较大的随意性,而所收高腔《问安说降》《小宴》《奉马》《挑袍》《古城》《河梁》《挡曹》等 7 种,主要写关羽屯土山约三事至华容道放曹这一阶段的故事,重点在于表现关羽的忠义。《新镌楚曲十种》所收《英雄志》《祭风台》和《缀白裘》所收《斩貂》,时间亦有先后之别。此次整理,则依《三国志》和《三国演义》时间顺序,对收录的 93 种花部三国戏进行重新编排,以表现黄巾之乱的《前出劫》开篇,以写三国名士管宁为赵颜增寿,使其寿至百岁的《百寿图》结篇。这样可以给读者提供一条清晰的历史发展线索,也方便读者比照《三国志》和《三国演义》进行阅读。

限于校勘者的学识,加之三国戏版本所限,此次校理难免有失当之处。敬祈方家有以教之。

(本文是为《三国戏曲集成·花部卷》撰写的前言)

参考文献:

① 李斗《扬州画舫录》卷五《新城北录下》。

② 南枝《〈中国三国戏曲集〉编目(上)》,载《罗学》第二辑,社会科学文献出版社 2012 年,第 182—184 页。

③ 参见《〈中国三国戏曲集〉编目(上)》,载《罗学》第二辑,社会科学文献出版社 2012 年版。

④ 参见南枝《〈三国戏曲集〉编目(下)》,载《罗学》第四辑,社会科学文献出版社 2015 年版。

⑤ 参见金登才《清代花部戏研究》,中国戏剧出版社 2006 年版。

⑥ 参见南枝《〈三国戏曲集〉编目(下)》,载《罗学》第四辑,社会科学文献出版社 2015 年版。

⑦ 参见金登才《清代花部戏研究》,中国戏剧出版社 2006 年版。

⑧ 参见金登才《清代花部戏研究》,中国戏剧出版社 2006 年版。

⑨ 朱熹《资治通鉴纲目》卷十四。

⑩ 参见金登才《清代花部戏研究》之《几份戏目单的说明》,中国戏剧出版社 2006 年版。

⑪ 余治《得一录》卷十一之二。

⑫ 仇江《车王府曲本总目》,《中山大学学报》2000 年第 4 期。

(作者工作单位:河南省社会科学院文学研究所)

《连环计》戏剧三种

古　今　宋培宪

三国戏中的《连环计》，写王允利用貂蝉巧施美人计，离间吕布与董卓，最终将董卓处死。此故事历经宋、元、明、清至近、现、当代，将近千年，久演不衰。在追本溯源的基础上，本文拈出元杂剧、明传奇和现代话剧三种《连环计》，作一简要评述。

一、貂蝉与连环计源出宋元话本

吕布刺董卓事，《后汉书》的《王允传》《董卓传》《吕布传》，《三国志》的《武帝纪》《董卓传》《吕布传》等均有记载：东汉初平三年(192)，司徒王允、尚书仆射士孙瑞、董卓部将吕布密谋，乘献帝有疾新愈，群臣大会未央殿时，吕布与李肃率十余亲兵，埋伏北掖门，持诏，手刃董卓，其间并无貂蝉美人计之事。

文献记载最早写吕布刺杀董卓的剧目是金代院本、作者佚名的《刺董卓》[①]。我国戏剧诞生于宋杂剧，宋杂剧、金院本名异实一，疑院本《刺董卓》即是由杂剧传承下来的。但该剧本现已失传，因之使我们无法了解其具体内容。然在宋元讲史《三国志平话》(以下简称《平话》)中已有此故事。

北宋汴京盛行说话艺术，其中有专说“三分”(即说三国)的。宋代说三分的专书未见传下，今天所见到的元人刊本共有两种，一是至元三十年甲午(1294)新刊的《三分事略》，一是至治年间(1321—1323)的《三国志平话》。两书内容相同，仅个别文字稍异。既系新刊，旧本应是早于至元三十年的南宋时期(南宋灭亡于1279年)。

貂蝉与西施、赵飞燕、王昭君，并称古代四大美女。赵飞燕、王昭君，历史上实有其人，西施是传说中人物，在先秦诸子的《管子》《慎子》《庄子》等书中经常提到她。春秋后期，吴越争霸，越国失败，勾践只得奉献金、玉，还将子女送吴王作侍妾、仆从(见《国语》的《吴语》和《越语·上》)。至于进献西施美人计故事，乃是五六百年以后魏晋间托名东汉赵晔的《吴越春秋·勾践阴谋外传》依据民间传说编写而成的，并非历史事实。貂蝉美人计当是受《吴越春秋》的影响所虚构的。

有人以为貂蝉的传说唐代已有，认为李贺《吕将军歌》“榼榼银龟摇白马，敷粉女郎火旗下”的“敷粉女郎”就是指貂蝉。笔者认为此实乃引者错会了李贺之诗意。据王琦和姚文燮的解读，诗是歌颂唐魏博节度使田弘正子田布奉父命领兵讨伐淮西叛军大捷之事。因田将军名布，与吕布同名，故借吕布以喻田布。诗首两句“吕将军，骑赤兔”点明吕布，而“榼榼”两句则是写田布腰佩银印，身骑白马，在红旗之下，像敷粉女郎那样文静倩美。②

清梁章钜《浪迹续谈》卷六云：友人告诉他，唐僧悉达《开元占经》卷三十三“萤惑犯须女占”注引《汉书通志》，有“曹操未得志，先诱董卓，进刁蝉以惑其君”。梁以为“其事异同不可考，《汉书通志》今亦不传，无以断之”。话说得很谨慎。鲁迅先生在《小说旧闻钞》中果断地否定了：“今检《开元占经》卷三十三，注中未尝有引《汉书通志》之文。”梁章钜又在《归田琐记》卷七中提出：“貂蝉事隐据《吕布传》，虽其名不见正史，而其事未必全虚。”鲁迅先生对此则未置可否。③

梁章钜所说的“貂蝉事隐据《吕布传》”是指《三国志·吕布传》吕布“与卓侍婢私通”。《后汉书·吕布传》中“侍婢”作“傅婢”，指“亲幸的侍女”。《汉书·王吉传》注：“凡言傅婢者，谓傅相其衣服衽席之事。一说，傅曰附，谓近幸也。”

吕布原是并州刺史丁原手下一名主簿。灵帝时十常侍专权，灵帝死后，大将军何进召董卓、丁原等地方武装来洛阳谋诛阉宦。董卓等到达时，何进已谋败遇害。董卓怕丁原掌权，派丁肃收买吕布杀死丁原，立陈留王为献帝。自此，董卓独揽朝政，专横跋扈，凶残暴戾。他虽视吕布为义子，然生性骄狂褊狭，稍不如意则拔戟掷布。故布心存怨恨。同时，私通侍婢，是吕布忐忑不安的心病，如被发现就有性命难保之虞。而王允为人宽仁，对吕布的乡里壮健常厚待接纳。布拜访王允，诉说心事，允借机劝说吕布除害。按照史实，已足以编撰出刺卓的故事，但似乎有些平淡，缺少些趣味和曲折。于是由“侍婢”生发出“貂蝉女”和“连环计”。

《三国志平话》卷上写吕布战败袁绍等诸侯兵马，董卓进入洛阳。王允见董卓弄权，调戏四妃，心生不忿；回宅见侍女貂蝉在后花园焚香祝祷，盘问之下，得知她本姓任（有学者认为，可能因“傅”俗写作“付”，形近“任”），吕布是她家长（所谓“家长”，有二解，一指一家之主，一是丈夫，两者皆可通用），自临洮府失散，多年未见。王允起意，将她认作义女，定下连环计，设筵邀请董卓，令貂蝉盛妆出现，献给董卓。次日，又设宴令吕布与貂蝉相会，择日让两人重新团聚。几天后，王允将貂蝉送进太师府。不久，吕布自曲江归来，见貂蝉陪董卓饮酒，怒中将醉酒的董卓刺死。④

平话本子原是借说话艺人表演时用的提要式底本，情节不太完整，文字也较简陋，甚至不通顺。但这 800 余字的段落，对戏曲改编影响很大：元代有无名氏杂剧《连环计》⑤、《王允连环说》⑥、无名氏南戏《貂蝉女》⑦，元明间无名氏杂剧《董卓戏貂蝉》⑧等。

二、元代杂剧《连环计》

杂剧《连环计》，作者佚名，其主题思想、人物形象和故事情节比《平话》都有了进一步的丰富和提高。

首先，剧本突出了对暴政的批判和对和平生活的向往。

南宋宁宗开禧二年(1206)，蒙古国一建成，成吉思汗立即展开大规模的南侵活动，先后消灭金国、西辽、西夏；至元十六年(1279)，忽必烈战败南宋，建立起大元帝国。然而，战争并未从此停息，湖北、湖南、广东、福建、江西、浙江等地民众依然不屈不挠，奋起反抗。70年间，战乱频仍，田园荒芜，百姓流离失所，民不聊生。南北统一后，尽管生产力逐渐得到恢复和发展，城市经济趋向繁荣；但残酷的统治剥削，再加上尖锐的民族压迫，权豪势要独断专行，权倾朝野；吏治腐败，横征暴敛，又不断激起人民的抗争。剧本借古喻今，以揭露现实社会的黑暗险恶。

刺董卓的故事，添加一个女角貂蝉，不只是用美人计增添趣味和色彩，更是为了强化主题思想，突出弱女子在离乱苦难中对家庭团聚、和平生活的渴望，反对强暴，伸张正义，以批判统治阶级贪婪好色，横行不法。

剧中的貂蝉的身世更加明晰，她是忻州木耳村人氏，任昂之女，小字红昌。因汉灵帝挑选宫女，入宫掌貂蝉冠。灵帝将她赐与丁建阳(原)，丁又将她配与养子吕布为妻。黄巾作乱，夫妻二人失散，被王允收留认作养女。偶然间，她在街楼上，见到一行步从摆着仪仗经过，吕布正骑在赤兔马上，为此到后花园烧香祷告希望夫妇团圆。正如剧本第二折中她在筵席上所唱的小曲：

> [双调折桂林]幼年间曾事君王，不甫能出赐英雄得配鸳鸯。只为那半路风波，三年阻隔，两地分张。想当初避兵时干戈扰扰，到如今太平黎庶安康。但愿美满成双，拜谢穹仓。

这也是貂蝉自愿投入“连环计”的主要原因。

其次，全剧结构严谨整饬。

元杂剧一般由四套宫调的曲牌组成一本四折戏。这样的结构框架，很适宜采用起承转合的叙事模式。《连环计》以擒杀董卓为中心，第一折议计，第二折定计，第三折施计，第四折计成，步步推进，环环相扣，一气呵成，发展自然。第一折提出银台门筑坛受禅，第四折董卓赴坛受擒，前后呼应，首尾完整。

日本著名汉学家、中国古代戏曲研究专家青木正儿在他的《元人杂剧序说》中对此剧甚为赞赏，认为剧作的曲辞典雅清丽；“第二折中，王允设连环计，两次

张宴,那一场是最好的关目。《纳书楹曲谱》也把这场收入了。”[⑨]

再次,王允定计除奸活动写得险象环生,曲折有致。

写戏最忌平铺直叙,须设计悬念,引人入胜。《连环计》一开始就紧紧抓住观众的心理。董卓一心想篡夺帝座,他认为最大的阻力是诡计多端的司徒王允,便派人暗中监视。当得知王允下朝后到太尉杨彪家中去,急忙亲自闯进杨宅。王杨二人正在商议除奸之计,一筹莫展之际,见到董卓,急中生智诈称欲在银台门筑坛,择日迎接太师受禅登位,方化险为夷。

不料,一险方平,又突生一险。太白金星化身疯道人在董府门前三笑三哭,手持一匹布,两头各书一“口”字,中间写着“千里草青青,卜曰十长生”两行字。众人疑惑不解,大学士蔡邕见了大吃一惊,他明白这是暗示董卓将死在吕布之手,便故意曲解为凭仗吕布有十全之喜,始解其危。蔡邕忙将谶言告诉王允,提出宜用连环计挑唆董吕不和引起冲突。至于怎样实施,蔡邕没有说清楚,王允也不明白。正在百思不得其解之时,王允在后花园遇见焚香祝祷的貂蝉,她诉说与吕布的关系,悟出连环计“却在这妮子身上”。他立刻邀请吕布赴宴,得到证实;接着又设宴让董卓入彀,挑起不和。最后,受禅时设下伏兵,擒杀董卓。

《平话》写董卓之死毫无惊险悬念。杂剧中则波澜不断:吕布与貂蝉私会时,被董卓发现,吕布逃出董府,董卓命李肃去追杀。王允对李肃晓以大义,李幡然醒悟,转而与吕并肩擒贼。受禅之日,董卓正欲前往,谋士李儒数次借故劝阻,但被蔡邕一一破解,最终将董卓推入陷阱,圆满成功。

当然,由于受杂剧体制度局限,该剧也存在两个较为严重的缺点,一是剧中由正末主唱,王允忧国忧民,殚精竭虑,扶汉锄奸,谨小慎微的形象比较生动。相反,貂蝉、吕布、董卓等重要人物,只有说白,没有唱词,形象的塑造受到限制,显得淡薄而不丰满。二是作者追求情节新奇,主要围绕王允设计演绎,故事繁复,场面冗杂。而连环计本身,貂蝉、吕布、董卓三人之间的矛盾冲突着墨不多,草率收场,显得喧宾夺主。

三、明代传奇《连环计》

明代演貂蝉连环计的传奇剧目有两种,一是无名氏《夺戟记》,已佚[⑩];一是王济所撰的《连环记》,今存。[⑪]

王济(约1474—1540),字伯雨,一作伯禹,号雨舟,又号紫髯仙伯,晚号白铁道人。乌镇(今浙江桐乡)人。科场屡试不第,捐资补太学生,授广州横川通判,摄理州事,治绩颇佳。后以母老乞归。家富好客,自奉俭朴,喜收藏国史鼎彝,结社唱和。著有诗词文集多种,传奇三种,仅存《连环记》。

此剧是在《三国志通俗演义》卷一“吕布刺杀丁建阳”“废汉君董卓弄权”

“曹孟德谋杀董卓”“虎牢关三战吕布”,卷二“司徒王允说貂蝉”“凤仪亭布戏貂蝉”“王允授计诛董卓”等章节的基础上,重新结构改写而成的。

比起杂剧,传奇的篇幅长,容量大,角色也不限于生(或旦)主唱,因而不必将故事拘囿在连环计本身,可向时代背景纵深开拓。《连环记》全剧30出,自第二出《从驾》起至第十七出《三战》写董卓图谋篡位,胁迫群臣,劫天子至长安,权倾朝野;袁绍不服而抗议,被逼出走;丁原带领骁将吕布,兴兵声讨。处于不利地位的董卓采纳李肃之计,用玉带、金珠、赤兔马收买吕布,刺杀了丁原,董卓得到吕布,如虎添翼,更是气焰嚣张。一心想锄奸的王允表面上屈节顺从,暗中策动曹操以献剑名义刺卓,未能成功。曹操不甘失败,会合各镇诸侯讨伐董卓,虽然刘关张战败吕布,但吕布凭其勇武守住虎牢雄关,使诸侯联军无法取得最后胜利。正在王允除贼一筹莫展之际,忽闻吕布与刘关张交战中失去金冠,遭到董卓的讥刺,觉得有隙可乘,毅然实施美人计,终于完成诛董大业。全剧关目安排得简洁流畅,针线严密,跌宕起伏,曲折迂回,气势磅礴,紧张热烈。

剧本最大的特色是对人物形象的塑造。作者善于写人,且手法多样。

1. 画龙点睛与重彩浓墨。董卓在剧中处于中心地位,但场次不多,作者以画龙点睛之法,刻画出他的骄横跋扈、凶残暴戾、荒淫好色、贪婪奸诈的性格,比较成功。关于吕布则重彩浓墨,描绘得栩栩如生。《平话》中仅写他是丁原家奴,为争夺赤兔马受辱而将丁原杀死。元杂剧虽写他是丁原养子,但没有交代如何成为董卓义子,面目模糊。而传奇大体依据史实,在《说布》《刺父》二出,对吕布的见利忘义、反复无常写得比较充分;又于《起布》《起兵》《问探》《三战》等出,刻画他的傲气凌人、有勇无谋;并在《小宴》《梳妆》《掷戟》中,将他迷恋美色而不能自拔、为貂蝉而义无反顾除奸的心路历程描摹得真实生动。这样,剧作者多角度、多侧面、立体化地完成了吕布的形象塑造,如《三国志·吕布传》所评:“有虓、虎之勇,而无英布之略,较狡反复,唯利是观。”

2. 通过不同人物的性格冲撞,激起矛盾冲突,推动故事情节向前进展,水到渠成,熨帖自然。如董卓与吕布,一个专横狂妄,一个盛气傲慢,两次冲突,激发矛盾,以致生死对决。第一次,吕布因丢失金冠,引起董卓不满,恣意讥讽,让吕布十分难堪,埋下日后反目成仇的祸因。第二次,董卓发现吕布与貂蝉私会,怒掷长戟,终于导致吕布起了灭董的决心。

3. 从戏剧冲突、情节发展进程中逐步深化人物性格特征。

《平话》中“连环计”的发明权属王允,元杂剧改成蔡邕,王允只是实施者;明传奇又复归王允,然而不是简单的回归,而是螺旋式的上升,在曲折迂回的过程中行进。剧本一开始,王允被迫扈从銮舆,明借修史,韬光养晦,暗中伺机而动。当得知丁原被杀,吕布归董,觉得更难锄灭。他观察到骁骑曹操年轻气盛,有胆有识,便约他议剑论术,经过相互试探,一拍即合,王允慨然赠剑。不料曹操执剑行刺失败,王允更加小心谨慎,但灭董之心始终如一。武力、暗杀之路已阻,只能另辟蹊径。当他退归林圃赏春游乐时,见养女貂蝉靓丽美貌,歌舞动人,且深明大义,就暗中盘算一个连环之计,只是一时无从下手。正巧虎牢关传出吕布丢冠受辱的消息,觉得时机成熟了。当晚在貂蝉拜月时,探明她的心意,决定付之实施。吕布与董卓虽都是好色之徒,但两人性格、地位不同,要让他们入彀,须精心设计不同的策略手段。王允预料吕布必会因馈冠之事而回礼拜谢,借机令貂蝉以制冠人女儿的身份出席陪酒,他则借赴太师府议事避开。吕布一见到貂蝉就情不自禁,立即以凤头簪作聘礼,貂蝉回赠玉连环,订下海誓山盟。王允佯装怒其非礼,吓得吕布诚惶诚恐,誓愿报犬马之恩。对于董卓,王允则以"太师旬日之间必登九五之位,则君臣之分已定,恐不能叙僚宷之情,为此屈过一叙"来套近乎。在席间,王允竭尽奉承,他知道董卓赴宴不为饮酒,意在女乐,故特意安排貂蝉作乐女,居于打板的显著位置中,让董卓一眼就能看到而选中。果然董卓被貂蝉的艳丽神魂颠倒,主动提出要纳为侍妾。

连环计实施过程中,曾引起吕布的不满和责难,王允随机应变,一方面耐心释疑,激化吕布对董卓的猜忌和矛盾,一方面拉拢李肃,利用他与吕布乡亲之谊,组成灭董统一战线。作者正是这样运用深入细致的笔法,把王允老谋深算、沉着多智、机警灵活的性格揭示无遗。

4. 提升貂蝉的品格,发掘人物的心理情感活动。王济笔下的貂蝉自幼在王府中教养成人,虽然只是"粗知文墨",但在主人潜移默化的熏陶下,知书达理,明辨是非,且关心时政,善于察言观色,见王允随驾迁都,虽"明修国史",实"暗逐权臣,以窥动静",然前途险恶,所以劝老爷谨言慎行,"当和光同尘"。王允深以为然,这时已感到此女颇有心机。待观看了貂蝉优美动人的歌舞后,萌发了连环之计,醉中乘兴将玉连环赐给貂蝉,因觉得时机尚未成熟,不得不含糊其词,只说"他日自有应验"。

貂蝉接受连环计,在传奇中不是出于报恩,而是欲仿西施兴越败吴、效缇萦救父受刑,为国家排忧解难。她不仅有见识,而且有胆略,巧妙地周旋于吕布董卓之间,用美色挑逗起他们的情欲和仇恨。窗下梳妆、凤仪亭畔两次与吕布相会,貂蝉以泪洗面,装作羞惭怨恨,欲跃入荷花池:"我今若不与温侯同到老,愿死在波心恨难消。"用死挑动吕布与董卓决裂。当董卓欲听从李儒的建言,忍痛将貂蝉让予吕布,激起貂蝉强烈反弹,以死相威胁。董卓只得将貂蝉迁居郿坞,躲避骚扰,矛盾升到了顶点。

作者力避人物形象平面化,在剧本的前半部写到貂蝉对爱情的渴望。当王允将雕琢精巧的玉连环赐给她时,猜不透老爷的心思,又不便多问,误以为是与她定情之物,引起她与老爷成双的幻想。平日里将它随身佩戴。看到春归花落,不免思春伤怀,怅然若失。可是,不知道什么原因,在后半部,少女怀春的感情突

然消失了，且并未做出合理的交代，这不能不说是一大缺憾。

《连环记》诞生于明中叶，至清代，经二百多年的加工提炼，艺术上更臻完善。明清间有十余种散出选本都曾选刊过该剧中的一出或多出，特别是清乾隆年间编辑的《缀白裘》选录达 9 出之多，今日的昆曲舞台上尚能演出；京剧和地方戏也都据此改编演出，京剧既有以吕布为主者名《吕布与貂蝉》，也有以貂蝉为主者名《貂蝉》；此外，另有马少波新编的京剧《凤仪亭》[12]和中国戏曲研究院整理编辑的《连环计》[13]等。所有这些，均可见出该剧的深远影响。

四、现代话剧《连环计》

民国时期，以连环计故事为题材的，电影方面有三部：林心如编剧的《貂蝉救国》（青年影片公司出品），卜万苍编导的《貂蝉》（新华影片公司出品），都是 1927 年出品的无声电影[14]；另一部也是卜万苍编导的《貂蝉》，是有声电影，金山、顾梅君主演（新华影片公司出品）。话剧方面也有三部：一是 1918 年的文明新戏《貂蝉》，作者佚名，属幕表制戏，没有剧本[15]；二是 1928 年王独清创作的《貂蝉》，6 幕 18 场[16]，作者称："我这个剧本中的许多情事，都没有按照历史上所留下来的那些死去的遗迹去映写。我只是把历史当成一块被火山倾陷了名胜的土地。我要在它上面用我的热情重新建筑一所有生气的建筑物出来。"剧本不是再现历史，而是写当代的社会，呼唤民众声讨"暴虐的民贼"，为自由去斗争；三即是周贻白作于 1945 年的《连环计》。[17]

周贻白（1900—1977），湖南长沙人。他自学成才，博览文史典籍，著作甚丰，是我国著名戏剧史家、戏剧理论家、话剧电影作家，曾任中央戏剧学院教授、中国戏剧家协会理事等。

他不满王独清的《貂蝉》，在《连环计》自序中说："话剧本为中国戏剧之新型，既以旧有名胜为基础，则当保留其足供凭吊之处。否则，建筑物虽有生气，其名胜已荡然不系人心矣。"因而认为："凡取历史者，必先证之正史，正史不足，始旁及其他记载。而后小说也，杂剧也，传奇也，择可以者从之。但不能背也者，仍于其中自留回旋余地。所谓死躯壳中注入新生命，原不必以违背史实为能。"

作者在小说戏曲的基础上，参照史实改编成 5 幕 9 场的话剧。序幕写董卓宴会朝臣，血腥镇压异己者，拉开了忠奸斗争的大幕。1 至 4 幕（每一幕各分两场）叙写连环计本事：后花园设计、定计；小宴、大宴；吕布质疑王允、凤仪亭掷戟；吕布、李肃等歃血联盟，北掖门刺董。

剧叙董卓劫持陈留王至长安，立为献帝，吕布在虎牢关阻挡各镇诸侯联军成功。董卓庆功大宴百官，自夸功绩，大有废帝代汉之意。为试探群僚，他以高压手段相威胁，在宴席上将战俘剜目断肢割舌，致使呼号凄厉。卫尉张温目睹惨状,替战俘求情,董卓反诬他通敌,当场以乱棒击毙。越骑校尉任孚忍无可忍,愤怒指责董卓毒死弘农王的罪行,拔剑刺董,反被卫士执杀。司徒王允与尚书仆射士孙瑞知董卓意在显示威势,杀一儆百,故韬光养晦,装作顺从害怕,避免无辜牺牲。

为增强历史真实感,作者采集历史细节穿插其间以渲染时代氛围。如杀张温时据《后汉书·董卓传》补入司天台太史望气称,当有大臣戮死,以示天命。又如在宴会进行中间,远处传来当时的京都童谣《董逃》歌,调节气氛,并暗示董卓作乱,终将逃亡灭族。再如《后汉书·董卓传》载,有人书"吕"字于布上,负而行于市,歌曰:"布乎!"有告卓者,卓不悟。这一细节,出现在剧本结尾伏兵刺杀董卓时,李肃持道人赠送的两端一口字的白布上场,使剧场的阴沉气氛为之一振,舞台效果强烈。

剧中,作者尽量不去虚构历史人物,多采用真人真事,除上述的张温、任孚外,还从《后汉书·董卓传》李贤注引的《九州春秋》中发掘出吕部的秦谊、陈卫、李黑等人"伪作宫门卫士,持长戟"加入刺董行动。

剧作者还恢复了士孙瑞刺董密谋的历史地位。董卓在宴会上大开杀戒,对王允、士孙瑞的刺激强烈,两人达成共识:不除掉董卓,天下得不到安宁,而要图谋董卓,需集思广益,群策群力。面对势焰熏天的董卓,王允告诫士孙瑞不能正面对抗,不能鲁莽行事,要深思熟虑,周密计划。曹操刺董的失败,是因为有吕布的护卫,故只能智取不能力胜。两人取得共识要从董、吕的爱好和弱点入手,董凶残好色,而吕已官至中郎将,封都亭侯,官爵已经满足,也许除女人外,别无所需了。由吕布想到李肃,士孙瑞认为李肃引荐吕布有功,但至今仍是骑都尉,心怀怨恨,可以利用李肃去杀董。王允不以为然,单凭李肃之力尚不足以成事,不过可以通过李肃去做吕布的工作,吕布不过是一勇之夫,用女人去收买,不怕董卓能拔山举鼎,就可使他血集尸横。

剧中王允不仅老谋深算,机智沉着,思虑周密,且头脑冷静,警惕性高,提出要严守秘密。他提醒士孙瑞要谨防杨彪,因杨升任光禄大夫全是董极力保奏的结果。士孙瑞性情爽直,听了王允所说,竟拔出佩剑发誓如有泄漏,当用此剑一死了之,以示决心。作者以绿叶衬托红花,相得益彰。

《平话》、杂剧所说的"连环计"是指美人计的性质,传奇进一步用"玉连环"道具形象化,既象征主题,又是定情物,贯穿全剧。话剧中改成士孙瑞佩剑上有"三连环"饰物,王允见到后激发起用计的灵感。并用它向貂蝉解析"连环计"用意:这三连环的左右两环,分别是董卓和吕布,中间一环则是你貂蝉。你要操纵两端,使他们不能扣在一起,而且要互不相容,彼此仇视,这样,就算大功告成了。王允怕貂蝉阅历不深,被董卓的位极人臣和吕布的英俊外表所迷惑。"人生幻梦,过眼空花",勉励她一定要富贵不淫、威武不屈。还送给她一把匕首,如有

突变，不要犹豫，或将董卓或将吕布除去，不留遗患。对王允的刻画可谓细致入微，丝丝入扣。

话剧对貂蝉的精神世界也描绘得精彩动人。她自幼在王府中长大，雍容华艳，聪慧伶俐，有文化，有教养，深得主人宠爱。但毕竟是歌姬，终年关闭在狭窄的府内，呼吸不到自由的空气，心里总觉得空荡荡的。这天在花园里弹奏七弦琴，琴弦突然断了，不由得想起自己的身世，感慨寄人篱下无所依托。她渴望爱情，她知道在府中老爷对她好，跟其他的歌姬不同，也许是真心爱她。当然，她是爱老爷的，可是老爷的心思放在国家身上，她的心思也跟着关心国家安危，同时也关心老爷的安危。在花园里偷听到老爷与士大人密谈后，焚香祝祷，期望上天庇佑，使汉室重兴。经过认真思考后提出让她去对付吕布与董卓。同时，大胆地向王允表露爱意。

王允早就感觉貂蝉在偷偷地爱他，当然他也爱貂蝉，所以不忍将她卷入残酷的政治斗争中去；但是，为了汉室前途，只得狠下心肠让她牺牲色相去建功立业。

貂蝉虽是低微的歌姬，但自幼接受过诗书礼教的熏陶，懂得做人要忠贞不贰，保全完节。为了社稷，用美色去勾引汉贼，心里总存疑惑："岂不完了臣节，倒失了贞操！"王允安慰她："用你的美色，保全汉室江山，比保全个人贞操意义大多了。"

貂蝉以她的大智大勇，舍生取义，令人敬佩。可是对于貂蝉本人，是喜剧还是悲剧?！剧本的结尾写道：因吕布除奸有功，加官进爵，封赠温侯。王允说这都是貂蝉的功劳，吕布也表示赞同。貂蝉指着自己：我的功劳？大笑不止……这个问题值得我们深思。

五、貂蝉的归宿

在《平话》《三国演义》和上述的戏曲中都没有写貂蝉的最后归宿。《三国演义》只交代吕布在白门楼被杀后，曹操将吕布妻小并貂蝉载回许都，就没有下文了。但后续的戏曲中，却出现了几种不同的结局。

（一）被斩

有两种版本。其一，叙吕布命丧白门楼后，张飞搜得貂蝉，令她侍奉关羽。关羽夜读《春秋》，思及吕布貂蝉事，召见貂蝉，训斥她巧言佞舌，无义不良，怒而斩杀。⑱

其二，明万历金陵周曰刊校《三国志传通俗演义》第二卷十九则"曹操将吕布妻小貂蝉载回许都"下有双行小字"补遗"曰："后操以貂蝉赐关羽。未久，关羽恶蝉言辞反复，激怒斩之。"此版本流传后，出现一批皮簧系统剧种据此改编的剧目。[19]

（二）自刎

现代新编川剧《貂蝉之死》。[20]

（三）登仙

明诸葛味水撰《女豪杰》杂剧。貂蝉死后，修道成仙，与蔡中郎妻、牛太师女相会。[21]

（四）赞誉

关羽降曹，曹操以貂蝉与美女十名赠羽。羽因貂蝉除卓堪称巾帼英雄，月夜唤其入帐，共话当年旧事。[22]

今传元明间《关大王月下斩貂蝉》杂剧虽属明代宫廷内府本，但源自元代宫廷，估计罗贯中看到过，至少他知道这一故事。对于他曾倾心塑造的奇女子形象遭此悲催下场，自是无法苟同的，所以只写她“载回许都”，不提结局。而对貂蝉敬佩得五体投地的毛宗岗，在他的批注本中，干脆删去“貂蝉”之名，并在夹注中说：“未识貂蝉亦在其中否？自此之后，不复知貂蝉下落矣！”[23]免得读者对她牵肠挂肚。他还在第八回总评中对斩貂蝉戏强烈不满：“我谓貂蝉之功可书竹帛……与麟阁云台并垂不朽哉！最恨今人讹传关公斩貂蝉之事。夫貂蝉无可斩之罪，而有可嘉之绩，特为表而出之。”

封建社会中，在三纲五常伦理道德束缚下，女子无才便是德，终其一生，是为了家族传宗接代。貌美聪慧的女人，常被称作“尤物”，她们的命运更是坎坷蹇淹。元稹在《莺莺传》中诋毁莺莺是“不妖其身，必妖其人”，扣上“红颜祸水”的罪名。在某些封建士大夫看来，尽管董卓凶残淫奢，祸国殃民；然而舍生取义的貂蝉虽除奸有功，但她水性杨花，败坏人伦，终究是个妖女婵娟，封建伦理无法容忍。

为什么要让关羽斩貂蝉呢？《三国志·关羽传》裴松之引《蜀记》：“曹公与刘备困吕布于下邳。关羽启公，布使秦宜禄行求救，乞取秦妻。公许之。临破，又屡启于公。公疑其有异色，先遣迎看，因自留之，羽心不自安。”《三国志·明帝纪》裴注引《魏氏春秋》、晋常璩《华阳国志·刘先主传》等也有类似记载。关羽自隋代开始已被奉为圣君，羽欲娶秦妻杜氏又被后人附会为娶布妻，岂非亵渎神明？故必须制造一个“斩貂”故事，以正视听。

有学者认为刺董前的貂蝉是聪明果敢的巾帼英雄，之后却成了目光短浅的家庭庸妇，拖住吕布的后腿，并以酒色相侍，终使吕布殒命白门楼。这样的分析是没有说服力的。决定吕布命运的，并非他人（包括貂蝉），乃是他本人。吕有勇无谋，胸无大志，反复无信，无仁无义，刚愎自用，以致失败身亡。尽管毛宗岗赞扬貂蝉：“十八路诸侯不能杀董卓，而一貂蝉足以杀之；刘、关、张三人不能胜吕布，而貂蝉一女子能胜之。”但不要忘了她只是一歌姬舞女，手无缚鸡之力，既不

是被誉为“东吴女丈夫”有勇有谋的徐夫人，也不是刚毅果敢的孙夫人，她的武器只是美貌和巧舌。吕布对陈宫尚且不能言听计从，何况既非勇士亦非谋士的貂蝉，能起什么作用？况且她对吕布并非真心实意。还是毛宗岗评论得对：“西子归范蠡，貂蝉假意对温侯，盖貂蝉心中只有王允尔。”可是灭董之后，貂蝉无法从王允，况王允已坠楼殒身，貂蝉只能归从吕布，同床异梦。真使人不得不怅叹：“自古佳人多薄命！”

参考文献：

① 元陶宗仪《南村辍耕录》卷二十六《院本名目》，中华书局1959年版。

② 王琦汇解《李长吉歌诗》卷四、姚文燮《昌谷诗集注》，见《三家评注李长吉歌诗》，中华书局1951年版。

③ 鲁迅《小说旧闻钞》“三国志演义”条，《鲁迅三十年集》，鲁迅全集出版社1947年版。

④《三国志平话·王允献董卓貂蝉、吕布刺董卓》，上海古典文学出版社1945年版。

⑤ 元杂剧《连环计》共有两种本子：臧晋叔《元曲选》本，题目正名作“银台门诈传受禅文，锦云堂暗定连环计”；有文学古籍刊行社本1955年版。息机子《元人杂剧选》本，题目正名作“银台门吕布刺董卓，锦云堂美女连环计”，有古本戏曲丛刊四集影印本，商务印书馆1958年版。

⑥《王允连环说》，原本已佚，《太和正音谱》仅录第四折曲文一折，见《中国古典戏曲论著集成(二)》，中国戏剧出版社1958年版。

⑦ 仅存残曲二支，见钱南扬辑校《宋元戏文辑佚》，古典文学出版社1957年版。

⑧ 宝文堂书目著录，已佚，见严敦复《〈宝文堂书目·乐府类〉之整理分析》，《明清戏曲论集》，中州书画社1982年版。

⑨ 青木正儿《元人杂剧序说》，隋树森译，开明书店1942年版。

⑩《夺戟记》，吕天成《曲品》卷下、祁彪佳《远山堂曲品·雅品残稿》均著录，详《中国古典戏曲论著集成(六)》，中国戏剧出版社1959年版。

⑪ 此剧原本已不存，传世者系清初钞本，属演出本，已经后人加工改动过。《古本戏曲丛刊》初集本，系据郑振铎藏本影印，商务印书馆1954年版；张树英据康熙二十四年竹林本的校点本，比较接近原本，中华书局1988年版。

⑫ 马少波《凤仪亭》，见《胶东戏剧集》，山东新华书店胶东分店1948年版。

⑬《连环计》，上海新文艺出版社1954年版。

⑭ 见《中国无声电影剧本》中册，中国电影出版社1996年版。

⑮ 见董健编《中国现代戏剧总目提要》，南京大学出版社2003年版。

⑯ 王独清《貂蝉》，原载《创造月刊》1928年第一卷八期，单行本由上海江南书店1929年出版。

⑰ 周贻白《连环计》，见孔另境主编《戏剧丛刊》第五集之一，世界书局1945年版。

⑱ 这一版本的剧目有：(1)元明间无名氏《关大王月下斩貂蝉》，北杂剧五折，已佚。《远山堂剧品》著录，见《中国古典戏曲论著集成(六)》，中国戏剧出版社1958年版。(2)明无名氏《三国志大全·关斩貂蝉》，见徐文昭编《风月锦囊》续编第二卷，有孙崇涛等《风月锦囊笺

校》,中华书局2000年版。(3)明胡文焕编《群音类选》"官腔"卷十二《桃园记·关斩貂蝉》,中华书局据万历本影印,1980年版。(4)清初无名氏《斩貂》,花部梆子腔,见《缀白裘》十二集,中华书局1937年版。(5)无名氏京剧《斩貂蝉》。

⑲ 这一版本的剧目有徽剧《斩貂》、汉剧《关公盘貂》、川剧《月下盘貂》;京剧有《月下斩貂蝉》,著名关戏演员林树森和张文艳曾演出,并录有唱片。

⑳《貂蝉之死》,见沈伯俊、谭良啸编《三国演义辞典》,巴蜀书社1989年版。

㉑ 祁彪佳《远山堂剧品》著录,南北曲四折,入能品,已佚。见《中国古典戏曲论著集成(六)》,中国戏剧出版社1958年版。

㉒ 京剧《关公月下斩貂蝉》,1923年由林树森、张文艳改编演唱,上海百代公司录有唱片,见柴俊为主编《京剧大戏考》,学林出版社2004年版。

㉓ 见《增像全图三国志演义》,天宝书局1910年石印本。以下所引毛氏评论均出自此本。

(作者工作单位:聊城大学文学院)

论明代三国戏中的诸葛亮形象

杨 波

诸葛亮是中国文学作品中传唱千古的艺术典型之一，也是古典小说戏曲研究中的一个经典论题，对于中华优秀传统文化精神的广泛传播曾经产生过和正在产生着深刻的影响。当代学者关于诸葛亮形象的研究成果已经很多，中国知网上以“诸葛亮形象”为检索项的相关文章有 950 多篇，其中以此为主题的检索文章有 125 篇，与三国文化研究相关的博士学位论文有 33 篇。相关研究文章主要以探究史志中的诸葛亮形象、小说《三国演义》中的诸葛亮形象、元杂剧中的诸葛亮形象、诸葛亮形象的文化内涵、诸葛亮在不同朝代的不同接受、诸葛亮形象的神化儒化道化定型化类型化等特征为主，其中尤以沈伯俊先生《诸葛亮形象三辩》、华东师范大学赵山林教授《南北融合与诸葛亮形象的演变》、雷勇教授《诸葛亮崇拜的文化心理透视》、张红波博士《明清三国戏曲研究》、郭素媛博士《〈三国演义〉诠释史论》等研究论文最为精辟或全面。但相对而言，明代戏曲中专论诸葛亮形象的文章尚不多见。在现存三国题材的明代戏曲中，杂剧《太平宴》，传奇《草庐记》《七胜记》《东吴记》，传奇残出《武侯平蛮》等剧目，是关于诸葛亮事迹着墨较多的几部戏曲作品。这几部明代戏曲作品，既继承了前代文学作品中关于诸葛亮形象的塑造手法，又从侧面反映出明代民间对诸葛亮形象的传播和接受情况。笔者不揣简陋，试从现存几部剧目入手，对明代戏曲中的诸葛亮形象简要加以论述。

一、《太平宴》中的诸葛亮形象

《太平宴》全名《庆冬至共享太平宴》，四折，题目作《感功臣劳苦定西川》，封面标作“本朝教坊编演”。《今乐考证》《也是园书目》《曲录》并见著录，《孤本元明杂剧》作者题为“阙名”。今存传本为明万历间脉望馆钞校内府本，以及由其所出的孤本元明杂剧本。剧述刘备在诸葛亮等人辅佐下，独霸西川，时国泰民安，又逢冬至令节，于是大宴功臣，其间遣张飞、马超去荆州请关羽赴宴，途中大败周瑜人马，归来后众人共贺佳节，激励将士为蜀汉政权建功立业之事。

《太平宴》选取了刘备称帝以后的一大标志性事件,以刘备生命中最倚重的丞相诸葛亮和最重要的兄弟关羽为主人公,刻画了蜀汉集团上下团结、心归刘备的政治倾向和精神风貌。在这部剧作中,诸葛亮的人物形象也十分鲜明。诸葛亮初次登场有一大段念白,传达出非常生动的信息。照录如下:

晦迹韬光为隐居,结茅成舍自耕锄。
只因主公春秋访,用尽心中智术谋。

贫道复姓诸葛名亮字孔明,道号卧龙先生。修真于江夏,养性在南阳。胸藏孙武之策,腹隐吕望之机。平素乐于耕锄,蒙先主三顾任用,算天下鼎足三分,按阳数九九而定。败曹操于赤壁之间,扶先主西川独霸。麾下英雄,赤心辅佐。俺主公自得西川,民殷国富,黎庶讴歌,皆托主公洪福,共享太平之序。今时遇冬至令节,偏邦小国,尽来纳贡;百司文武,皆行庆贺。贫道启过主公,欲行庆贺。主公之命,令贫道会合众将,排设筵宴,名曰太平宴。一来庆贺冬至令节,第二来宴享有功之人。左右门首觑者,若众将来时,报复贫道知道。(《太平宴》头折开场)

这段文字大致分三层含义:首先,用四句诗高度概括了诸葛亮胸怀天下、韬光养晦、赤心辅佐蜀主刘备的高远志向:“晦迹韬光为隐居,结茅成舍自耕锄。只因主公春秋访,用尽心中智术谋。”其次,详细交代了诸葛亮的生平里籍、文韬武略和主要事迹,“败曹操于赤壁之间,扶先主西川独霸”,纵横捭阖之间,为刘备蜀汉政权不辞艰辛,立下汗马功劳,使得“民殷国富,黎庶讴歌”。最后,写适逢“冬至令节,偏邦小国,尽来纳贡;百司文武,皆行庆贺”,诸葛亮趁机奏禀主公刘备,“会合众将,排设筵宴,名曰太平宴。一来庆贺冬至令节,第二来宴享有功之人”,同时还能将中原地区的先进文化融入偏远的民族地区,可谓一举几得。

诸葛亮声名远播,不仅受到枭雄刘备“三顾茅庐”的眷顾,而且以自己的聪明才智赢得帐下英雄的一致称许。剧中关于刘备麾下诸位将军在诸葛亮升帐之前的自白和对话,刻画出众将眼中的诸葛亮形象。试举几例如下:

(黄忠云)方今天下,鼎足三分。运筹仗诸葛孔明,征战倚众将骁勇。今日军师升帐,须索赴帐下走一遭去。(第一折)

(姜维云)坐筹帷运,仗军师用计妙如神。虽然是精兵猛将,更那堪天意随人。见如今霸业西川丰稔岁,歌谣道泰四时春,皆遵守吾皇命。如今这疆封宁静,不能勾一统乾坤。……军师乃能用武之人,深知俺众将劳苦。(姜维唱)用军师妙策如神,但行军料定亡存,杀的那曹操孙权丧了魂。(第一折)

(马超云)此一宴会,庆冬良辰,皆因是军师之功,知往鉴今,驱曹荡吴,非同小可也。(第一折)

(刘备云)创业开基四百年,子孙承继主中原。方今鼎足三分定,独占人和霸蜀川。某姓刘名备字玄德,乃大树楼桑人也……某想来若不是军师运筹帷幄,众将汗马之劳,岂能得西川之地。某自得了西川五十四州,民殷国富,万姓咸宁,皆是众将与军师辅弼。(第二折)

(关羽云)某姓关名羽字云长,幼习《春秋》《左传》,精通武略,性秉刚柔,忠心正大,与先主、张飞结义于桃园,赤心保助。……多亏军师用计,俺众将之劳,今主公霸业于西川之地,命某镇守于荆州。(第二折)

(张飞唱)俺军师在茅庐先把江山定,今日个取西蜀帝业兴。(诸葛云)住住住。三将军,贫道观您三人面上,俱有征战之气,可在那里每遇着敌军来?(关羽云)军师你是强也。某与三兄弟并马超,行至半途,不想周瑜领兵截杀,要夺取荆州之地,俺与他大战了一场。(第二折)

(诸葛云)筵宴已毕也,主公在此,您众将近前,听贫道将令。感明主圣德宽仁,掌西川抚恤黎民。时逢着冬至令节,行庆贺朝会明君。不负您君臣劳苦,排筵宴犒赏群臣。念云长当时结义,胜五服骨肉之亲。遣张飞马超宣命,路逢着大势吴军。与周瑜交锋厮杀,谈笑间取胜如神。至西蜀君臣相会,赐宴享共饮金樽。庆新令筵宴已毕,臣不胜感戴天恩。则要您众英雄赤心辅佐,舍性命建立功勋。都着您享荣华封妻荫子,坐都堂列鼎重裀。保护着千千年江山社稷,扶持着万万载锦绣乾坤。(第四折)

与明代三国戏“拥刘反曹”倾向的主题一致,《庆冬至共享太平宴》一剧集中体现了明代剧作家们的正统理想。第二折中,刘备一登场就极力强调其正统地位:“创业开基四百年,子孙承继主中原。方今鼎足三分定,独占人和霸蜀川。某姓刘名备,字玄德,乃大树楼桑人也。是景帝之玄孙,中山靖王之后。”姜维亦云:“方今天下,鼎足三分,俺主公占其人和”,“俺主公他布德施仁,抚安州郡,谦和逊。他须是汉业宗亲,因此上天下忠臣顺”。诸葛亮高举着“天意”和“人和”两面大旗,竭力辅佐汉室宗亲刘备成就大业,并号召帐下的英雄好汉们“保护着千千年江山社稷,扶持着万万载锦绣乾坤”(第四折),为蜀汉政权奠定了坚实的政治基础和军事基础。从上述材料来看,无论是刘备、关羽、张飞,还是黄忠、姜维、马超等人,都对诸葛亮运筹帷幄、知往鉴今的政治智慧和驱曹荡吴、妙策如神的军事谋略非常认可和推崇,这也与诸葛亮"胸藏孙武之策,腹隐吕望之机"的自我评价相吻合。

二、《草庐记》中的诸葛亮形象

《草庐记》全名为《刘玄德三顾草庐记》,共 4 卷、54 出,元末明初无名氏撰。关于此剧的著录情况,祁彪佳《远山堂曲品》有两条记载,均见于《远山堂曲品·具品》。其一载于"草庐"条下,文曰:"此记以卧龙三顾始,以西川称帝终,与《桃园》一记,首尾可续,似出一人手。内《黄鹤楼》二折,本之《碧莲会》剧。"[①]其二载于"桃园"条下,文曰:"《三国传》中曲,首《桃园》,《古城》次之,《草庐》又次之;虽出自俗吻,犹能窥音律一二。"[②]

《草庐记》的初刻本为明万历年间金陵富春堂刻本。富春堂坊主唐富春,号对溪。他所经营的富春堂书坊位于南京三山街,是明万历年间南京较大的书坊,刊刻了不少戏曲、小说、医书、杂书等通俗读物。所刻书籍常用牌记有"金陵对溪唐富春梓行""万历丁丑秋月金陵唐对溪梓""金陵三山富春堂梓"等。1954 年 2 月,古本戏曲丛刊初集本影印出版,卷前牌记云"古本戏曲丛刊编刊委员会影印北京大学图书馆藏明富春堂刊本,原书版高十九厘米,宽十三厘米",正文卷首下方题为"《新刻出像音注刘玄德三顾草庐记》一卷,金陵书坊富春堂梓",上有"上海图书馆藏""国立北京大学藏书""鄞马氏廉字隅卿所藏书"三枚藏书印。此剧情节本于《三国志》《三国演义》等典籍,讲述刘备三顾茅庐,以诚意感动诸葛亮,最终出山辅佐刘备的一系列故事,如诸葛亮舌战群儒劝说孙、刘两家合兵抗曹,神定气闲在赤壁之战中大败曹操,巧设妙计从周瑜手中救出刘备回荆州,使东吴赔了夫人又折兵,悉心辅佐刘备入川在成都称帝等情节,是明代记载诸葛亮事迹较多的文学作品之一。此剧通过直接描写和间接描写的表现手法,刻画出一个性格鲜明、血肉丰满的诸葛亮形象,与鲁迅先生对于《三国演义》"至于写人,亦颇有失,以致欲显刘备之长厚而似伪,状诸葛之多智而近妖"的经典论断有异曲同工之感。[③]

第一折开宗明义,以一曲[鹧鸪天]开场,通过人物对话,概括交代了这部作品的主要情节以及曲作家对诸葛亮丰功伟绩的高度评价。文曰:

> (自家开场,副末问云)(内应介)刘先主三顾草庐记。(末云)汉代英雄,曹瞒独霸。徐庶举荐,三人同顾草庐中。孔明初登宝帐,举火烧屯。第一功当阳失散,二妻投井,夫妇不全终,借荆州为本。诸葛施术,赤壁拜请东吴,周瑜诡邀,刘吴地密,召进王宫。幸乔公引见,龙凤雌雄,成亲后,来还本国。令人追赶,周瑜气死,计划成空。孔明神矣,锦囊三计,玄德方登帝位,众将

受王封。

诗曰：

诸葛亮不求闻达，吟梁父高卧隆中。
刘先主草庐三顾，明良际千载奇逢。

第二折讲刘备因“每日心中暗想，难逢辅佐贤良”，故而带关张二人去拜访有王佐之才的名士徐庶，从而引出徐庶对诸葛亮的评价和推崇，认为刘备若能请到诸葛亮，“伏龙一旦乘时起，雨泽行看沛八蜒”，定会有一番大的作为。录之如下：

[菊花新]（末）豫州今欲访贤，奈贤才实不多见。唯有襄阳之隆中诸葛孔明，草庐龙卧声名重，斗山吾筹算，当今之时，必须此辈能平乱，乱一平时天下安。

[前腔]（关张）曾闻司马徽有言。（末云）他有甚么言语来？（关张）道他是伏龙之彦，管乐自比，名齐庞士元。俺大哥尊贤礼士，其心甚笃，深忻羡。君当与引来相见，一见吾兄任大权。（末云）你二位所言差矣。

[前腔]（末）那孔明文武两全，果然是伏龙之彦，他行藏出处动辄学圣贤。你要他来相见，决不肯把身轻贱。却不道执贽求贤礼必先？（刘）怎么去相见便才好？（末）那孔明乃龙人也。此人可就而见之，不可屈而致也。豫州宜枉驾顾之，不然，决不肯出。……

诗曰：

意欲求贤未得贤，得君指示岂无缘。
伏龙一旦乘时起，雨泽行看沛八蜒。

第三折主要写刘备初顾茅庐前诸葛亮日常的生活状态，其中[临江仙]传达的信息最为丰富：

[临江仙]秉耒朝耕畎亩，张灯夜读阴符。乾坤落落风尘外，人静草庐孤。自比燕台乐毅，何惭齐国夷吾。昆山片玉深藏柜，待时沽。小生复姓诸葛，名亮，字孔明，道号卧龙，世家琅玡，隐居南阳，躬耕畎亩，自给饔飧，苟全性命于乱世，不求闻达于诸侯。只今天下，曹操据中原，孙权据江东，国步艰难，民心离散。小生虽系布衣之士，实怀庙堂之忧。今日无事，不免将天文地理书一阅，以什其闷。

诸葛亮未出山之前,虽然称不上声名远播,但已经有了一定的影响力,就连刘备两位夫人身边的内官都知道刘关张要去襄阳寻访的贤才“号卧龙诸葛氏,孔明名亮真经济,胸中谋略惊神鬼”(第四折)。刘备三顾茅庐请得诸葛亮出山辅佐,对诸葛亮非常器重,但其手下众将对待诸葛亮的态度并不统一:关羽和张飞认为“小小一书生,何必恁般相敬”,张飞更直称“当初破百万黄巾、战吕布,那时也没有军师。不过南阳一耕夫,何必如此大敬”(第十三折),刘备则相当干脆地表明自己的态度“三弟,吾得孔明,如鱼之有水,诸将勿得再言”,“命将不可有违军令,那时取罪休怪”。同一阵营中的人们对诸葛亮的不同态度,从侧面烘托出诸葛亮自身的神奇色彩,也为后文的正面描写埋下伏笔。

诸葛亮才华横溢,淡泊名利,却又因心怀天下苍生,时有怀才不遇之叹。他多次强调自己“素志本为太平之民,不幸遭逢离乱之世,主室衰微,奸臣窃命,虽有拨乱之心,奈无立功之地。可叹可叹!”(第七折)第二折的[高阳台][临江仙][懒画眉]等几支曲子,就生动地表现出诸葛亮“虽系布衣之士,实怀庙堂之忧”的拳拳报国之心。当决定出山辅佐刘备后,诸葛亮为国家大业不顾身体危苦、夫妻分离,渴望做一番大事业的壮志豪情溢于言表:“天下纷纷逐鹿辰,良禽尚择深林。要将抱负酬知己,敢负区区王佐心”,“小生受君三顾之恩,恨不得殉身以报国”(第十三折)。他将自己未出茅庐之前推演的三分天下局势向刘备和盘托出:“小生未出茅庐,按三分九九之数:曹操占了中原七十二郡,七见二也是个九数;孙权占了江东八十一州,八见一也是个九数;主公战了西川五十四州,五见四也是个九数。天时不如地利,地利不如人和”,“本待要学兴师伐纣姜吕望,设谋定计汉张良,四人同坐中军帐,不枉三番请下卧龙岗”,表明自己忠心辅佐的满腔热忱和深谋远虑的雄才大略。下文“博望烧屯用火功,纶巾羽扇笑谈中。直须惊破曹瞒胆,初出茅庐第一功”,既证明了诸葛亮的雄才大略,又让事前与诸葛亮赌头争印的猛将张飞俯首认罪,自承“望军师开天地之心,村憷性儿,不识愚贤”,更令刘备帐下众将心服口服,甘拜下风,在一场实战中完成了个人权威的确立。

不同阵营的人们,对诸葛亮的评价异口同声。当刘备带领新野百姓弃空城奔樊城,曹仁和许褚二人单骑逃归时,枭雄曹操急忙问徐庶“孔明村夫是何等之人,安敢如此”,徐庶对诸葛亮赞赏不已,认为“诸葛神人,纬地经天世罕闻”,其才能堪比伊尹和周公,非常推崇,自己与诸葛亮相比,犹如“萤火之光”与“皓月”,根本不能相提并论。文曰:

[驻马听](徐唱)诸葛神人,纬地经天世罕闻。精通韬略,布阵排兵,救国安民。闻风察势辩输赢,伊周才德应难并。(外云)比君之才如何?(徐云)庶乃

萤火之光,他正是皓月。刘备呵,今得斯人,如鱼得水,欢翻濬浚。(第二十折)

在联吴抗曹的过程中,诸葛亮对当时的政治形势有着客观的整体判断,提出行之有效的军事谋略,得到东吴代表人物鲁肃和周瑜的赞同与支持。他识大体,顾大局,心胸宽广,一见面就对周瑜的个人风度表示推崇:"欲醉公瑾之醇醪,惜未饮也;方仰子敬之丰仪,幸已瞻之。德风久及于家兄,道谊又施于小弟。欲依讲下,便觅愧中也。"(第二十六折)此折末尾有诗[曰]:"唇齿相依莫浪情,同心协力破曹兵。随他百万兵如虎,难免天罗地网灾。""[缕缕金](孔唱)挥羽扇,着荷衣,急趋吴国,去觅周郎。事体关天下,此行非枉。(孔、鲁合唱)等闲一举执豺狼,方得满吾望。"(第二十七折)诸葛亮表现出的战胜曹魏大军的信心与决心,对东吴西蜀同盟"兄弟同心,其利断金"的诚意与努力,也感染着鲁肃和周瑜。在鲁肃看来,诸葛亮轻易就看破了周瑜打黄盖乃是苦肉计,不禁感慨"先生高才绝学,肃岂知之"(第三十三折)。在周瑜看来,东吴军队"旗整整,阵堂堂,吾侪称国,士世无双。御寇多奇技,气雄威壮。艨艟斗舰接长江,曹瞒胆必丧",诸葛亮"实卧龙之杰,蒙枉驾,吾今幸得先生,此来必有佳教"。后来,当周瑜与诸葛亮斗智斗勇,诸葛亮草船借箭成功后,胸怀大志、谋略过人、心高气傲的周瑜心悦诚服,认为诸葛亮"[忆多骄]道甚明,计甚深,不亚吾师诲小生。我周瑜呵,似遇阳春物登荣。(合)跪敬一樽,跪敬一樽,表我诚心奉承"(第三十三折),表达出自己对诸葛亮政治智慧的由衷钦佩。

这部剧作通过诸葛亮、刘备、关羽、张飞、曹操、徐庶、曹仁、许褚、鲁肃、周瑜等人之口,反映出蜀汉政权、曹魏政权和东吴政权的重要人物对诸葛亮形象的不同评价,刻画出诸葛亮心系天下、深谋远虑、才智过人、善于团结的生动形象。

三、《东吴记》中的诸葛亮形象

《东吴记》,一名《锦囊记》。《古人传奇总目》著录,收入"明无名氏传奇"目内。《曲海总目提要》卷四十四有著录此本,称"未知何人所作"。现存清乾隆间百本张抄本,傅惜华旧藏,今归中国艺术研究院图书馆。题目录作《东吴记》,书后别题《锦囊记》,未署撰者。全剧不分卷,凡8出,依次为《上寿》《拈阄》《说亲》《谒乔》《招亲》《催归》《追赶》《二气》,剧演刘备当阳战败之后,诸葛亮计取荆州,为求长远之策而分路取四郡。与此同时,孙权与周瑜定计,假托将其妹新月公主许配刘备,赚取刘备过江东招亲,以为东吴夺回荆州。周瑜屡次定计,均为诸葛亮识破,最终使周瑜计划失败,"赔了夫人又折兵",传为千古笑谈。现存抄本已删略,显非全本,而清百本张抄本颇为完整。

头出《上寿》中,通过孙权与其母吴国太的对话中,侧面交代了“目今刘备已得荆州,此乃如龙得水,似虎生翼,况今曹操欲图江东”,“江东文猷武穆,国安民乐,内有张昭,外有周瑜,又有长江之险,哪怕曹刘百万”的现实状况。第二出《拈阄》从两个方面刻画出诸葛亮的形象:从蜀汉政权的角度看,无论是赵云所说的“今因曹操专权,挟天子以令诸侯。前者主公兵败当阳,军师只得借东吴人马,赤壁大战曹操。俺军师遣将,暗袭荆州、南郡、襄阳之地。今日主公要与军师商议久远之策,只得在此伺候”,还是刘备所说的“且喜荆州已得,皆赖军师神机妙算也,还求久远之策才好”,都是对诸葛亮成功谋取荆州的肯定。诸葛亮神机妙算,“帷幄运筹能,只看我两扇谈兵”,洞悉了东吴设美人计的真实原因,“此乃钓箭连环之计。他见我们占了荆州,又收伏四郡,故用此美人之计,赚主公过江,必行加害”,于是将计就计定下锦囊妙计,命令赵云“准备厚礼,保主公过江,先见乔公。与你三个锦囊,内藏妙策:过江时看红锦囊;成亲后看黑锦囊,急催主公转程;路上若有紧急之际,看白锦囊”,并让关羽、张飞等人乔装改扮做好接应,最终使刘备有惊无险地返回。从东吴政权的角度看,自诩“事业并桓文,韬略过孙吴”的周瑜,在取得赤壁之战胜利后,面对“不想孔明暗袭荆州,鲁子敬屡索不还,回复吴侯,暂借荆州。想刘备乃人中之龙,终非池中之物,更兼孔明、关、张为助,日后必为东吴之大患”的担忧,遂与吴主孙权定下美人计以讨取荆州的极端做法,既表现出对东吴的殚精竭虑、一片赤诚,又与下文诸葛亮巧设妙计二气周瑜,救回刘备保得荆州,落得个“周郎妙计安天下,赔了夫人又折兵”(第六出《催归》)、“设计反成空,却被他愚弄”(第七出《追赶》)的下场相呼应。而乔国老对吴国太所说的“有一个诸葛军师,有先天不测之机,且慢说是人哪,就是那天上的风,他要用就借来一用”(第五出《招亲》),也从侧面反映了诸葛亮的神机妙算,暗示了周瑜美人计的必然失败。

这部剧作通过蜀汉政权和东吴政权不同人物之口,反映出刘备集团和孙吴集团的核心人物对诸葛亮形象基本一致的评价,刻画出诸葛亮运筹帷幄、神机妙算、深谋远虑、威名远播的形象。

四、小　结

不同的政治立场决定不同的价值取向,不同的时代环境造就不同的人文情怀。在长达六七百年的历史演绎和口头传颂过程中,诸葛亮形象经历了从高人到神人再到智者的转化过程。明代戏曲家善于将儒家的正统思想、草灰伏线的叙事机制、虚实相生的表现手法融会贯通,通过诸葛亮对自我形象的评价、三国时期不同政权对诸葛亮形象的不同评价、明代剧作家对诸葛亮形象的正面评价等三个方面的铺陈,刻画出栩栩如生的诸葛亮形象:他运筹帷幄,深谋远虑,蓄

势待发，气定神闲，借势而为，防患未然，无论何时何地，时时刻刻想的都是蜀汉政权的稳定巩固，想方设法帮助刘备清除隐患，安抚臣僚，关切民生，励精图治，以实现蜀汉政权的长久发展。明代剧作家眼中的诸葛亮，不再是能呼风唤雨的神异之人，而是有大智慧的政治家和军事家，比前代小说戏曲中的诸葛亮形象更接地气，更有人情味。究其原因，就在于不同时代的人们早已“将各种历史时期的思想意识，政治、伦理、历史评价标准，人生价值观统统附益在历史故事之中”。[④]这是时代赋予文学作品中诸葛亮的责任，也是无数下层百姓在自己内心深处演绎出来的诸葛亮。正如金人刘昂《读三国志》诗所云：“虚视鲸吞卒未休，一时人物尽风流。”[⑤]诸葛亮形象在明代的民间传播，充分反映了明代民间对三国时期人物的历史评价标准和现实接受情况，是后人在历史事实基础上对前代历史人物历史地位的再认识、再阐发、再解读，在三国文化研究史上自有其独特的学术价值。

注释：

① [明]祁彪佳《远山堂曲品》，《中国古典戏曲论著集成》第六册，中国戏剧出版社 1960 年版，第 84 页。

② [明]祁彪佳：《远山堂曲品》，《中国古典戏曲论著集成》第六册，中国戏剧出版社 1960 年版，第 85 页。

③ 参见鲁迅撰、郭豫适导读：《中国小说史略》第十四篇《元明传来之讲史》(上)，上海古籍出版社 2011 年版，第 87 页。

④ 何满子《三国文化形成探源》，《古典文学知识》1994 年第 6 期，第 17—18 页。

⑤ 元好问《中州集》卷八，中华书局 1959 年版，第 425 页。

（作者工作单位：河南省社会科学院文学研究所）

“打鼓骂曹”本事·改编·颠覆·补缀述评

单 怡 单长江

胡世厚先生主编的《三国戏剧集成》第五卷收录了大量晚清昆曲京剧。其中的《打鼓骂曹》引起了我极大的兴趣,因为,祢衡击鼓骂曹的事迹,不仅见诸正史、野史,也被改编成小说、戏曲,情节或照搬,或补缀,或颠覆,而考察各种文学艺术作品的成文年代及文本,颇值得玩味。故笔者不揣冒昧,梳理如下。

一、剧情本事始末

祢衡“打鼓骂曹”的史实记载,最早见之于南北晋宋之际,范晔的《后汉书·文苑列传》之《祢衡传》。传云——

> 祢衡字正平,平原般人也。少有才辩,而尚气刚傲,好矫时慢物。兴平中,避难荆州。建安初,来游许下。始达颍川,乃阴怀一刺,既而无所之适,至于刺字漫灭。是时,许都新建,贤士大夫四方来集。或问衡曰:“盍从陈长文、司马伯达乎?”对曰:“吾焉能从屠沽儿耶!”又问:“荀文若、赵稚长云何?”衡曰:“文若可借面吊丧,稚长可使监厨请客。”唯善鲁国孔融及弘农杨修。常称曰:“大儿孔文举,小儿杨德祖。余子碌碌,莫足数也。”融亦深爱其才。
>
> 衡始弱冠,而融年四十,遂与为交友。上疏荐之曰:
>
> 臣闻洪水横流,帝思俾乂,旁求四方,以招贤俊。昔孝武继统,将弘祖业,畴咨熙载,群士响臻。陛下睿圣,纂承基绪,遭遇厄运,劳谦日昃。惟岳降神,异人并出。窃见处士平原祢衡,年二十四,字正平,淑质贞亮,英才卓砾。初涉艺文,升堂睹奥。目所一见,辄诵于口;耳所瞥闻,不忘于心。性与道合,思若有神。弘羊潜计,安世默识,以衡准之,诚不足怪。忠果正直,志怀霜雪。见善若惊,疾恶若仇。任座抗行,史鱼厉节,殆无以过也。鸷鸟累伯,不如一鹗。使衡立朝,必有可观。飞辩骋辞,溢气坌涌,解疑释结,临敌有余。昔贾谊求试属国,诡系单于;终军欲以长缨,牵致劲越。弱冠慷慨,前世美之。近日路粹、严象,亦用异才,擢拜台

郎，衡宜与为比。如得龙跃天衢，振翼云汉，扬声紫微，垂光虹蜺，足以昭近署之多士，增四门之穆穆。钧天广乐，必有奇丽之观；帝室皇居，必蓄非常之宝。若衡等辈，不可多得。《激楚》《杨阿》，至妙之容，台牧者之所贪；飞兔、騕褭，绝足奔放，良、乐之所急。臣等区区，敢不以闻。

融既爱衡才，数称述于曹操。操欲见之，而衡素相轻疾，自称狂病，不肯往，而数有恣言。操怀忿，而以其才名，不欲杀之。闻衡善击鼓，乃召为鼓史，因大会宾客，阅试音节。诸史过者，皆令脱其故衣，更着岑牟、单绞之服。次至衡，衡方为《渔阳》参挝，蹀而前，容态有异，声节悲壮，听者莫不慷慨。衡进至操前而止，吏呵之曰："鼓史何不改装，而轻敢进乎？"衡曰："诺。"于是先解衵衣，次释余服，裸身而立，徐取岑牟、单绞而着之，毕，复参挝而去，颜色不怍。操笑曰："本欲辱衡，衡反辱孤。"

孔融退而数之曰："正平大雅，固当尔邪？"因宣操区区之意。衡许往。融复见操，说衡狂疾，今求得自谢。操喜，敕门者有客便通，待之极晏。衡乃着布单衣、疏巾，手持三尺棁杖，坐大营门，以杖捶地大骂。吏曰："外有狂生，坐于营门，言语悖逆，请收案罪。"操怒，谓融曰："祢衡竖子，孤杀之犹雀鼠耳。顾此人素有虚名，远近将谓孤不能容之，今送与刘表，视当何如。"于是遣人骑送之。临发，众人为之祖道，先供设于城南，乃更相戒曰："祢衡勃虐无礼，今因其后到，咸当以不起折之也。"及衡至，众人莫肯兴，衡坐而大号。众问其故，衡曰："坐者为冢，卧者为尸。尸冢之间，能不悲乎！"

刘表及荆州士大夫，先服其才名，甚宾礼之，文章言议，非衡不定。表尝与诸文人共草章奏，并极其才思。时衡出，还见之，开省未周，因毁以抵地。表怃然为骇。衡乃从求笔札，须臾立成，辞义可观。表大悦，益重之。

后复侮慢于表，表耻，不能容，以江夏太守黄祖性急，故送衡与之，祖亦善待焉。衡为作书记，轻重疏密，各得体宜。祖持其手曰："处士，此正得祖意，如祖腹中之所欲言也。"

祖长子射，为章陵太守，尤善于衡。尝与衡俱游，共读蔡邕所作碑文，射爱其辞，还恨不缮写。衡曰："吾虽一览，犹能识之，唯其中石缺二字，为不明耳。"因书出之，躬驰使写碑，还校，如衡所书，莫不叹伏。射时大会宾客，人有献鹦鹉者，射举卮于衡曰："愿先生赋之，以娱嘉宾。"衡揽笔而作，文无加点，辞采甚丽。

后黄祖在蒙冲船上，大会宾客，而衡言不逊顺，祖惭，乃呵之。衡更熟视曰："死公！云等道？"祖大怒，令五百将出，欲加。衡方大骂，祖恚，遂令杀之。祖主簿素疾衡，即时杀焉。射徒跣来救，不及。祖亦悔之，乃厚加棺敛。衡时年二十六，其文章多亡云。①

范晔(398-445),字蔚宗,顺阳(今河南南阳淅川)人,是我国南北朝最杰出的史学家。他是范家庶子,在最讲究门阀士族的晋宋时期,范晔在家族中的庶子身份是广受欺负的。而范晔少时便勤奋好学,善属文,晓音律,又广泛阅读经史,还写得一手好书法,是一位多才多艺的人。晋宋之交,他始仕刘裕的相国椽。在刘宋王朝,历任参军、太守、左卫将军、太子詹事等职,由于出身卑下,颇受士族歧视,又因才华横溢且锋芒毕露,故屡遭上司与同僚的嫉恨与排挤。约在元嘉九年(432),范晔因触怒彭城王刘义康,被贬为宣城太守,郁郁不得志,开始撰写《后汉书》,获"四史"美誉,并由此奠定其在中国纪传体史书中的地位。范晔博学多才却锋芒毕露,故遭人嫉妒与排陷,祢衡则"少有才辩,而尚气刚傲,好矫时慢物",且二人均遭时多变,命运坎坷。范晔于今手搦笔管,为祢衡作传,同声一哭之余,亦欲借他人之酒杯,自浇胸中之块垒。故笔者冒昧陈情:祢衡"击鼓辱曹"有之,"骂曹"则非范晔为祢衡立传之本旨。

另据陈寿《三国志·魏书·荀彧传》,南朝宋裴松之注引《平原祢衡传》记载:"衡字正平,建安初,自荆州北游许都,恃才傲逸,臧否过差,见不如己者不与语,人皆以是憎之。唯少府孔融高贵其才,上书荐之曰:'淑质贞亮,英才卓荦。初涉艺文,升堂睹奥;目所一见,辄诵于口,耳所暂闻,不忘于心。性与道合,思若有神。弘羊心计,安世默识,以衡准之,诚不足怪。'衡时年二十四。是时许都虽新建,尚饶人士。衡尝书一刺怀之,字漫灭而无所适。或问之曰:'何不从陈长文、司马伯达乎?'衡曰:'卿欲使我从屠沽儿辈也!'又问曰:'当今许中,谁最可者?'衡曰:'大儿有孔文举,小儿有杨德祖。'又问:'曹公、荀令君、赵荡寇皆足盖世乎?'衡称曹公不甚多;又见荀有仪容,赵有腹尺,因答曰:'文若可借面吊丧,稚长可使监厨请客。'其意以为荀但有貌,赵健啖肉也。于是众人皆切齿。衡知众不悦,将南还荆州。装束临发,众人为祖道,先设供帐于城南,自共相诫曰:'衡数不逊,今因其后到,以不起报之。'及衡至,众人皆坐不起,衡乃号咷大哭。众人问其故,衡曰:'行尸柩之间,能不悲乎?'衡南见刘表,表甚礼之。将军黄祖屯夏口,祖子射与衡善,随到夏口。祖嘉其才,每在坐,席有异宾,介使与衡谈。后衡骄蹇,答祖言徘优饶言,祖以为骂己也,大怒,顾伍伯捉头出。左右遂扶以去,拉而杀之。"[②]《平原祢衡传》不载祢衡击鼓骂曹事。又据裴松之注引张衡《文士传》曰:"孔融数荐衡于太祖,欲与相见,而衡疾恶之,意常愤懑。因狂疾不肯往,而数有言论。太祖闻其名,图欲辱之,乃录为鼓史。后至八月朝,大宴,宾客并会。时鼓史击鼓过,皆当脱其故服,易着新衣。次衡,衡击为渔阳参挝,容态不常,音节殊妙。坐上宾客听之,莫不慷慨。过不易衣,吏呵之,衡乃当太祖前,以次脱衣,裸身而立,徐徐乃着裈帽毕,复击鼓参挝,而颜色不怍。太祖大笑,告四坐曰:'本欲辱衡,衡反辱孤。'……融深责数衡,并宣太祖意,欲令与太祖相见。衡许之,曰:'当为卿往。'至十月朝,融先见太祖,说'衡欲求见'。至日晏,衡着布单衣,練布

履，坐太祖营门外，以杖捶地，数骂太祖。太祖敕外厩急具精马三匹，并骑二人，谓融曰：‘祢衡竖子，乃敢尔！孤杀之无异于雀鼠，顾此人素有虚名，远近所闻，今日杀之，人将谓孤不能容。今送与刘表，视卒当何如？’乃令骑以衡置马上，两骑扶送至南阳。”裴松之又引《傅子》评论：“衡辩于言而克于论……衡以交绝于刘表，智穷于黄祖，身死名灭，为天下笑者”，并不是祢衡自绝于黄祖，也不是曹操之计周，而是刘表左右臣僚“谮之者有形也”。③

持此论者，还有唐朝伟大的浪漫主义诗人李白。李白出川之后，曾在今楚江汉间居留十余年，无数山川名胜，都留下了他那脍炙人口的诗什。如《望鹦鹉洲怀祢衡》。诗曰：

魏帝营八极，蚁观一祢衡。
黄祖斗筲人，杀之受恶名。
吴江赋鹦鹉，落笔超群英。
锵锵振金玉，句句欲飞鸣。
鸷鹗啄孤凤，千春伤我情。
五岳起方寸，隐然讵可平。
才高竟何施，寡识冒天刑。
至今芳洲上，兰蕙不忍生。

祢衡死后数百年，李白站在黄鹤楼头，远眺芳草萋萋的鹦鹉洲，同样才高八斗，却怀才不遇，自然而然的痛悼起“才高竟何施，寡识冒天刑”的祢衡，故而怒斥“鸷鹗啄孤凤，千春伤我情。”

以上故实，足见在南北两宋之前，“打鼓骂曹”的正野史及相关联的怀古诗，并未从纲常伦理层面伤及曹操。

二、明代小说戏曲对“打鼓骂曹”的改编

迄今为止，我们还没有发现《三国志平话》和元杂剧中有关祢衡“打鼓骂曹”的内容，尽管“拥刘反曹”业已成为这类作品众口一词的思想倾向。然而，到了元末明初，著名小说家罗贯中所处的时代，他“据正史，采小说，证文辞，通好尚”④，将祢衡“打鼓骂曹”的故事编入《三国志通俗演义》，使故事情节更加丰富，使祢衡的形象更加丰满，使读者读起来更加引人入胜。

罗贯中在卷之五第五节《祢衡裸体骂曹操》中写道——

（孔融荐祢衡于曹操）操教唤至。礼毕，操不命坐。祢衡仰面叹曰：“天地

虽阔,何无一人也?”操曰:“吾手下有数十人,当世之英雄也,何谓无人?”衡曰:“愿闻一一言其才能。”操曰:“荀彧、荀攸皆机深智远之士,虽萧何、陈平不可及也。张辽、许褚、李典、乐进勇不可当,岑彭、马武不可比也。吕虔、满宠为从事,于禁、徐晃为先锋。夏侯惇天下之奇才,曹子孝世间之福将:安得无人也?”衡笑曰:“公言差矣!以此等人物,吾尽识之:荀彧可使吊丧问疾,荀攸可使守坟看墓。张辽可使击鼓鸣金,许褚可使牧牛放马。乐进可使取状读招,李典可使传书送檄。吕虔可使磨刀铸剑,满宠可使食糟饮酒。于禁可负版筑墙,徐晃可屠猪杀狗。夏侯惇称为‘完体将军’,曹子孝呼为‘要钱太守’。其余皆是衣架饭囊、酒桶肉袋耳。”操怒曰:“汝有何能?”衡曰:“天文地理之书,无一不通;三教九流之事,无所不晓。上可以致君为尧、舜,下可以配德为孔、颜。胸中隐治国安民之方,岂可与俗子之论乎?”时止有张辽在侧,掣剑欲斩之。操曰:“不可。吾正少一鼓吏,早晚朝贺宴享,可令祢衡充此职。”衡不推辞,应声而去。孔融亦惶恐而退。辽曰:“此等小人,出言不逊,何不杀之?”操曰:“此人素有虚名,远近所闻。今日杀之,天下人言孤不能容物耳。祢衡自以为能,故令为鼓吏以辱之。”

时建安五年八月初。朝贺,操于省厅上大宴宾客,令鼓吏挝鼓。旧吏曰:“朝贺挝鼓,必换新衣。”……衡当面脱下破旧衣服,裸体而立,浑身皆露。……操叱曰:“庙堂之中,何太无礼?”衡曰:“欺君罔上,以为无礼。吾露父母之形,以显贞洁之人!”操曰:“汝为清洁之人,何为污浊?”衡曰:“汝不识贤愚,是眼浊也;不读诗书,是口浊也;不纳忠言,是耳浊也;不通古今,是身浊也;不容诸侯,是腹浊也;常怀篡逆,是心浊也。吾乃天下名士,用为鼓吏,是犹阳货害仲尼,臧仓毁孟子耳!欲成王霸之业,而如此轻人,真匹夫也!”左右皆欲斩之。操笑曰:“吾杀竖子,是杀鼠雀耳。令汝往荆州为使……”却教手下文武,整酒于东门外送路,以显威权。

荀彧曰:“如祢衡来,不可起身。”衡至,下马入见,众皆端坐。衡放声大哭。荀彧问曰:“汝为何吉行而哭之?”衡曰:“行于死柩之中,如何不哭?”众皆曰:“吾等是死尸,汝乃无头狂鬼耳!”衡曰:“吾乃汉朝之臣,不作曹瞒之党!”……

衡至荆州,见刘表毕,虽诵德,失讥讽。表不喜,令去江下见黄祖。祖不通经典,心性甚急。有人问表曰:“祢衡戏谑主公,何不杀之?”表曰:“祢衡数辱曹操,操不杀者,收天下之心;故令作使于我,欲借我手以杀之,以为我害贤,而陷我于不义也。……”(竟为黄祖所杀。)

操在许都,听知祢衡受害,大笑曰:“舌剑反自诛矣!”

乍看罗贯中描写的这一节文字,在情节上似乎与史传记载无异,但是细心

的读者会发觉，罗贯中所增加的“骂曹”情节和“吾乃汉朝之臣，不作曹瞒之党”等掷地有声的话语，才真正表达了作者改编史实的创作初衷：“故好事者以俗近语隐括成编，欲天下之人入耳而通其事，因事而悟其义，因义而兴乎感。不待研精覃思，知正统必当扶，窃位必当诛；忠孝节义必当师，奸贪谀佞必当去。是是非非，了然于心目之下，裨益风教，广且大焉，何病其赘耶？”[5]所以，后人称《三国演义》是罗贯中替曹操写的一部“谤书”，此话的确不假。明人庸愚子在《三国志通俗演义》序中，就曾经盖棺定论式地指出：“曹瞒虽有远图，而志不在社稷，假忠欺世，卒为身谋，虽得之，必失之，万古奸贼，仅能逃其不杀而已。”[6]就连清人毛宗岗，在经他修改过后的《三国演义》中，就指出曹操痛恨祢衡，又好求贤爱士之名，遂假人之手杀之；他忌恨杨修之才，竟以扰乱军心之罪诛之，故“曹操一生，无所不用其借：借天子以命诸侯，又借诸侯以攻诸侯。至于欲安军心，则他人之头亦可借，欲申军令，则自己之发亦可借。借之谋愈奇，借之术愈幻，是千古第一奸雄。”经罗贯中这么一写，又经毛宗岗这么一点评，曹操就被永远地钉上了历史的耻辱柱。

前文已述，元代三国戏丑诋曹操，已是众口一词，在《三国志通俗演义》的普及影响下，民间杂剧、传奇对曹操的丑化和嘲骂更是不遗余力，甚至变本加厉，这当然是与明初统治者强化程朱理学对军民臣工的思想统治，推行高度集权的绝对君权制度密切相关。太祖朱元璋废除自秦唐实行的丞相制度和中书、门下、平章制度，皇帝直接掌管中央六部及各省军政大权，实行徒有虚名的备员书记的大学士制度，真正做到了“卧榻之侧，岂容他人酣睡”，皇室出生的朱有燉在《关云长义勇辞金》杂剧中，敷衍关羽于白马镇中斩颜良后挂印封金，作书辞曹而去。该剧除赞扬关羽辞曹归汉的凛然大义，尤在揭露曹操“笼络英雄之伎俩”（《远山堂剧品》）。无名氏杂剧《青钢啸》，敷演西凉马超于潼关追杀曹操，青钢剑锋啸跃，追得曹操狼狈之极，以至割须弃袍，令观者拍手称快。无名氏杂剧《龙凤衫》敷演司马师、司马昭兄弟，阴谋图魏，其手段一如当年曹操，曹丕父子威逼汉献帝。而魏主亦效仿刘协裂帝服龙凤衫，血书讨司马之诏。剧作者如此敷演，旨在还报曹操父子奸谋篡汉，以示天道好还，报应不爽。如此种种，不一而足。

明清三国戏中，丑诋痛骂曹操最有力者，莫过于嘉靖朝著名文人徐渭的杂剧《狂鼓史渔阳三弄》。该剧写祢衡在曹操借朝会击鼓辱之，又借江夏刘表、黄祖之手杀之之后，于阴间应地府判官之请，重摄羁于地域的曹操亡魂，再现当年“打鼓骂曹”的壮烈场面。这一次骂比生前那次裸体骂曹更加痛快淋漓，就如剧中祢衡所说：“小生骂座之时，那曹瞒罪恶尚未如此之多，骂将来冷淡寂寥，不甚好听。今日要骂呵，须直捣到铜雀台分香卖履，方痛快人心。”[7]十一通鼓声，祢衡在骂声中历数曹操生前“逼献帝迁都又将伏后来杀”，“可怜那九重天子救不得一浑家”，并将“龙雏凤种，做一瓮鲊鱼虾”。更将董贵妃连同腹中“两三月小娃娃，既杀了他的娘，又连着胞一搭，把娘儿们两口砍做血虾蟆”。又挟天子以令诸侯，击袁术、袁绍，灭刘表、刘琮，攻孙权、刘备，致使“是处儿城空战马，递牢来尸满啼鸦”。从此，“仗威风只自假，进官爵不由他。一个女孩儿竟坐中宫驾，骑中郎直做了侯王霸，铜雀台直把那云烟架，僭车旗直按例朝廷胯。在当时险夺了玉皇尊，到如今还使得阎罗怕”。杨修、孔融，“个为忒聪明参透了‘鸡肋’话，一个则是一言不洽，都双双命掩黄沙”，顺带“借刀杀了咱”，更兼带百万生灵，晚年“你造铜雀要锁二乔”，临死前“又卖履分香”，谁曾想侍妾们“带衣麻就搂别家”。十一通鼓声，一曲曲狂词，力透纸背，骂得曹操体无完肤。由于这是祢衡在阎罗殿演述当年“骂座”，曹操没有了人间威权，也没有荀彧、张辽辈假威犬吠，所以祢衡的怒骂与嘲讽连在一起，更具有一股居高临下、浩气凌云的气势。明末祁彪佳《远山堂剧品·妙品》评曰：“此千古快谈，吾不知其何以入妙，第觉纸上渊渊有金石声。”[⑧]而清代陈栋评徐渭剧诗时曾说：“如怒龙挟雨，腾跃霄汉。”（陈栋《北泾草堂外集·关陇舆中偶忆编》）这些话自然首先是针对《狂鼓史渔阳三弄》所发的评论。徐渭一生任性行事，晚年又自由狂放，正与祢衡疏狂奇傲的性格与行为相表里。此剧当是作者一生悲愤不平之气的一次总爆发，故明袁宏道谓此剧“语气雄越，击壶和筑，同此悲歌”（清姚燮《今乐考证》著录三）。又徐渭所在的嘉靖朝，奸相严嵩，总理朝纲，排斥异己，杀戮忠良，其形状俨然汉末的曹操。有人考证，该剧是徐渭为他的朋友沈炼而作，因沈炼被严嵩迫害致死，看来他也是借古人之酒杯，浇胸中的块垒。

三、清人对“打鼓骂曹”剧情的颠覆与补缀

在历史文化长河中，西晋陈寿《三国志》替曹魏撰本纪，却列蜀汉、东吴诸帝于列传之列，隐然尊曹魏为正统，吴蜀为偏霸。西晋接受魏的禅让，自然推尊曹操，因为伪魏无异自伪。南北朝群雄争霸，战火纷飞，生灵涂炭，人们迫切希望能出现一位像曹操那样具有雄才大略，允文允武的英雄圣主，夷平群雄，勘定战乱，使天下达于大治。故从南北朝始，直至北宋建立，历朝历代的统治者和诸多史官，均遥尊魏武帝曹操为开国圣祖，唐宋还给予其国家春秋大祭的隆祀。然而自南宋朱熹《通鉴纲目》问世以来，居然推翻了正魏伪蜀的历史定论，初步形成了正蜀伪魏的文化悖论。究其原因，一者是辽、金、元蒙相继入侵，使曹操成了北方民族入侵中原的代名词。二者是尊崇王室、抚汉攘夷的程朱理学，日益成为官方意志，并主导民意。三者是南宋偏安江左，效法孔明北伐中原，还于旧都，庶几可以激励民气。四是秦桧、贾似道等奸臣，专权误国，随着三国文化借助各种载体广泛传播，曹操便以切权奸雄形象扎根于社会文化生活之中。故自“紫阳纲目”出，伪魏正蜀已成文化定论，历元明清三代，再无异辞。即使是满清入关，依

然尊蜀抑魏。乾隆皇帝甚至下令将北宋名儒穆修，重修《亳州魏武帝帐庙记》，从《四库全书》中刊除，以示对曹操篡逆"以彰斧钺"。清初，毛宗岗重新加工整理成《三国演义》，对"拥刘反曹"正统思想做了进一步的强化，对曹操直接以"奸雄"称之，且是人"古今来奸雄中第一奇"，其影响可谓广且大矣。

然而，在这股"反曹"的滚滚文化洪流中，清朝初年却有一位名叫郑瑜的戏剧作家，别出心裁地推出了一部全面替曹操翻案的奇葩新作《鹦鹉洲》，堪称一潭死水中激起的一朵奇丽刺目的浪花。此剧明显是徐渭《狂鼓史渔阳三弄》的对立翻案之作。作者在剧中借主人公祢衡之口，说《狂鼓史渔阳三弄》"打鼓骂曹"，分明是"徐文长借他人酒杯，浇自己块垒"，《鹦鹉洲》的剧情也是祢衡死后在幽冥途中进行的，显示郑瑜有意虚构，无半点事实依据，就是在百二十回本的《三国演义》中，也找不到丝毫可供参考借鉴的蛛丝马迹。正由于是凭空捏造，所以剧情简单，也无激烈的戏剧冲突。郑瑜先借主人公自报家门，告诉观众祢衡死后若干年之后，魂魄得到纯阳子吕洞宾的点化，随八仙赴岳阳楼参加群仙会。途经汉阳鹦鹉洲（此洲，原在武汉三镇之一的汉阳城外江中，原为江水冲刷淤积而成，史载黄祖之子黄射得人献鹦鹉，求祢衡咏之，"以娱嘉宾"，祢衡援笔立就，"辞采甚丽"。此洲因此得名。唐人崔颢有诗云："晴川历历汉阳树，芳草萋萋鹦鹉洲"，可见唐时此洲犹在。明末时沉没江中，清乾隆时人们又把汉阳江堤外淤积的一块沙洲称为鹦鹉洲，光绪时有人建祢衡墓于洲上。）发现一古人墓冢，仔细查看，发现原来是自己的坟墓，故而唏嘘不已。不料又巧遇当年那只为自己所赋并被收入《文选》的鹦鹉的游魂，一番巧问妙答，方知其为"千年故友"。剧情遂以问答形式，展开对曹操的全面翻案。因为该剧只不过是死水微澜，当时既未引人关注，后世亦少有留意者。幸亏龙云飞先生细加搜寻，发微阐幽，写成鸿论，现将他的观点归纳如下，供研究者参考。

首先，不再骂曹，反而赞曹。曹操一生，干了不少伤天害理的事，毛宗岗骂其"一生奸伪，如鬼如蜮"。特别是曹操奉行"宁叫我负天下人，休叫天下人负我"的地主阶级极端利己主义的人生哲学，毛宗岗更认为此语"开宗明义"揭示了曹操直叫万世人唾骂的罪恶灵。但是郑瑜却视曹操此语为英雄心怀坦荡，心口如一，以为"唯有真正英雄方肯在口角明宣诵"，大逆世之公论。他还通过刘备与曹操某些言行对比来称颂曹操，一反自南宋以来"尊刘贬曹"的历史成论。本来，曹操素与奸诈凶狠嗜杀名世，刘备更以宽仁厚德爱民著称，可是在郑瑜《鹦鹉洲》剧中的情形和结论正好相反："刘备因刘璋好意请他去，共守益州，却忘恩负义，同姓自相攘夺，占了西川。"又指责刘备距守徐州时，为吕布所败，走投无路，幸被曹操收留，且待为上宾。却在许川暗中结党营私，企图谋害曹操。青梅煮酒，曹刘论及当世英雄，刘备心中有鬼，故闻雷失箸，后果为曹操之敌，而曹操却不忍加害。这也是刘备忘恩负义、曹操光明磊落之一证。

二是否认曹操“借刀杀人”,范晔的《后汉书》明白无误的记载,祢衡是在曹操命为鼓吏以辱之、祢衡于朝会之时裸体击鼓反辱曹操之后,被其押送至荆州,欲假刘表之手杀之。刘表识破曹操阴谋,将其遣送至江夏太守黄祖处杀之,徐渭依据史实,在《狂鼓史渔阳三弄》中予以揭露。郑瑜在《鹦鹉洲》剧中,反驳史书的记载和徐渭的口诛笔伐,本着生死前定的宗教精神,认为人生如白驹过隙,遣送给黄祖与否没有什么本质不同,因而对曹操、刘表、黄祖这些致自己于死地的仇敌均无怨恨,相反却十分感激曹操。郑瑜笔下的祢衡认为:正是曹操在得到孔融的荐书之后,乃“辟贤车,颁异宠”,因而得其“知重”,甚至承认当年骂曹是“别有缘故”,“昧了心”,错在自己。他还说曹操押送自己到荆州刘表处不是借刀杀人,而是曹公“认我与关公一样,降汉不降曹的,故送我至荆州,听关公归豫州。他说在刘犹在汉,在汉犹在曹。这便见他至公无我了。”这番反驳因为颠倒了历史的黑白,自然显得苍白无力,无比矫情了。

三是无端给伏皇后捏造罪名,为曹操“弑后”平反。毛宗岗称“观曹操杖杀母后一事,天翻地覆,真前史之绝无仅见者矣”,而“弑伏后则篡国之机也”。[⑨]但是,郑瑜为了替曹操“弑后”“篡国”的十恶不赦的罪名翻案,竟给伏皇后捏造出许多罪名:什么以庶夺嫡、坐拥正宫,什么勾结外戚、浊乱朝纲,什么假传圣旨、构陷大臣,甚至连威逼献帝、谋夺关刘的绝招也构造出来了。如此以来,曹操命人杖杀伏后纯系为了保住大汉江山社稷而为国除奸,这与周武王诛杀妲己相类似而又有所不同,姬发诛妲己后取商而代之,而曹操杖杀伏后之后依然事汉,故曹操忠节勋绩更在周武王之上。这何啻诡辩。

其四为曹操赤壁大战败绩涂脂抹粉,反诬刘备、周瑜螳臂挡车。赤壁大战是改变汉末政局的三大战役之一,也是中国军事史上以少胜多、以弱胜强的成功战例。郑瑜虽然无法篡改曹操在赤壁大战中骄横致败的结局,以及此战为三国鼎立局面形成所起的奠基作用,但他对这种结局大为光火,并把曹军败绩归咎于刘备和周瑜:“时玄德若与曹公同心协力,歼灭江东,汉朝一统,其功不在平诸吕、灭七国之下,反与孙权共为赤壁之役,这叫作向穴嗥,倒帮了他们,让曹公热心一片,都化作冰冷西风。”而“周瑜少不更事,黄盖吠非其主”。“孙权若听了张子布老成之言,则汉朝社稷灵长,自家爵位不在窦融、钱俶之下”。既然东吴君臣违背天意,必遭天诛,“周瑜以戕害王师,焦烂多命,旋受天诛。黄盖以坠水受害,棒疮冻溃,也就死了。孙权子孙,代代浊乱”,以致亡国。试问,这是什么混账逻辑?

其五讴歌曹操是济汉忠臣。前文所述,连乾隆皇帝也认同曹操是篡逆权奸,举世皆骂其为奸雄国贼,唯独郑瑜认定曹操是忠心事汉的忠洁之臣。在剧中,郑瑜竟做出如此荒诞的猜测推理:关羽在华容道上“深知天下大计,汉朝少不得此人”,才不顾杀头之祸,私开金锁,顿启牢笼,让曹操漏网逃脱。并借祢衡之口说:“若曹公果然是个国贼,关公岂为一己之私,误了大事?”对于曹丕逼汉禅位,郑

瑜也替曹操做了如下辩解：周文王尚且不能禁武王伐纣，曹操又岂能阻止曹丕代汉？想当初曹操为防止曹丕野心膨胀，几欲立曹植嗣位。足见曹操不但没有不臣之心，还防范儿子将来篡汉，实乃大汉精忠尽节之臣。郑瑜还借祢衡之口，称颂曹操是“盖世英雄，绝世明聪，治世纯忠，乱世奇功，名世宗工，应世灵通，济世艨艟，救世参芎，泽世神龙，仪世飞鸿，贯一世长虹，警世丰隆，振世金镛，威世彤弓，下世虚冲，包世涵容，砺世磨砻，华世璜琮，肩世冉松，镇世衡嵩”，简直肉麻至极！不过，一句“不是祢正平公心识远，谁肯与曹丞相辩冤反辟”！这才是郑瑜“夫子自道”。

据龙云飞先生考证，郑瑜约生活于清顺治前后。自元代三国戏出现至清初，连小说、弹词、民歌的主题也都是“尊刘贬曹”。毛宗岗“尝读《昙花记》，见冥王坐勘曹操，考之、问之、打之、骂之。或曰：此后人欲泄其愤，无聊之极思耳。予曰：不然，理应如是，不可谓之戏也。古来缺憾不平之事，有欲反其事以补之者……斯皆以天数俯从人心，以人心挽回天数。”[10]。这就表明，清初的确有剧作家在做翻案文章。但是，就连夏纶《南阳乐》（写孔明灭魏平吴）、刘晋冲《小桃园》（写蜀汉君臣后人结义复汉），其主题倾向依然是“拥刘反曹”。郑瑜显然没有从内容的成局上改弦更张，而是在人物及其所体现的主题上花样翻新，自然便有了新意。再加上清初汉族士自普遍具有夷夏颠倒，真伪莫辨后的信仰危机，以及随种族歧视而来的怀才不遇之感，促使种种玩世不恭的奇人和奇谈怪论的奇葩产生。郑瑜的《鹦鹉洲》应运而生，也就见怪不怪了。

时至晚清，国政日坏，满清贵族政权日益腐朽，有识之士的民族意识日渐复苏。光绪三十年（1904），中国第一个戏剧杂志《二十世纪大舞台》问世，发起人陈去病、汪笑侬等标举“改革恶俗，开通民智，提倡民族主义，唤起国家思想为唯一之目的”（《简章》）；柳亚子所撰《发刊词》，高举“梨园革命军”，呼吁“建独立之阁，撞自由之钟，以演光复旧物、推倒虏朝之壮剧、快剧”，揭开了戏剧史崭新的一页。汪笑侬，满族人，本名德克金（亦作德克俊），曾任河南太康知县，后弃官为伶，是京剧改良的先驱。他忧国忧民，主张以戏曲激扬民心。他一生自编自演的戏很多，包括自己的创作，也从传奇等移植改编或整理加工京剧旧本。其作品大多托古喻今，影射时政，表达悲愤激昂的民众心声。他最有名的作品为京剧《受禅台》《哭祖庙》。他在剧中借刘谌之口，哭谏准备投降的刘禅：“自盘古以来，江山只有争斗，哪有禅让之理？”旨在影射袁世凯窃取辛亥革命的胜利果实，并以此剧鼓舞革命党人的斗争意志。刘艺舟则在汉口自编自演京剧《皇帝梦》，讥刺洪宪称帝丑剧。

无名氏杂剧《打鼓骂曹》就产生于这种文化大背景下。胡世厚老解题云：剧写祢衡由孔融荐于曹操，曹操怪祢衡高傲，礼貌不周，故示轻慢。祢衡知曹操不能礼贤纳士，借题发挥，蔑视讥讽曹营文武百官。张辽大怒，拔剑欲杀，曹操则任命祢衡充当鼓吏。于是在元旦大宴群臣时命祢衡于廊下打鼓,以羞辱之。祢衡大悔前来投靠。席间,祢衡脱去蓝衫,赤身裸体,打鼓四通,数骂曹操。张辽拔剑又要杀祢衡,曹操惧人议论,用借刀杀人之计,使祢衡持书信前往荆州,说刘表归降。祢衡无奈,允往荆州。[11]该剧剧情与史实和《三国志通俗演义》的描写无异,显然也参考了徐渭《狂鼓史渔阳三弄》中祢衡生前部分词曲。在该剧新增的词曲中,除了继续强调祢衡怀才不遇、恃才傲物、不屈权贵的传统抗争精神之外,还加强了对曹操"名为汉相,实为汉贼"不臣之心的揭露与抨击。如第二场写祢衡初见曹操,是"相府巍巍杀气高,重重叠叠摆刀枪。画阁雕梁双凤绕,亚赛天子九龙朝",揭露曹操相府僭越违制的不臣行径。一见曹操,便称"人说曹瞒多奸诈,果然亚赛秦赵高。欺君亢上非臣道,全凭势力压当朝",发誓"不愿与逆贼同党"。第四场,写祢衡在朝会上,赤身裸体,击鼓骂曹:"你强官居首相,不识贤愚,眼浊也;不听忠言,耳浊也;不读诗书,口浊也;常怀篡逆,是心浊也!"我"鼓打一通惊天地,鼓打二通民安康。鼓打三通削奸党,鼓打四通振朝纲。鼓发十二连声响,管叫奸党无下场。"这一场全新的怒骂,义正词严,声声如刀,句句见骨,将曹操专权篡国的狼子野心暴露无遗。我以为作者虽然不知姓名为谁,肯定也是一位具有民族气节的知识分子。时值晚清,朝廷"母党"(以慈禧太后为代表)"帝党"(以光绪帝为代表)壁垒,形同水火。以康有为、梁启超为代表的一批人士,拥护皇权,主张变法维新;而母党实际上掌握着朝纲,反对变法。这时候袁世凯掌握了北洋水师,他的政治态度指向和军事锋芒偏向,决定了变法的成败。然而,袁世凯阳奉阴违,耍尽奸诈,骗取保皇党委政于他,却反扑过来,将"变法六君子"等一网打尽。最后,再胁迫清帝退位以后,又要挟孙中山出让民国大总统。上任不久,又演出了一幕洪宪皇帝登基 83 天的闹剧。我想,联系晚清京剧改编旧剧,借古喻今的文化氛围,无名氏在《打鼓骂曹》中借曹骂袁,激励反清志士反清反袁,也称得上是激发出了这出千古老剧的历史新声。

注释:

① [宋]范晔《后汉书》,团结出版社 1996 年版,第 773—775 页。

② [晋]陈寿撰,宋裴松之注《三国志》,中华书局 1985 年版,第 311 页。

③ [晋]陈寿撰,宋裴松之注《三国志》,中华书局 1985 年版,第 312 页。

④ [明]高儒《百川书志》,转引自孔另镜编辑《中国小说史料》,上海古籍出版社 1982 年版,第 40 页。

⑤ 关中修髯子《三国志通俗演义·引》,罗贯中《三国志通俗演义》,上上海古籍出版社 1980 年版,第 3 页。

⑥ 罗贯中《三国志通俗演义》,上海古籍出版社 1980 年版,第 3 页。

⑦ 王起主编《中国戏曲选》中册,人民文学出版社 1985 年版,第 646 页。本段引文出

处同。

⑧ 王起主编《中国戏曲选》中册，人民文学出版社 1985 年版，第 658 页。

⑨ 罗贯中《三国演义》中册，内蒙古人民出版社 1995 年版，第 725、726 页。

⑩ 罗贯中《三国演义》上册，内蒙古人民出版社 1995 年版，第 241 页。

⑪ 胡世厚主编《三国戏曲集成》第五卷《晚清昆剧杂剧卷》，复旦大学出版社 2017 年版，第 231 页。

（作者工作单位：湖北科技学院人文与传媒学院）

六年心血铸就《三国戏曲集成》

胡世厚

复旦大学出版社王卫东总编辑赠送给大家的厚重礼物——《三国戏曲集成》元代卷及其他各卷,也是中国三国演义学会、清徐罗贯中研究会、三国戏曲戏曲集成编委会,向大家奉献的一份珍贵的礼物,是众多校理编校人员耗费6年心血、辛勤耕耘灌溉而盛开的一株鲜花,是历代众多戏曲家呕心沥血、饱经风雨、历经沧桑创作而流传下来的珍果,我们捧送给大家欣赏玩味品评,提出宝贵意见。本来我们是准备送给与会代表每人一套正式出版的《三国戏曲集成》,因种种原因未能如愿,出版社王总只好快印100本,送给代表每人一本,征求意见。

今天,借此机会我怀着喜悦激动的心情,向大家汇报《三国戏曲集成》的缘起、校理、出版的情况。

2003年10月,我赴武汉参加全国第十六届《三国演义》学术讨论会。会议期间参观黄鹤楼,在楼上刘世德先生与我谈起编辑整理《罗贯中全集》和三国故事戏之事。我们认为这是研究罗贯中及其《三国演义》《水浒传》等著作、三国戏曲文化的一项基础工作,工程浩繁,难度很大。我回郑州后,曾将这个课题说给一个相识的出版社的编辑。她很感兴趣,觉得是两个很好的选题。她让我写个具体意见,向社领导汇报。过些日子,这位编辑跟我说:社领导听了她的汇报,看了我的意见,认为项目好,但投资大,印数有限,难有经济效益,不好承担。这样,这件事就放下了。8年后,2011年我忝任副主编的《罗贯中全集》由山西清徐罗贯中研究会资助、三晋出版社出版面世。这又引发了我整理三国戏的强烈愿望,经过三思,与学界同仁商讨,得到他们的支持,但我已离休近20年,无处无法申报课题。无奈我只好与清徐罗贯中研究会会长范光耀商量,希望他们给予资助。范光耀会长欣然同意。有了他的支持,而我手头上的事情也告一段落,我便开始运作起来。

这个项目属于古籍整理范围,我们计划主要整理元明清杂剧、传奇及清花部的三国戏。由于山西平阳(今临汾)是元代戏曲活动的中心,其盛况可与大都(今北京)比肩,留存三国戏剧本丰富,因而商定编一卷山西的三国地方戏,由范

光耀会长牵头，组织山西的专家编选校勘整理。

20世纪90年代我曾写过《〈三国演义〉与三国戏》，了解三国历史故事是金元以降戏曲作家创作的热门题材，创作了许许多多的三国戏，存本甚多。这些三国戏，敷演东汉灵帝光和七年（184）黄巾起义起，至晋武帝太康元年（280）吴亡，三国统一于晋止，共97年间发生的故事。为了进一步弄清历代三国戏剧目的存佚情况，我走访多地图书馆，查阅当今能见的戏曲目录和戏曲研究资料，特别是研究三国戏的论著，经过梳理考证，整理出元代、明代、清代三国戏剧目。我将整理三国戏的信息与《三国戏曲集》编目（上）刊发在2012年10月出版的《罗学》创刊号上，征求意见。很快得到学界同仁关注，聊城大学文学院古今教授写了专论《关于中国〈三国戏曲集〉编目（上）的几点思考》，对《三国戏曲集》的整理，提出了很好的增删调整以至编排的意见。我们将该文刊发在2013年8月出版的《罗学》第二辑。同辑还刊发了《三国戏曲集》编目（中）。

有了剧目，我就顺藤摸瓜，寻找剧本。这是一个艰难繁杂精细的工作。我多次到上海图书馆、上海戏剧学院图书馆、上海戏剧学院戏曲学院图书馆、河南社科院图书馆、河南省艺术研究院资料室、河南省图书馆、复旦大学图书馆、南京图书馆、南京师范大学图书馆寻找剧本及其各种版本与资料。我三上北京，到国家图书馆、首都图书馆、中国戏曲学院图书馆，故宫博物院图书馆寻找剧本和有关资料。特别是去故宫博物院图书馆查阅资料，尤为困难。我于2013年5月持公函去，院方让我等待准阅通知，直到2013年9月我才得到故宫博物院通知，准我进其图书馆查阅资料。我在国家图书馆、首都图书馆、上海图书馆找到一些善本、孤本的剧本，众所周知，除付复印费外，还要付每页30元的资料费。

元明清的三国戏：元代杂剧，前人整理过，且版本、整理本颇多；明代杂剧、传奇，大多是刊印本、抄本，未经整理；清代杂剧、传奇、花部大多是手抄本、转录本，多未标点，未经整理。我已年过八十，精力有限，特请河南省社科院文学所所长卫绍生研究员、副所长杨波副研究员参与，组成小团队，分工校理。老朽不会使用电脑，我承担的校勘整理的任务，须在底本上进行，手写前言、解题、校记，校理后，请人打印成书稿，而市面上打字社的打字员是年轻人，不识繁体字，打出来的稿子，错误百出。为了少出差错，我在底本上标出简体，甚至抄成简体字稿，再打印，这样仍然错误很多。每种剧本我都要校对三四遍，还是有错，伤透了脑筋。这样工作费时、费工、费神、费眼、费钱。后来，小女帮我请了文化高、能识繁体字的朋友张竞雄女士、赵青先生帮我输录，差错就大大减少了。

2013年，我告知上海文化出版社朋友毛小曼博士，我正校理《三国戏曲集》，希望她社能出版。毛小曼博士看上这个项目，经与总编辑王刚商量，同意出资出版这套书，并约我共同商议，申报2014年国家古籍整理基金资助。然而，未能获准。但他们仍然坚持要由本社出资出版。就是在这个时候，我的学界朋友，

刚由上海金融学院学报调往复旦大学出版社的张蕊青教授，得知这一情况，经与其社总编孙晶和上海文化出版社协商，改由复旦大学出版社出版，将《三国戏曲集》改名为《三国戏曲集成》，并增加了现代京剧和当代改编和创作的三国戏两卷，2014 年 6 月签订了出版合同。复旦大学出版社请刘世德荣誉学部委员、宁宗一教授推荐，将《三国戏曲集成》申报 2015 年国家出版基金资助，获得批准。

2015 年，复旦大学出版社提出建议，《三国戏曲集成》改出繁体字本版。这样我们必须将交过的书稿和正作的书稿，由简体字转换成繁体字。我们尊重出版社意见，将书稿由简体字转换为繁体字。没料到简换繁，书稿会出这么多的差错，需要对照底本重新校对。出版社编辑仔细认真审阅我们由简体换繁体部分书稿中，发现一些问题，其中有些很好的意见，有些与我们的看法不尽一致。为了整理编好“集成”，我们多次开会交换意见，修订“凡例”。我们从出版社取回底本，对照底本重新校改书稿，作为修订稿，送出版社编辑审阅。出版社责编审改后，还要请社外专家二审三审，这样就大大增加了工作量和工作时间。从 2016 年冬到 2017 年 7 月 25 日，我又审改了八卷专家三审修改、提意见的书稿，同补选的戏画，送往复旦大学出版社。我以为这样可以卸下担子了，谁知出版社还让我再看一遍，责编修改后的四校清样，待我签字付印。这样时间就紧迫了，不能将“集成”八卷十二册带到会上，奉送给大家。

“集成”汇集历代三国戏中 587 种，其中完整剧本 471 种，残曲、存目 116 种，编为《三国戏曲集成》，内分八卷：《元代杂剧卷》、《明代杂剧传奇卷》、《清代杂剧传奇卷》(上下卷)、《清代花部卷》、《晚清昆曲京剧卷》、《现代京剧卷》(上中下卷)、《山西地方戏卷》、《当代戏曲卷》(上下卷)。纵观《三国戏曲集成》，亮点有三：

1. 开荒创新，填补空白。我国古代长篇小说有四大名著：《三国演义》《水浒传》《西游记》《红楼梦》，影响最大的是《三国演义》，编演、留存戏曲剧本最多的是三国戏。然而，《水浒戏曲集》《西游记戏曲集》《红楼梦戏曲集》都已先后出版，唯独《三国戏曲集》没有问世。也许因为历代三国戏多，版本复杂，存本分散，搜集整理难度大，工程浩繁，因而学界无人问津。如今，《三国戏曲集成》的校理出版，既是一项开荒创新性的工作，又填补了这一领域的空白。

2. 剧本众多，汇集完备。元代以降的三国戏曲存本、存目众多。存目分别著录在许多古籍、书目著作中，有的未见著录。存本分藏全国各地，版本十分复杂，有刻本、复刻本，抄本、转抄本，其中有许多是罕见的善本、孤本。有的孤本长期深藏某地书库，几乎没人见过。我们从北京、上海、南京、杭州、郑州、太原等地的国家、故宫及省、市、高校图书馆，查遍记述戏曲剧目及学界研究论著，搜集剧本的各种版本。因而，该集元明清杂剧、传奇搜集当全，清花部、京戏、现当代戏曲为选录，即便如此也是当今汇集三国戏最多、最全、最为完备的一部文献价值

极高之书。

3.版本最好，校勘仔细。今存剧本，元杂剧有所整理，但其版本较多，校勘甚难。明清三国戏剧本刊本少，抄本多，仅有个别剧本经过整理，绝大部分未经整理，因而，曲白异文多，错别字多，简写字不规范，文字有脱落、字迹漫漶不清、错简缺页，多未断句标点。因而，我们选用最好的版本作底本，精细审慎，务求存真地进行校勘，凡属异文、误字、漫漶、空缺、墨丁、脱漏、衍文、倒错、妄增、误删等处，皆分别校正，记入校记。凡不明者，注明待考。该集经责任编辑初审，又经专家二审、三审，他们审改书稿，提出修改意见，再经校理作者、主编审改、定稿，这样反复修改，因而该集可谓是一部集体劳动成果，是部版本最好、校勘仔细、存真少误、可读可用的戏曲集，而且又具极高的学术价值。

我国亿万人民了解三国历史、三国人物，并非是因为读过陈寿《三国志》和罗贯中《三国演义》，大多是从看三国戏而获知的。因而，我们校勘整理《三国戏曲集成》，是一件功在当代、泽被后世的工作，将为继承传统优秀文化遗产、为广大专家学者提供宝贵的研究文献资料，为全国众多的戏曲剧团和戏曲作家提供资料创作、改编、移植、演出的剧本，为众多文艺形式的作家、艺术家提供创作素材，为广大戏曲爱好者及广大群众提供一个完备的三国戏曲读本，为继承弘扬优秀传统戏曲文化，促进当代戏曲振兴，推动文化大发展大繁荣都有重要意义。

鉴于我们的学识水平、时间精力所限，收录剧本有遗珠，校勘有不妥之处，恳请学界专家学者和广大读者批评指正。

（作者工作单位：河南省社会科学界联合会）

刘世德先生和他的新著

楠　冲

2015年12月4日至6日在周瑜故里安徽省舒城县举行“第二届周瑜文化暨第二十三届《三国演义》学术研讨会”。来自全国的三国文化的专家、学者和舒城周瑜文化研究者50多人出席了会议。中国三国演义学会会长刘世德先生主持“舒城会议”，这也是他最后一次主持中国三国演义学会的学术讨论会。他在会上宣布自己不再担任会长了，推荐年轻的著名学者关四平教授担任会长。会上大家一致推荐刘先生担任中国三国演义学会名誉会长。

刘先生是中国三国演义学会创会会长，1984年第二届《三国演义》学术讨论会上中国三国演义学会正式成立。30多年里他和学会的其他同仁以及国内《三国演义》著名学者一道组织全国学术研讨活动，付出了许多辛劳和精力。他主编《罗贯中全集》，主持创办学刊，开展学术交流。他培养学术梯队，选拔中青年学者走上学会领导岗位，完美地转身，顺利地交班。“舒城会议”他终于放下了担子，不再为学会和社会工作操心了。这对一个学术研究社会活动长达一个花甲之年的学者来说，是一生的骄傲、自豪和欣慰。

刘先生1951年9月考入清华大学中文系，1952年并入北京大学中文系并于1955年毕业。同年就职于中国科学院文学研究所（现中国社会科学院文学研究所）至今60多年，一生从事中国古代文学研究，专攻古代小说、戏曲，现为中国社会科学院荣誉学部委员、文学研究所研究员兼中国社会科学院研究生院教授、博士生导师、博士后合作导师。还兼任中国古代文学学会副会长，曾任中国三国演义学会会长、中国红楼梦学会副会长、中国水浒学会副会长，又任中国戏曲学会常务理事、中国古代戏曲学会常务理事；是《文学遗产》和《红楼梦学刊》的顾问和编委，是中国艺术研究院红楼梦研究所研究员、山东大学教授、华侨大学教授、湖北大学教授、丽水学院首席教授。他60年来治学严谨，著作等身，出版专著有《红楼梦版本探微》《曹雪芹祖籍辨证》《红学探索——刘世德论红楼梦》、《红楼梦眉本研究》《红楼梦舒本研究》《三国志演义作者与版本考论》《三国与红楼论集》《夜话三国》《刘世德话三国》《水浒论集》《红楼梦之谜——刘世德学术演讲录》《明清小说——刘世德学术演讲录》《古代小说论集》《明代散文

选注》《魏晋南北朝小说选注》等以及《红楼梦论丛》(合著)、《中国文学史》(合著)、《中华文学通史》(合著)、《唐宋词选》(合著)等。主编《古本小说丛刊》《中国古代小说百科全书》《古代公案小说丛书》《中国古代小说研究》《三国演义学刊》等。已经完稿的著作有《红楼梦晳本研究》等,正在撰写中的新著有《红楼梦彼本新考》等。此外,曾发表论文200余篇。

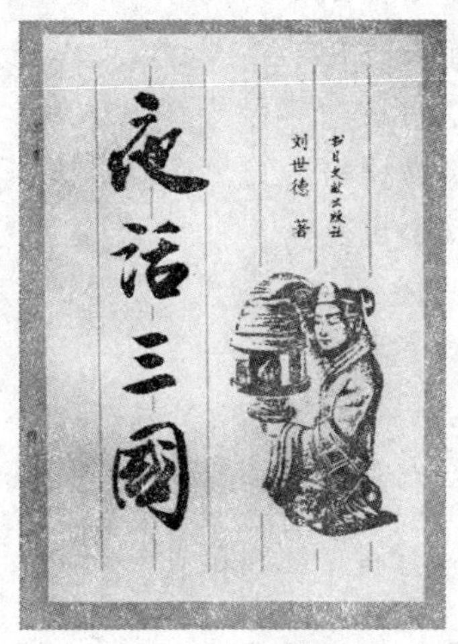

学者周文业先生很感慨地说:“刘先生是目前古代小说研究学者中年纪最大的学者之一,他生于1932年,2017年他已经85岁高龄了。据我所知,比他岁数大的还有宁宗一先生(1931年,86岁)、袁世硕先生(1929年,88岁)。这些老先生们这样大年纪,都还在从事古代小说研究,笔耕不止,很令人敬佩。”又说:

> 因为刘先生住在北京,我有问题常去登门请教。每次刘先生都热情接待,所有问题只要刘先生有看法,都毫不保留地告知,对我帮助很大。
>
> 刘先生在古典小说研究中,主要研究《红楼梦》《水浒传》和《三国演义》。从目前大陆古代小说研究专家中,同时在这三部名著中都有深入研究的学者还很少,刘先生的研究还是很突出的。
>
> 刘先生主要研究版本,他的文章最大特点是分析问题十分细致,特别注意各种细节的考证和研究,这是刘先生的特长,无论是《红楼梦》《水浒传》和《三国演义》,都是如此。仔细看刘先生的文章,我最大感受是,这种考证式研究必须有深厚的功底,这是要有多年的积累才行。一般人没有掌握这么多资料,是无法写出这样的考证文章的。

刘先生今年86岁高龄了,但精力充沛,仍然笔耕不辍。这几年刘先生因为年纪大了,腿脚不太利索,因此很少出门参加社会活动,都主动谢绝了。集中精力实现了他多年的夙愿，安心在家整理出版自己的学术著作，仅仅两年的时间，完成专著五种：

1.《古代小说论集》，35 万字，国家图书馆出版社已于 2017 年 11 月出版。《古代小说论集》为刘先生历年来关于古代小说的文章合集。对《红楼梦》《封神演义》《聊斋志异》《红楼梦》《镜花缘》及“三言二拍”等古代著名小说的作者、版本、思想内容和艺术成就等做的研究。其中不少考证文章建立在大量传记和史实的基础上，有理有据，言之有理；而对小说艺术的描绘与提炼也让人拍案叫绝，是阅读与了解古代小说及其成就不可多得的一本好书。

2.《红楼梦舒本研究》，40 万字，社会科学文献出版社将于今年出版。

3.《红楼梦皙本研究》，40 万字，社会科学文献出版社将于明年出版。

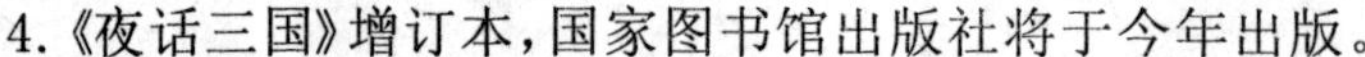

4.《夜话三国》增订本，国家图书馆出版社将于今年出版。

5. 正在撰写《红楼梦彼本新考》。

论文三篇：

1.《贾义·袁氏·方春——〈红楼梦〉皙本研究之一》，《红楼梦学刊》2017 年第 3 辑。

2.《她叫红檀，还是叫檀云、香云？——〈红楼梦〉皙本研究之二》。

3.《“黛玉听艳曲”：〈红楼梦〉皙本保留曹雪芹初稿文字痕迹初探》，《红楼梦学刊》2017 年第 4 期。

2017 年 9 月山西清徐召开中国三国演义学会第二十四届学术讨论会前夕，学会多位负责人亲自看望他，并邀请他参会。他都谢绝了，表示要抓紧时间，腾出更多的精力去做尚未完成的学术工作。不久我们将会看到刘先生推出更多的学术专著，祝他年寿笔健。

（作者工作单位：天津师范大学）

诚恒精神不老春

——悼怀沈伯俊先生二三事

李金坤

（2018 年 4 月 14 日，是沈伯俊先生本命年 72 岁生日。此日凌晨，先生依然忘我研读，致志不倦，孰料 4 天后遽归道山，人生无常，悲恸何极？立此绝照，权为纪念。）

2018 年 4 月 18 日下午 6 点左右，我在随意浏览微信朋友圈时，惊见沈伯俊先生的微信上有这样一段话："沈伯俊的朋友们，我是他的妻子。他昨晚突发病，由 120 送往医院，经抢救今天下午 4 点多钟去世。感谢各位朋友对他的关注，更希望各位保重身体。"这怎么可能呢？但眼前字字泣血锥心的噩耗，分明是与其恩爱相伴一生的贤妻含泪向四海友人公开发布的讣告啊。这突如其来的伤痛，实在让人惊愕不已、悲泪潸然。我下意识地急速翻阅近日与沈先生的微信联系记录。2018 年 4 月 15 日上午 10 时，我给沈先生的电子邮箱传了两首诗（一是《步韵沈伯俊先生〈本命年生日有感〉》："诚恒斋里贤良伴，继晷焚膏智慧添。处世独亲君子善，为人最恨小人奸。治学勖勉开新境，执教诚恒奏妙弦。已逾古稀身犹健，赓究三国再丰年。"附沈伯俊先生原书《本命年生日有感》："生辰仍有寒星伴，书海畅游白发添。笔下沧桑识治乱，胸中史册辨忠奸。兴来访友寻三径，神倦赏花品五弦。公理永存心不老，求真向善度余年。"其落款为"2018 年

4月14日(72岁生日)凌晨于锦里诚恒斋”。另一首为《沈伯俊先生等七友赏春合影感赋》:“蓉城七友乐无穷，满面春风老返童。历尽沧桑情未了,中华圆梦建新功。”二诗分别附照两帧:“沈伯俊先生72岁生日夜读照”与“沈伯俊先生等七友赏春合影”。诗传沈先生后,同日上午10时49分,沈先生由微信回我说:“金坤:我看了邮箱,没有你的邮件。最近几个月,我的126邮箱已几次发生这种情况:我发给友人的邮件,对方没收到;友人发给我的,我也是没收到。这很误事,甚至可能导致误会。麻烦你将大作重新发到我的两个邮箱……”我按沈先生所示邮箱,再传上述二诗。沈先生及时于11时18分回信说:“金坤:大作收到,谢谢!由于今天已转发5位朋友的诗作,大作只好明天转发了。”其实,沈先生在15日下午1点之前,已将2首小诗转发诸位诗友了。17日零时19分,沈先生连发2条微信:“谢谢金坤先生为我们七友赋诗”，并特意介绍说:“上面是我的大学同学张建中的微信(七人合影,左起第三人,曾任中学校长)。”谁知,这竟是沈先生发病之前给我微信之绝笔!沈先生遽然驾鹤仙游,不啻是我国《三国演义》研究界痛失了一位著作等身、德高望重的权威学者,也使得遍布海内的诗友文朋中痛失了一位诗心温润、诚厚谦恭的罕世知音!面对噩耗,追怀往事,我与沈先生交往的点点滴滴顿然齐涌心头。沈先生的高尚品德与可贵精神,概而言之,约有三端。谨以此文,化为心香一瓣,权为祭奠沈先生之哀思也。

一、诚笃敬业人格美

为了筹办好2010年8月在镇江召开的由中国三国演义学会主办、镇江三国演义学会承办的“中国东吴文化暨第二十届三国演义学术研讨会”,镇江三国演义学会王玉国会长于2009年9月特邀四川社科院研究院、中国三国演义常务副会长、四川大学文学与新闻学院教授、博士生导师沈伯俊先生亲临镇江指导工作。王会长略知我多年来对镇江历史文化颇多关注并有一些研究成果之况,加之又在高校任教的缘故,他即邀请我参与作陪,拜识沈先生由此始之。其实,早在我读大学期间对沈伯俊先生杰出的《三国演义》研究成果就留有很深的印象,而今却能亲聆謦咳、面受教诲,其欣喜之情是不言而喻的。从此以来,直至他去世前一天,我们都一直用163电子邮箱或QQ邮箱及近年的微信联系,从未间断。凡是我给沈先生的任何一封信,他都是每信必复的。有时因为他工作繁忙或外出讲学等事延迟回信,他都要一一说明,并表示歉意。就是这样一位大名鼎鼎的《三国演义》研究权威,却对名不经传的我是如此的诚意、谦逊与礼敬,委实令人动容。由此念及厚我良多的不少已故著名教授,如北京大学褚斌杰先生、复旦大学王云熙先生、西北师范大学霍松林先生、苏州大学严迪昌先生、江苏教育学院吴文治先生、徐州师范大学吴汝煜先生等,他们与沈先生一样，都是值得我

永远爱戴与感恩的彬彬有礼的谦恭君子、博学导师。中国高校与学界有如许德艺双馨的学界精英，不惟个人之幸，也是教育之幸、民族之幸、国家之幸！

沈先生是我国屈指可数享誉海内外的《三国演义》研究大家，但他从不居功自傲，始终保持一种谦逊、谦恭与谦和的谦卑姿态，连他平时说话的声调都是那么清雅婉转、不高不低、不紧不慢、不骄不躁，使人甚易入耳入心，倍感亲切温润。至于他对学术工作的态度，一如其书斋名“诚恒”所示，那便是：真诚厚实，坚毅恒远。他一生卓越超凡的《三国演义》研究成果，无一不是他“两耳不闻窗外事”、诚恒斋里总诚恒、“板凳要做十年冷，文章不写一句空”（范文澜治学格言）的必然结果。至于沈先生的敬业精神，则更是有口皆碑、感人肺腑。记得在2011年暑天，镇江三国演义学会曾邀请沈先生作《三国演义》主题讲座。他上午在扬州图书馆作了一场报告后，又马不停蹄过江来镇，于下午作学术报告。当时沈先生拉肚，午宴时他几乎没吃什么东西，显得颇为困倦疲乏。对此，王玉国会长不忍心沈先生带病报告，建议是否推迟时间。可他还是坚持原定时间不变，并十分动情地说：“我与镇江天生有缘，感情深厚，与镇江《三国演义》学会会员都是好朋友，绝不能因我的爽约而让他们失望”。于是，他中午也顾不上休息，在宾馆里启用随身自带的笔记本电脑，重温讲座的内容。事实上，像这类谈《三国演义》主题的报告，沈先生不知讲过多少遍了，而且上午在扬州刚刚讲过，自是烂熟于心了，可他还是要坚持熟悉一遍。沈先生对学术如此敬畏、对听众如此负责的敬业精神，着实令人肃然起敬。在下午2小时多的讲座中，沈先生始终精神饱满，面含微笑，对《三国演义》中的人与事如数家珍，满堂听众无一说闲话、开小差者，他们或微笑，或点头，就像聆听著名评书演员讲说故事那样兴趣盎然、津津有味。整个演讲过程掌声不断，效果甚佳。在感动之余，我作了一首《沈伯俊教授学术演讲感赋》七古诗，其小序云：“2011年7月10日下午，四川社科院研究员、博士研究生导师沈伯俊先生，受镇江《三国演义》学会王玉国会长之邀，在镇江博物馆学术报告厅为镇江市《三国演义》学会全体会员及《三国演义》爱好者百余人作了《〈三国演义〉主题思想》的学术演讲，老题新论，多所发明。台上，沈先生娓娓而谈，出口成章，有理有据，声情并茂；台下，听众们鸦雀无声，聚精会神，会心微笑，频频颔首。这是一场甚为成功的学术演讲，与上次沈先生《〈三国演义〉研究的现状与展望》的学术报告具有异曲同工之妙，给镇江学人留下了极其美好的印象。然而，在此次精彩演讲的背后，却有着十分感人的事情。10日上午沈先生抵镇时，颇感肠胃不适，在中午几乎未吃饭菜的情况下，毅然坚持准时而激情地演讲。有感于沈先生可敬的君子人品与朴实学品余特作七古一首，以聊表对沈先生的崇仰与感激之情焉。”诗云：“潜心三国三十年，著作等身总虚谦。点校整理沈本精，阐幽发微观点鲜。染恙依旧演讲妙，忘我只为薪火传。难得台下精神聚，每见听众频首颔。多谢君子沈先生，数来镇江有深缘。但愿体康笔再健,天各一方共婵娟。”(此诗刊于镇江《三国演义》学会主办的《三国文化》2012年2月号总第3期)沈先生就是这样一位敬畏学术、献身学术的真诚君子、博雅学者。他数十年如一日,忠诚学术,忠诚友情,不忘初心,持之以恒,其人格魅力将恒彰学林、日久弥新。

中国士人学者自古及今都喜欢给自己的书斋题名,它是斋主道德情怀、学术境界的鲜明概括,但也不是一成不变的,随着不同时期社会思潮或自己不同心境的变化,书斋名也会屡有变更,多至数个乃至十数个也是常事,它们已构成华夏子孙书斋文化的一道特异风景。沈伯俊先生也有一个“诚恒斋”的斋名,就像其斋名所言,他几十年如一日始终不易其名,“诚”哉“恒”也。沈先生既对学术之诚敬,又对他人之诚善,怀着一腔诚情,拥抱专业,精研学术,“焚膏油以继晷,恒兀兀以穷年(韩愈《进学解》),直到生命的最后一刻,还在钻研学问,与友交流。沈先生是非常看重“诚恒斋”这个名字的,他在给我所有的电子信函的落款处一律是“诚恒斋”三字。他的诗集《诚恒斋诗草》也是以“诚恒斋”命名的。他是在其伏案一辈子的书桌上离开人世的。正是由于沈先生如此“诚恒”不变的可贵精神,才赢得了著作等身、学界钦仰的《三国演义》研究权威的美誉。“诚恒”二字,不唯沈先生人生成功的两大法宝,也是所有成功者必须拥有的两大法宝。

二、关爱后进品德美

“尊敬的沈先生:您好!拜师京口,后晚幸甚。先生风尘一路,布道播学,精神感人。此次亲聆先生教诲,受益良多。此之谓:聆师一席话,胜读十年书。又得先生慨赐大著,更是感谢不尽,大恩永铭。先生爱生如子,为学似火,做人像春,给我感染至深,为我难得楷模,委实相见恨晚。余不一一。即颂研安!”这是我于2009年11月13日发给沈先生的电子信件。在与沈先生近十年的电子书信交往中,他在给我的所有信件中都是以“金坤”相称,我很乐意接受如此亲切温和的称呼。沈先生长我7岁,在年岁上他是我大哥,而在道德文章上则是我大师。我虽然未成其入室弟子,但我一直敬重沈先生的人品与学品,自觉尊其为我的私淑老师,是我极其难得的良师益友。沈先生对我学术的关心与提携主要在以下两个方面:

(一)寄赠著作,传发论文

一次,沈先生在寄《沈伯俊说三国》(中华书局2005年版)附信说:“我看了你的新著《风骚比较新论》后,觉得你的学术功底厚实,视野宏阔。你能将《诗经》与《楚辞》这中国文学的两大源头进行开创性的比较研究,观点鲜明,论证详实,颇具说服力,这在中年学者中是十分难得的,可喜可贺。我起初对《诗经》也很感兴趣,写过一些文章,只是由于后来专攻《三国演义》研究,就很少涉及《诗经》了。我所寄的著作对你现在从事的‘风’‘骚’系统研究没有直接的帮助,但在研

究思路、方法等方面也许会有点启发。"说实在话，沈先生著作对我甚有帮助。承蒙镇江市三国演义学会会长王玉国的信任，使我有幸忝为镇江市三国演义学会副会长。此前，我对《三国演义》只是爱好而已，没有进行过专门研究。现在有顶帽子戴在头上，对于一贯务实的我来说，还真是一种无形的"压力"。沈先生寄来的心血之作，恰如"及时雨"，受益良多。这正是沈先生的细心如发、体贴入微的感人之处。后来，他又陆续给我寄来了《三国演义辞典》(与谭良啸合著，巴蜀书社 1993 年增订版)、《三国漫谈》(巴蜀书社 1995 年版)、《三国演义新探》(四川人民出版社 2002 年版)等大部头著作。通过对这些专著的学习与思考，使我对于《三国演义》研究的历史与现状、成就与问题、路径与方法等，获得了全新的认识。后来自己写过几篇稍觉满意的《三国演义》研究文章，都是沈先生成果启发的结果。感恩沈师，没齿不忘。

除了寄赠著作外，沈先生近年来更多的利用电脑之便，给我隔三差五地分享他本人或者友人研究《三国演义》的新成果。每次我都将它们保存下来，悉心阅读、反复体会。此外，沈先生还经常将有关国际国内重要新闻以及一些《三国演义》研究专家之外有关学者的讲座内容及时转发给我，使我大开眼界、丰富知识。当此时，对沈先生如此乐善好"传"的助人精神，不禁油然而生感激与感恩之情。

(二)热荐诗文，竭诚说项

多年前我曾写过一篇有关毛泽东与《三国演义》的论文，深得沈先生嘉许，认为拙文具有新材料、新见解、新方法的特色，遂主动推荐一家权威刊物发表。后来由于该刊物已有一篇类似的文章待发，他又换荐另一家中文核心期刊。在平时与沈先生交流诗词作品的过程中，只要他发现其中思想与艺术较好的作品，他就会及时推荐报刊发表，如《四川广播电视报》《现代语文》等，对我鼓舞很大。真是"平生不解藏人善，到处逢人说项斯"(唐人杨敬之《赠项斯》)。沈先生如此古道热肠，焉不令人感铭终身？

更让我感动的是，除了荐文之外，他还十分关心我学术事业的发展与专业水平的有效发挥。我退休之后，鉴于自己身体康健、思维尚好，想继续寻找一所高校发挥"余热"。恰于此时，我从网上得知广州某大学正在招聘中国古典文学专业有关方向的教授，具有博士学位尤其是海归博士及主持并完成国家社科基金项目者可以优先考虑，信息中并未标明年龄限制。对照招聘条件，自觉尚合。于是我将自己拟继续工作的想法及广州这所大学招聘的信息告诉了沈先生，主要是想请沈先生替我把把脉，听听他的意见。谁知，当晚他就给我回了电子邮件。他说，真巧了，该大学文学院的院长就是他的学生。沈先生已经将我的高校教学经历、人品学问等情况及时传给他的院长学生，让我静候佳音。我读着沈先生随回函传来对我的数千言的推荐信，字里行间是那样的真诚恳切、温情脉脉，又是那样的热心周到、通情达理。看着看着，热泪不禁潸然而下。作为沈先生的

"私淑弟子",我所获先生的奖掖与提携之恩德,不啻是"视生如子"的不是亲人胜似亲人的关系,它已远远超出人类普通关爱之上的"大爱""博爱"与"兼爱"的至上精神境界了。尽管由于某些条件的限制,该大学未能聘用,但沈先生如此诚心"逢人说项"不遗余力的助人美德,却恒铭我心,策我前行。

三、乐交诗友情义美

众所周知,沈先生既是闻名中外的《三国演义》权威研究专家,也是学养深厚、韵味醇正的擅长旧体诗词创作的著名诗人。他在上小学高年级时就学写旧诗,兴趣至老不衰。只是因为在某些阶段将主要精力倾注于研究《三国演义》,写诗数量有限而已。在他退休以后尤其是近几年,他的旧体诗词的创作可谓进入了最佳状态的黄金时期。他每逢佳节、讲学、旅游、聚会、访友,必有吟咏,以电子邮件或微信形式与五湖四海之诗友分享吟咏之乐。特别是每年元旦、春节前夕,沈先生都要向诗友们分享他语朴意深、韵美律正的贺诗,或绝或律,情意盎然,吉光满篇。而各位诗友无不及时唱和,互表贺忱,相亲相敬,高山流水,引为知音。这在当下铜臭味浓、道德滑坡、人心不古、斯文扫地的不良社会风气中,俨然已成为一道清雅纯正、新人耳目的诗坛风景线。在这些唱和者中,有他的老师、同学、同事、朋友、学生,诗作中虽有稚嫩与老辣之分,有合律与出韵之别,但都情真意切、语朴词雅。因此,对其中绝大部分诗作,沈先生都会及时转发给诸位诗友,众友酬唱,乐此不疲,这样就形成了一个良性循环的诗词唱和群体(或曰"诗友圈"),而在诗友的心目中,沈先生无疑是这个唱和群体的"群主"了。他也不畏劳苦,甘心做这个"群主"。他一方面要接受并回复诗友们的和诗,一方面要转一部分佳作与诗友分享,同时还要对某些"出韵"诗作进行一对一、面对面的精心点评与修正。所以,沈先生的那台电脑,便自然成为诗作的汇集地与诗作的转发所。它已成为交流创作心得、提升吟咏水平、缔结诗友情感的平台、枢纽与桥梁。为此,沈先生经常要忙到深夜。他给我的信件落款,大多是"凌晨 1 点"(有时甚至更晚)的字样。可他却无怨无悔,直到去世前的一刻,他还在转发诗友们赠他 72 寿辰的贺诗或和诗。可以这样说,沈先生是满怀浓密无比的诗友之情离世的。他钟情于诗词,交情于诗友,无疑是他洞悉孔老夫子"诗可以兴,可以观,可以群,可以怨"(《论语·季氏》)传统"诗教"伟大意义的结晶,也是他将一生酷爱的《三国演义》"桃园结义"之精神潜然转换为"诗园结义"之气象的生动体现。

我与沈先生真正建立诗情,是从拙诗七古《沈伯俊教授学术演讲感赋》(2011 年 7 月)开始的。直到沈先生逝世之前,我们一直有着诗情的交流,尤其近年来交流更为频繁。大凡沈先生讲学、旅游、度假、会友等活动,他都会传来照片或诗作,与诗友分享他的喜悦之情与生活感悟,十分亲切,倍觉温馨。对他讲

学的一些照片，我一般都会作一首《题 XX 照》诗，表达我的敬仰、钦佩及欣赏之情。如《观伯俊先生〈说赤壁〉照感赋》："三国赤壁盛名传，千古英雄动地天。今日登坛重指点，退翁豪气似当年。"（2015 年元月 18 日）又如《伯俊先生讲学照题吟》："解甲归来事倍忙，八方讲授兴怀长。三国话语无穷尽，指点江山吐妙章。"（2017 年秋）值得一提的是，今年元旦后，沈先生到惠州双月湾海边度假。他知道我在惠州一所高校工作，就在第一时间来电告诉我说，这是他平生第一次到南粤海边度假，对面朝大海、优美舒适的酒店环境十分满意。此地住房宽敞，站在朝海的阳台上，白天可以欣赏雪白的浪花与翱翔的海鸥，夜晚可以感受温和的海风与拍岸的涛声。还可以到附近购买海鲜，自己做饭，生活方便，而且费用不高，非常划算。沈先生心情极好，诗兴大发。他几乎每天都传来赏海的美丽照片，还有直接用铅笔抄写工整的诗句。如《初到惠东双月湾》这样写道："古稀不作颓唐看，万里一航来粤南。海雨天风轻雾里，心随小岛打鱼船。"（2018 年 1 月 8 日于宝安虹海湾酒店）沈先生逍遥愉悦之情溢于言表。我即作《次韵伯俊先生〈初到惠东双月湾〉》和之："柒零莫作夕阳看，老骥文坛跃北南。三国独钟随旅阅，终身愿为渡人船。"因为在所传的几张照片中，有几张沈先生夜读《三国演义》的镜头，所以，我即表达了对他度假不忘研读、依然学术研究可贵精神的赞美之情。而沈先生却回复说："活到老，学到老。这是应该的。说'渡人船'则不敢当。"真乃学高德厚，虚怀若谷，谦谦之风，感人至深。

更让人感怀的是，他几次将诗友酬唱的佳作，请友人中著名作曲家、歌唱家谱曲演唱，然后做成光碟分送有关诗友，从中分享其弥足珍贵的友情与高雅优美的情趣。如沈先生《癸巳仲秋寄师友》诗："桂香今岁消歇早，秋虎徘徊欲去迟。莫道阴晴兼雨色，清茶半盏可吟诗。"首二句意谓今年桂花早谢无香、仲秋依然酷热如虎，天公甚不作美，败人心情；而后二句则一反此前之不宁心绪，完全沉浸在阴雨品茶吟诗的闲逸雅趣之中，颇具老庄逍遥逸乐的自得情怀。我十分喜欢沈先生这种随遇而安、知足常乐的精神境界，遂在诗友中率先作了一首《和沈伯俊先生〈癸巳仲秋寄师友〉》："每逢仲秋情涌时，渴望团聚莫淹迟。师友谈笑蟾光里，飞觞醉歌联句诗。"紧接着，杨建文、张本应等先生都相继鱼贯酬唱。因此，沈先生就请有关专家将部分酬唱诗谱曲并演唱，然后将音像制品分送大家，真是其情浓浓、其乐融融。沈先生的确是当下学界地道而少有的重情者、有心人。为此，我便作了一首《沈伯俊先生〈癸巳仲秋寄师友〉唱和组诗谱曲感赋》："一首仲秋寄友诗，引来步韵唱未已。但欣谱曲情谊厚，如此知音贵所希。"聊表对沈先生重情扬善的可贵品德与人文情怀的敬仰之情。

我在与沈先生近十年的诗情交流中，不仅增进了与沈先生的友谊，并由沈先生而结交了许多诗友，而且增强了我对旧体诗创作的浓厚兴趣，思想境界与艺术水平也逐渐提高。我想，其他诗友也会"所见略同"吧。令人欣慰与感激的是,与沈先生颇具师生之谊的西南大学文学院教授黄大宏早就留心收集沈先生与各位诗友的酬唱之作，这恰与沈先生拟编辑师友唱和诗集的意愿不谋而合。黄大宏教授在《诚恒斋酬唱集》前言中深情写道:“幸自2012年以来,沈师每有新诗,或得师友相和之作,辄惠寄于我,年把光景,累集达数十篇。捧读这些诗篇,可见沈师内心的衷情雅致,倾心交友的诚笃热情,乃至身为学林泰斗的风范,但零章片纸,保存观览皆有不便,遂发愿编辑《诚恒斋吟草暨师友唱和诗集》,亦借此报答沈师善待我之厚意于万一。”(沈伯俊《诚恒斋诗草》,中国文化出版社2016年版)诗集出版后,沈先生及时将亲自题签的2本快递于我。诗集由沈伯俊《诚恒斋诗草》与黄大宏编集《诚恒斋酬唱集》两部分组成。前者收录沈先生旧体诗词228首,计127页;后者收入酬唱诗词500余首,计203页,其数量与篇幅都远远超逾前者。再一细检,本人与沈先生的酬唱之作竟达50余首之多。我深知,并非是我的诗作有多好,只是沈先生对我的厚爱与鼓励而已。本来沈先生的《诚恒斋诗草》当为本著之主角,而《诚恒斋酬唱集》应是附录之配角,但客观上已“喧宾夺主”。然而这正是沈先生的诚心善意所在。正如他在《诚恒斋诗草》前言所说的那样:“我只希望收录作品尽可能全——参与唱和的作者,有学界师友(其中有多位著名学者),有我的高中、大学同学,有我的弟子、学生,大家的身份地位、学术造诣、艺术功底有差异,但作为诗友,理应一视同仁,平等地进入《酬唱集》,共享友谊的温馨。”这正是沈先生忠厚情怀、仁爱精神的一贯体现。对《诚恒斋诗草》的出版,我曾贺诗一首:“沈老先生雅趣真,抒怀言志玉壶心。八方文友频酬唱,傲雪梅香万里闻。”聊表对引领酬唱主帅沈先生厚德厚仁、重情重义人格魅力的崇尚之情。

令人难以置信的是,受人尊敬与爱戴的沈先生却如此遽然驾鹤西去了。否则,在今年端午节前夕,他一定会在诗友间引吟佳作而众友酬唱的。而今,我们这般诗友再也没有机会唱和沈先生的诗作了。为此,我颇为感伤,含泪作了一首《戊戌端午怀沈伯俊先生》:“年年端午率发吭,四海亲朋唱和忙。今日先生乘鹤去,诗朋从此黯神伤。”至于他在《诚恒斋诗草》前言所说的“再过几年,如果经历允许,我还想出版《诚恒斋诗草续集》《诚恒斋酬唱续集》,为人生再存轨迹,为友谊再添见证!”这对他而言,只能是永远无法实现的遗憾;对于我们诗友来说,只能是一种无缘达成的伤痛。不过,可以让沈先生放心与安慰的是,《诚恒斋诗草》与《诚恒斋酬唱集》已满载着沈先生与所有诗友们的浓郁诗情与深厚友谊,播誉人间,流芳诗坛。

“云山苍苍,江水泱泱;先生之风,山高水长。”(范仲淹《严先生祠堂记》)沈伯俊先生的道德文章、君子人格、博爱胸怀与仁厚精神,魅力永在,诚恒不朽,它将永远激励和鼓舞着人们向真、善、美的人生至高境界不息登攀、勇往直前!

尊敬的沈伯俊先生,安息吧!

(作者工作单位:惠州经济职业技术学院科研处)

清徐会议我结识了王学泰先生

郑铁生

今年1月12日突然在短信息上看到王学泰先生逝世的消息，他刚75岁，年纪并不大，怎么就去世了呢？我赶快给宁宗一先生打电话，得知消息是确实的。他做完心脏搭桥手术，从医院出来不久，心脏病复发，猝死在家中。我叹息不已，回忆起我和王学泰先生相识的情景。

参加学术会最大的好处就是交流学术，结识朋友，增长见识，还顺便就地游历山川，观光古迹，岂不乐哉。2002年8月25日至27日在罗贯中故里太原市清徐县召开中国罗贯中与《三国演义》学术研讨会，来自北京、上海、天津、黑龙江、福建、四川、江苏、河南、山东、吉林、广州、山西等省市和日本的30名专家学者参加了这次会议。

八月金秋，惠风送爽。我和学泰先生相识，是在山西清徐学术会上偶遇的。他的大名我早就知道。忘了谁告诉我的，有一年美国总统访华时讲话引用一句唐诗，外交部的翻译等众人都不知此诗句的出处，没办法只好求助中国社会科学院文学所，最后学泰先生告诉了他们这句唐诗的出处，令人仰慕。大会安排我和他同住一个房间，他学识广博，十分健谈，又很风趣。而我对有学问的学者崇拜有加。俩人相见每晚有说不完的话题，常常畅谈至深夜，大有相见恨晚之慨。

后来我们京津两地经常互通电话。有件小事印象很深。学泰先生来电话谈他应天津古籍出版社之邀，约了北京几位学者，组了一组“随笔”书稿。说好了稿费千字一百元，可是等书印出来了，出版社却要降低稿费，把学泰先生搁置在中间，弄得他在被组稿的朋友面前很为难。我试图和天津古籍出版社熟悉的人疏通一下，也没起什么作用。记得他把自己的《偷闲杂说》和朋友的“随笔”赠送我，一直保存，留作纪念。

一次和学泰先生聊起我将出版论文集，请他写序，他很快就寄来了。附于下：

《中国古典小说叙事研究》序

王学泰

铁生兄是我的新友,去年在山西清徐罗贯中纪念馆开幕的会议上才认识的。当时我们被大会安排在一室,很谈得来,而且一谈如故,几天的深夜长谈,犹未尽兴。铁生是北方人,那种不拘小节的、燕赵之士的豪气,我很欣赏。有一次我在电话中对他说,听到他说话的声音和气度总使我想起沧州的武师。由于我在学龄前身体不好,泻肚三年而不敢声张(日本统治时期常把泻肚当作虎列拉——霍乱,拉到城外活埋),日本投降后,父亲就请个武术教师想让我学武健身。那位老师就是沧州人,他说话的语音给我的印象极深。可惜我是"孺子不可教",学了没有几天就罢课,把老师气走了。后来想起来十分后悔,如果坚持学武,也许不会以文为业,走上另一条道路了吧。因此听到带有点沧州的普通话,总会引起我的遐想,唤起幼时的记忆。

铁生本职是大学老师,设帐津门有年,门墙桃李之盛,不问可知。执教之余,他还热衷于古典文学的研究,十余年来成绩斐然。他特别关注的有两点,一是《三国演义》中的诗词,一是叙事学在中国古代小说研究中的应用问题。

"叙事"是汉语中的故有名词,但"叙事学",却是地地道道的舶来品。它究成于20世纪60年代的法国,即使在欧洲,"叙事学"也是一种新的研究方法。改革开放以来,封闭了多年的中国开始关注中西文化交流。古典文学研究领域为了开拓视野和对文学作品有个准确的把握,学者们非常注重欧美同行研究成果,并大量引进。这与清末民初和50年代初两次求新声于"异邦"一样,许多新名词、新概念纷至沓来,应接不暇,人们不习惯。张之洞在幕僚给他写的文字上就批过"不要用新名词"。该幕僚不服气,在批示边上反驳说,"名词也是新名词"。这些新来的概念、名词迅速进入汉语,已经成为语言文字和人们的思考不可须臾离开的东西。学术研究上也是如此,许多"新声"、新概念和新方法已经成为文学研究中不可取代的范畴了,甚至融入中国文学批评体系,如意识流、解构、叙事学等。但是这些新概念、新方法的引入和融合都有一个中国化的过程,囫囵吞枣、食洋不化的引入大多是不成功的。"叙事学"这个从西方引进的研究方法不仅在中国学界站住了脚,而且特别幸运地戴上了"中国"的帽子,诞生了一门具有中国传统特色的"中国叙事学"。这有赖于铁生以及其他热心开拓中国文学研究新方法、新范畴的学者们的努力。

本集第一篇《中国叙事学创建述略》概述了"中国叙事学"的创建过程,

介绍了中国文学研究工作者在吸收外来理论的同时,也总结了传统的文学批评中关于叙事理论中的史料和范畴,并把两者有机地结合起来,完成了叙事理论的中国化。这种工作推动了中国古代文论的现代转换,有利于文论领域的中西对话和古今对话。

铁生在这项工作上也做出了自己的贡献。他总结了明清通俗小说评点家们对中国传统叙事方式的探索。评点文字看似破碎、只言片语,其实明清小说的评点家们是具有整体把握的宏观眼光的。他们似乎随意写下的评点已经涉及叙事结构的整体框架、结构原则、叙事主题,以及对叙事文本的控制和叙事方式的美学根据等叙事理论的一系列的问题。这些与西方60年代兴起的结构主义叙事学既有区别,也有许多相似之处。它既表明了中国传统思维方式的独特性,也说明了审美思维是有共同规律可循的。铁生对于通俗小说,特别是《三国志通俗演义》有深入的研究,他从中国叙事学的角度对于古代小说经典作品《三国演义》《水浒传》《红楼梦》《聊斋志异》做了相当深入的考察,取得不小的成绩,俱在其论文中。这些论文见于各种学术刊物,零金碎玉,散漫无归,现在编为一集,给查考者带来许多方便。

近十年来,出版物日益增多,似乎人们比较看重专著,而忽视论文集的出版,实际上有深度、有新意的论文远胜过平庸的专著。我的朋友和同事胡明先生说:“我特别提倡学者们多写论文,写好论文,写出深度来,即提出有关论文题旨的新的见解、新的思想、新的断制来,像挖一口深井,舀出清澈甜洌的泉水来。——深井一口一口地挖,必有‘史’的意义与功德。”(见胡明《古典文学纵论·自序》)我很同意他的意见。

铁生书编成,全部寄来请我作序。实际上我并非作序的适当的人选,因为一非名人,二非饱学之士,三对论文的中心“叙事学”,基本上无知。这次为了“作序”,才拿来周发祥兄所赠有关新学科、新方法的书“恶补”,并勉强写了以上的文字,这既不免临时抱佛脚之讥,定会招致佛头著粪之诮。呜呼!

是为序。

这些日子在我回忆中,王学泰先生身上有很值得学人钦佩的地方。他懂得世故但不世故。大家对他的印象,爱笑,爱聊,带着老北京的那种幽默感。他曾在“文革”后期因言获罪,在监狱里待了3年。1976年7月26日,他被以“现行反革命”被判有期徒刑13年,1978年10月20日被平反释放。大凡身陷囹圄的人,出来后不是被整得精神萎顿,失掉自我;就是看破世间,为人世故。而王学泰却完全没有身陷囹圄的“后遗症”,反而将监狱变成了他观察与思考的另一个独特的视角。在他的笔下忆旧怀人、茶酒吃食、诗词小说,历史百态,都被不断地拆解、剖析和裸露,显出本原面目。文人的命运流变、游民的社会显影,还有民俗的文化密码,都是他所直视的问题。王学泰的“游民文化”、余英时的“士文化”和吴思的“潜规则”,被学术界称为中国当代人文学科的三大发现。你能说他不懂人情世故?但他最可贵的是虽然懂人情世故但不世故,对人诚挚而热情。

王先生落难的时候,正当年轻,该干事的时候不让你干,失掉了大好的时光。他在晚年往往更加珍惜余年岁月,一干起事情,就忘了自己的年龄。心理年龄与实际年龄落差很大,常常忘我。当然也就忽视了养生。假如当时放慢写作的速度,舒缓一下生活的节奏,不透支自己身体,也许王先生不会发生意外;假如……也许……

如今只能奉上寥寥文字,以诉追忆深情。安息吧,王先生!

(作者工作单位:天津外国语大学)

《三国演义》多层面研究的范本

——评郑铁生先生的新著《三国论稿》

马　达　张弦生

郑铁生先生多年从事古典文学、文艺理论的教学和研究工作，特别是在《三国演义》研究方面，更是硕果累累，做出了独特的贡献，是很有成就的权威专家。他已出版了《三国演义叙事艺术》、《三国演义诗词鉴赏》（已译为韩文出版）、《红楼梦叙事艺术》、《中国文化概览》（已译为英、日、韩等语种出版），2016年在我们中州古籍出版社出版了《曹雪芹与〈红楼梦〉》一书，最近在我社又出版了《三国论稿》[①]。

《三国论稿》一书是郑铁生先生研究《三国演义》的论文集。收入本集中的每篇论文，都能显示出他在所论专题上的学术理论的深度，从全书来看，又能见到他涉猎的《三国演义》研究的宽度和层面。

这部书按各篇文章内容分为九个部分，分别为《三国演义》的虚实研究、结构研究、叙事形态研究、诗词研究、文化散论、《三国演义》与中国叙事学研究、与《三国演义》相关的评论与访谈、相关的学术活动，以及专家们对郑先生的专著的评论等。这些内容涉及《三国演义》研究的各个层面，代表了当代学界研究《三国演义》的面貌和水平。

一

历史小说创作的一个基本美学问题是处理史实与虚构的关系，《三国演义》研究中一个历久弥新的话题也是关于它的虚实问题。伴随着《三国演义》问世以来对此的说法就纷纭不一。明代嘉靖元年刻印出版的《三国志通俗演义》蒋大器在序中就提出了对虚实问题的看法：

> 若东原罗贯中以平阳陈寿传，考诸国史，自汉灵帝中平元年，终于晋太康元年之事，留心损益，目之曰《三国志通俗演义》，文不甚深，言不甚俗，事

纪其实，亦庶几乎史。

这个观点几百年来具有深远的影响。郑铁生先生就《三国演义》创作中的虚实问题，从不同的角度加以认证。在《〈三国演义〉与〈三国志〉对照之虚实》一文中，它对蒋大器的看法给以中肯的评价，指出此序第一次指明了历史小说的异同，第一次点明了历史小说虚构的艺术特征，第一次概括了《三国演义》语言和文体的特征。肯定了“文不甚深，言不甚俗”，是历史小说应有的叙事形式。这一特征的描述和概括，几百年来产生了深远的影响。他又以许盘清、周文业先生的《〈三国演义〉与〈三国志〉对照本》为例证，提出了《三国演义》版本数字化研究的重要性。

黄霖先生曾提出要达到《三国演义》虚实问题认知的目的，就要解决两个方面的问题：一是要有科学的观点指导，二是必须对《三国演义》一书的虚实问题作认认真真、确确切切、仔仔细细的梳理和分析。郑先生的文章就试图揭开这一历史小说叙事艺术的思维、机制和原理。他首先对20世纪下半叶以来，在虚实问题认知理论上曲折中的发展，学人所做出的贡献。又通过具体分析指出对《三国演义》虚实的认知宗旨上揭示历史小说的叙事法则。第一，史体结构与情感结构的高度融合和统一，是《三国演义》总体叙事结构模式，决定叙事成分虚实取舍的总原则；第二，“纪传体”人物传记之优和“通鉴体”叙事结构之长，是提炼叙事成分虚实的机制；第三，叙事结构方式的组合和转换的形式技巧，最终以突出几个历史轴心人物的空间活动来体现历史进程的时间性。扫描和总结了《三国演义》虚实研究的基本走向和成绩。

清人金圣叹曾说，小说作为文学创作是“因文生事”，而历史著作是“以文运事”。历史小说《三国演义》是文学创作，在虚实问题上同样要着眼在艺术形象的塑造上，要“因文生事”，不能“以文运事”。在《〈三国演义〉成书过程意象整合的虚实关系》一文中，郑先生继续就虚实关系讨论，他提出《三国演义》艺术系统的审美特性，不仅仅决定于它的史实与虚构，更主要的是决定于它的结构方式。论述虚实关系应该从选材、提炼、叙述不同的角度去分析，不能只用史料真实一个参照系数去衡量。创造的实质，都是在主体认识和处理客体的关系中形成的。《三国演义》作为历史小说在创造过程中遇到处理虚实问题，则是在意象建立过程中如何统一史传文学系统和俗文学系统所提供的素材问题。史传文学系统和俗文学系统中想象是不同的，前者是客观支配和制约主观，其走向是从客观到主观，要求主观不断地去符合客观，达到历史的真实；而后者是主观意识支配客观，其走向是从主观到客观，达到艺术的真实。这两种不同走向的想象的力就构成了“双向建构”过程，这两种不同的力，最后都统一在罗贯中总体艺术构思和艺术想象的“力场”中。他在《神秘文化在〈三国演义〉中的流贯及探源》中又指

出,《三国演义》中大量源于史籍文献中的谶纬、占卜、释梦的描写,即使属于封建迷信的东西,但对于文学创作提供的原始素材和表现手段来讲,也是值得重视的。因为在它的背后隐藏的是大动荡、大分化、大组合时代各种社会层次的不同心态再现,是形形色色的期待、欲望、阴谋心理的展露,是写实主义文学对人的精神世界与心理活动,特别是刻画人物的深层心理,深化人物性格极好的艺术表现手段。因此,关键并不在于"写什么",而在于"怎样写"。

二

对于《三国演义》结构研究方面,郑铁生先生在《〈三国演义〉回目的创立及其演进》一文中,对《三国演义》的回目详加分析认证,高度评价了嘉靖本和毛本的成就,他认为,嘉靖本《三国演义》为中国古典小说回目形式的开创奠定了不可磨灭的历史功绩,确立了中国古典小说的民族形式。毛氏本《三国演义》为回目最终统一到对偶的艺术美形式上,做出了可贵的贡献,这是完美的继承与创新。从这以后,中国古典章回小说的回目形式定型了。在《〈三国演义〉艺术结构形式的转换与组合》一文中,他说,艺术结构形式的转换与组合是研究以历史事件为情节主体的《三国演义》结构方式首先遇到的问题。它的16个结构单元运行的逻辑轨迹,形成了一条主线五条辅线,这些结构线的延伸和扩张,创造出了五个层面:即序幕、曹操平定北方、三足鼎立的形成、三国征伐的时代和尾声。以主要历史人物历史活动构成的中心历史事件,成为情节结构发展的转折点。从中间三个重要阶段来看,中心历史事件所蕴含的丰富的历史内容具有广阔的辐射力,又聚合诸多历史事件,从不同的层面和方位围绕中心历史事件,形成一个整体。人物性格和历史事件双向选择,互相制约,同步发展,实现和谐统一。《三国演义》艺术结构的组合方式,从"合久必分"到"分久必合",形成一个从"一"出发,否定之否定的历史辩证法,在更高层次上又回到了历史的原位。"以三为法"也是《三国演义》艺术结构转换方式的一个重要特色。对此,郑先生又以《中国古典小说叙事结构"以三为法"的文化意识》的专文细加论述。

在《叙事结构史体化与历史演义小说的开创》一文中,郑先生说,我国古代小说从短篇到长篇发生质的飞跃,始自罗贯中的《三国演义》,而且成功之处首先表现在小说的长篇叙事结构上,它承传了中国史传文学的叙事结构和编纂手段,开创了中国历史演义小说的史体化结构形式。他从中国古典长篇小说叙事方法的史传渊源、《三国演义》叙事结构的史体化特征、叙事模式的承传与开创等方面进行论述,指出罗贯中的天才创造是找到了"纪传体"和"通鉴体"二者之间的结合点,并撷取二者之长,构造了长篇小说的结构模式。罗贯中对《三国演义》叙事结构的创立,在中国叙事学上意义十分重大。他完成了将一千多年来的三国故事分别在史传文学系统与俗文学系统酝酿、流传之后进行艺术汇合的使命，开创了中国长篇小说创造的新纪元。

《三国演义》叙事结构的整体系统，是小说家把三国特定的历史生活转换为审美形态的结晶，也是小说家掌握现实世界的一种形式。对于《三国演义》叙事形态研究，郑先生在《〈三国演义〉叙事形态的时空关系》中说，作为文本叙事形态的《三国演义》，是在反映历史上的现实时空关系中体现自己的，也就是叙事时空形态不能脱离现实时空形态而存在。另一方面，它又是精神的，现实时空形态在审美活动中展现，是通过小说家对叙事机制的控制而得以实现的。这就是说，现实的和叙事的时空形态既有联系又不相同。这就触及到了小说叙事的一个核心问题：小说家如何实现对叙事时空的有效控制和调度。他又以《孙吴在〈三国演义〉中的叙事形态》一文，以孙吴割据江东的叙事结构线索为例，进一步论证。孙吴集团创业和衰亡阶段共有的特征：历史时间跨度大，历史空间范围小，所含的叙事单元和叙事内容也相对的比较少。反之，孙吴集团三分天下，鼎足江东的历史阶段，历史时间跨度小，而历史空间却很大，因而所含有的叙事单元和叙事内容相对也比较丰富。孙吴鼎足天下是三分天下最辉煌最重要的历史发展阶段，在《三国演义》叙事结构中已由独立发展的叙事线索，与曹魏、刘蜀两条叙事结构线索合拢了，形成时间密度大，空间辽阔的历史局面。从赤壁之战到夷陵之战是孙吴集团在《三国演义》叙事结构中最辉煌最成功的篇章，通过对这一典型的分析，郑先生指出，叙事审美表现对历史现实的剪裁、提炼和集中，把历史素材的毛坯转换为具有简约美的叙事形态，使叙事线索更鲜明、叙事情节更典型、叙事人物更个性化。叙事审美表现为在历史现实的基础上的虚构，把历史故事铺张扬厉得更富有传奇色彩。叙事审美最成功的特征是叙事结构生命的有机性。它表现为叙事结构审美形态"内化"为人物性格和心理的有机构成，越是将不同人物心理运动层次刻画得细腻，对比得鲜明，形成彼此牵制，而又各自扩张，越是能显示他们的欲望、动能和落差，越是能打动人，富有魅力。在《"天子都许"形成〈三国演义〉曹魏叙事的势能》一文中，他又以"天子都许"的叙事为例，论述《三国演义》的叙事形态。叙事中的势能，是某些叙事因素"推动着结构线索、单元和要素向某种不得不然的方向运转、展开和律动"。具体到《三国演义》描写"天子都许"在曹魏叙事中产生的势能，包括：总揽皇机，展示了曹操性格结构中的本体动能；曹魏集团"挟天子以令诸侯"而造就的势能；曹操弄权而引起的朝廷内外的反对势力，也就是势能反弹。从而构成了《三国演义》第十回到三十四回的叙事内容，即曹魏叙事结构，形成《三国演义》整体结构的重要组成部分。虚实关系是历史小说首先遇到的问题，而且是在选材、提炼、叙述不同的角度，去处理主体认识和客体史实的关系。《三国演义》叙事艺术的审美特性，有它自身孕育、萌生、成型的完整过程。不仅仅决定于它的叙事要素，哪部分是

史实，哪部分是虚构，而更主要的是决定于它的结构方式。

郑铁生先生在他的《三国演义叙事艺术》专著中，对历史小说的叙事艺术有全面的阐释。在他的与此题相关的论文中，又分专题加以深化。他的《〈三国演义〉叙事艺术对中国叙事学的贡献》一文，对杨义先生的《中国叙事学》一书评价道："杨义先生从史学文化角度切入叙事这一理论建树，在当代学术界是独具慧眼的，是对中国叙事学理论建构的一个贡献。然而这部填补学术空白而自成一家之气势的大作，却没有再向前一步，从理论的高度论述二者的区别。因为从历史文化角度切入叙事分析，只是发现了不同于西方叙事的中国叙事的文化密码，但并不等于找到了研究中国叙事学的切入口和探索的途径。"他认为，《三国演义》是一部历史叙事与文学叙事有亲缘关系的作品，对剖析和认识这一问题很有典型意义，建构中国叙事学，不能不特别指出这一关键问题。时间艺术以空间结构形式为中心是文学叙事的基本特征。毛宗岗的评点突出了《三国演义》时间的空间化叙事的中国特色。过去对此研究没有引起足够的重视，更没有上升到理论上探讨。《三国演义》时间的空间化叙事艺术在中国古典小说中实乃翘楚。叙事主体对叙事时空机制的控制是研究文学叙事的重要命题。郑先生在文中概括了《三国演义》对建构中国古典小说叙事学的价值——《三国演义》文学叙事从历史叙事中剥离出来，在文体上取得了独立的意义，并形成了自己的基本特征，将时间艺术空间化。而这一特征的形成与叙事主体的心理机制是紧密相连的。《三国演义》叙事艺术开拓了中国古典小说的文学叙事，对发掘民族性的宝藏，建构中国叙事学做出了贡献。接下来的一篇长文——《周瑜形象在〈三国演义〉叙事结构中的定位及其文化内涵》，则以周瑜这一文学形象的成功塑造，探求了这一形象的社会文化意义，指出周瑜现象凝缩了千百年中国传统文化的内涵，即官本位的封建社会里人性的欲求总是被社会现实所挤压，良臣贤将永远是君权下统御的工具。这一直是封建社会和政治的重要内容，乃至在现代社会仍具有不可忽视的意义。人们从政治学、社会学、人才学等各个角度，都可以从周瑜身上读出有意味的东西。

三

郑铁生先生对《三国演义》的诗词研究有独特的成就，出版了《三国演义诗词鉴赏》一书，风行海内外。在《〈三国演义〉诗词的功能、意蕴和价值》一文中，他从艺术功能、人生意蕴、审美价值等方面对《三国演义》的诗词全面评价，尽破璞见玉之力，以求探骊得珠之效。他在《周静轩诗在〈三国演义〉版本中的演变和意义》中，对周静轩诗在《三国演义》不同版本中的数量及其意义的探讨，来解读《三国演义》版本演变的形态。又以《毛本论赞诗是〈三国演义〉叙事批评的审美

形式》为题，论述了论赞诗是古代长篇小说叙事批评的一种完美的范式。自《三国演义》开创了以论赞诗来叙事批评的审美范式，在明清长篇小说的创作中产生了巨大的影响，成为后人效法和继承的模式。他又以《〈七步诗〉为何能流芳千古》为题，对《三国演义》第七十九回“兄逼弟曹植赋诗”的这个著名的故事进行文学赏析。他评价道，七步诗的细节不仅起到了刻画人物性格的艺术功能，就是在情节设置上也颇具特色。那种充满血腥味的权力之争，常常掩盖在温情脉脉的面纱之下，淹没在骨肉情长的缠绵之中。温文尔雅的吟诗场面实际上充满了刀光剑影的杀机。历代吟咏诸葛亮的诗词很多，郑先生在《历代咏诸葛亮诗词的文化意蕴》一文中，对这些作品加以综合分析，揭示其文化内涵，透过这些诗词特有的意象审视了封建官僚文化的特征，以及在这种封建官僚文化大背景下所产生的诸葛亮文化现象。诸葛亮人格魅力的巨大力量，来自儒道互补的中国人心灵建构的演进过程和文化意蕴。

《三国演义》以其他的古代的历史小说所不可比拟的艺术成就，给后代巨大深远的影响，形成历久不衰的三国文化。这也是《三国演义》研究的很重要的方面。郑先生在以《〈三国演义〉文化散论》为名的一组文章中，辩证了“夷陵”与“彝陵”之别；对《三国演义》由小说名著改编成电视连续剧所显示的影视艺术的规律和审美价值作了探索；论证了《三国演义》审美价值的一个重要方面的贡献是其对战争艺术的弘扬不再着眼于历史事件，而是在作者情感的控制下自觉调配虚实，着眼于历史情绪的整体渲染；通过对“空城计”故事的分析，透视了诸葛亮、司马懿作为两军统帅攻心斗智，所显露的心理世界，让读者体会到《三国演义》用笔之精妙，内涵之丰富，艺术之高超。

在“《三国演义》与中国叙事学”这一部分，郑先生首先在《〈罗贯中全集〉版本辨析和体系特征》一文，借对《罗贯中全集》的评介，对近年兴起的罗贯中研究——“罗学”这一开拓性的领域加以勾画，指出了研究方向，是一篇高屋建瓴的指导性文章。在《明清小说评点对中国叙事学的意义》一文中，通过对毛宗岗、金圣叹、张竹坡对《三国演义》《水浒传》《金瓶梅》评点的评价，梳理了中国叙事学思想的三个基本点，即《史记》是中国叙事学的典范作品，明清小说评点家每每将其与小说相比附；明清小说突破了《史记》一系列单元结构组合的形式局限，形成了一个以单元结构为基础的有机的艺术整体；明清评点小说叙事结构方式，与西方 20 世纪 60 年代兴起的结构主义叙事学实际上有许多相通之处。在《中国叙事学创建述略——兼评杨义〈中国叙事学〉》一文中，结合着毛宗岗等评点家的理论，进一步对中国叙事学创建的历史渊源、思维原理、形式和理论，作了具有新意境和新高度的阐发。《〈三国演义〉（校注本）导论》是一篇从作者生平、故事梗概、艺术结构、人物性格刻画、战争艺术描写、传播及影响等全方位评价《三国演义》的指导性文章。《从章回小说回目谈修辞学与语用学的重合面》一

文是从修辞学和语用学等语言运用的角度来对《三国演义》《金瓶梅》《红楼梦》的语言成就进行评价的。文中概括了章回小说回目修辞格的基本形态，指出章回小说回目背后都依托一个典型的语境，而与语境又是离合关系。他对章回小说回目从语言运用角度的研究对研究修辞学与语用学重合面的意义打开了一条新思路。

四

郑铁生先生担任中国三国演义学会的常务副会长兼秘书长工作。在学会活动中他乐于奉献、待人以诚，以自己的人品和学识受到大家的尊重和称赞。“评论与访谈”及“其他”文章中，他在对《三国演义》著名学人沈伯俊、陈辽、关四平、李厚基、丘振声等的著作和学术成就加以推介的同时，也给读者展现了当代《三国演义》研究的总体面貌。所收入书中的有关《三国演义》研究学术活动的文章，使我们看到了郑铁生先生为指导和组织全国各地、联络团结海内外研究《三国演义》的社团和专家开展学术交流活动所留下的辛苦背影和前行轨迹。

此书后面附录的沈伯俊、鲁德才、陈辽、李灵年等老一代权威学者对郑铁生先生作品的评介文章和新华社对郑先生著作出版的专题报道，使我们看到郑先生在《三国演义》方面博大和精湛的研究，在学界和社会上的强烈反响。

《三国论稿》汇集了郑铁生先生对《三国演义》精细和全面研究，并致力于普及工作的成果，堪称《三国演义》多层面研究的范本。

注释：

① 郑铁生《三国论稿》，中州古籍出版社，2018年版。

（作者工作单位：中州古籍出版社）

绵阳市境内三国文化遗存考述

士　心

绵阳市境位于四川盆地北部偏东,涪江中上游。绵阳城区位于三江(涪江、安昌江、芙蓉溪)两道(古金牛道与阴平道)的交汇处。历来是川西北重镇,水陆交通之枢纽,“蜀道咽喉”,“控山川形势之胜,为省门藩蔽”,兵家必争之地。三国时期在这里上演了许多威武雄壮的历史剧,留下了几十处历史文化遗存,其中有几处现在已成为著名的旅游风景区。而尚待保护与开发的还有多处。本文将对这些文化遗存的历史与现状进行考述。

一、富乐山

富乐山原名东山,位于绵阳城区东部。建安十六年(211)刘璋听说曹操将攻打占据汉中的张鲁,十分恐惧。别驾张松乘机劝说刘璋迎刘备入蜀。诸葛亮早在《隆中对》中就已经定下了西取西蜀的战略,刘备乘此良机“与庞统率数万人西行。至江州(今重庆)北,由垫江(今嘉陵江)水路至涪(今绵阳市)。刘璋率步骑兵三万余人,车乘帐幔,精光耀日,往就与会,相见甚欢。”(《三国志·蜀志》)法正、庞统劝刘备在宴会上擒杀刘璋,然后取成都,刘备说:“初入他国,恩信未著,此不可也。”(《资治通鉴·汉纪》)二刘在涪县欢宴百日,一日饮于县之东山,刘备“望见蜀之繁盛,饮酒乐甚,欢曰:‘富哉,今日之乐乎!’”([唐]王助《富乐山碑记》,又见[宋]祝穆《方舆胜览》)后来此山名为富乐山。此事在《三国演义》第六十回中有详细描述。

因为富乐山二刘涪城会之处,成为一处历史名胜,唐高宗时开始在山中建庙设坛,唐武宗时又大兴木土,加以扩建。到了宋代,以山名寺,开始有富乐寺之名。自唐宋以来,富乐山成为文人墨客喜爱游览之地,并在此题咏,至今尚留存有北宋著名的书画大师文同的题字刻石;南宋伟大的爱国诗人陆游的诗《游东山》;清代著名诗人、学者李调元的诗《游富乐山》。由于有历代文人墨客的游览、题咏刻石,富乐山的名声更大,有川西北石刻宝库之称。1986 年,富乐山上开始建风景区,其中包括富乐山公园、富乐堂,占地 6000 余亩,突出了三国文化景

观。富乐山公园中的富乐阁(昭烈阁)、人和苑、豫州园、汉皇园、玄德湖等景点的命名都与三国人物及事件有关。园内建“三国雕苑”,计划60组,现已建成“桃园结义”“五虎上将”“涪城会”“鱼水君臣”“蜀汉四英”“庞统献策”等6组群雕,生动地再现了三国人物的风采。富乐堂正殿右边桃源洞、冷源洞,据说是刘备避暑之地,冷源洞中也有古人题刻。现在富乐堂、富乐山已成为省级风景区。

二、西山

西山,一名凤凰山,在绵阳市区西部,紧邻绵阳火车货运站。山上有蒋琬墓与姜维营。诸葛亮的继承人蒋琬一生与绵阳关系密切,曾先后四次来绵阳,特别是第四次住涪县长达4年之久。建兴十二年(234),诸葛亮逝世前,密报后主刘禅:“臣若不幸,可以蒋琬代臣。”(《华阳国志·刘后主传》)诸葛亮逝世后,蒋琬主持朝政,总结北伐经验教训,改变诸葛亮进军方略,不再以汉中为战略基地进攻关中,而是以水陆交通发达的涪县为攻防大本营,他说:“今涪,水陆四通,唯急四应,若东北有虞,赴之不难。”(《三国志·蒋琬传》)后主刘禅采纳了他的建议。242年开始战略转移,大将姜维驻守涪县。243年蒋琬从汉中移屯涪县,涪县成了军事指挥中心。蒋琬驻涪城不久,由于身体有病,主动让贤,先后将“大将军并录尚书事”和“益州牧”的职务交给费祎，妥善地移交了军政大权之后，于246年病逝，谥为恭侯。安葬在涪县之西山。现存的墓是清光绪十六年(1890)，蒋琬后裔，龙安知府蒋德钧培修的。蒋琬墓旁有恭侯祠，始建于清道光二十九年(1849)，后被毁。1986年重建，并在祠前塑蒋琬铜像，祠内陈列蒋琬生平事迹，祠的两边回廊有蒋琬执政时的文臣武将线雕图像。

魏国大将锺会敬仰蒋琬，写信询问蒋琬的儿子蒋斌，蒋琬墓在何处，蒋斌回信说：“亡考昔遭疾，亡于涪县，卜云其吉，遂安厝之。”锺会得信后，“及至涪，如书所云”。晋人常璩《华阳国志》载：“涪县……大司马蒋琬葬此。”唐人李吉甫的《元和郡县图志》、明人曹学佺《蜀中名胜记》也都明确说蒋琬葬于涪县之西。又据20世纪30年代在蒋琬墓中出土的带钩(现藏四川省博物馆)。铭文中有“北斗列列，三昭在阙，璇玑玉衡，常保社稷”，与蒋琬的宰辅身份相合。可见西山上的蒋琬墓是真墓而非衣冠冢。

在西山有营盘嘴，民间传说是姜维的扎营处。《三国志·蜀志》载：“延熙五年春正月，监军姜维督偏军，自汉中还屯涪县。”扎营处就在西山营盘嘴，距蒋琬墓约300米。

西山又曾是西汉大学者扬雄的读书隐居处，唐代刘禹锡的《陋室铭》中“南

阳诸葛庐，西蜀子云亭”句，使这里极负盛名。子云亭大约始建于唐，1978年重建。亭为六角方亭，红柱青瓦，雄伟古朴。1989年，在亭东300米处，由长虹机械厂捐资，又建了一座新子云亭，是由阙门、过厅、阁亭组成的仿古建筑，气势恢宏，造型新颖，阁上重亭，高达23米，蓝色琉璃瓦的屋顶在蓝天白云的映衬下，显得十分凝重雄伟。亭下院中有一座用红色花岗岩雕塑的扬雄像。新子云亭内有扬雄纪念馆，以图表、声光电等手段，展现了这位文学家、思想家的生平事迹。

西山上有西山观，又名仙云观，是隋唐时期始建的，相传为“蜀中八仙”之一的尔朱仙修炼之所。山下有玉女泉，泉边有隋唐时代的道教摩崖造像，是我国最早的道教摩崖造像。属省级文物保护单位。

三、诸葛营

诸葛亮北伐，把涪县(今绵阳)作为他的战略后方，曾经扎过兵营，至今绵阳有涪水诸葛营遗迹。据王让《记略》云：“西绝涪水，有山曰柏下，诸葛公营垒在焉。而乔木婆娑者，蒋公琰(琬)万秋之宅，钟士季之所尝致敬也。”柏下山具体位置已不可考。涪水诸葛营的位置有三种说法：一种意见认为在西山公园营盘嘴。民间传说姜维的扎营处就在西山营盘嘴。之前诸葛亮也在这里扎过营。此处离蒋琬墓较近。另一种意见认为在开元场北面的龟山到五里堆一带的山梁上。五里堆原来是距州城五里的土堆，高宽10米。传说是张飞点将台。诸葛亮也可能在此扎过营。还有一种意见是在今洞天公园，原名旗堡梁，因山上曾有碉堡，遍插旗帜，又在金牛道边，应当是诸葛亮扎营之处。诸葛营是重要的三国文化遗存，至今尚未开发利用。

四、梓潼郡故城

梓潼郡原名广汉郡，郡治故城在今梓潼县城西北连枝坝。公元前201年，汉高祖分出蜀郡北部地区设置广汉郡。《汉书·地理志》：“广汉郡，高帝置。莽曰就都，属益州……有工官。县十三：梓潼……莽曰子同。”广汉郡治在西汉至东汉前期设梓潼绳乡，其具体位置，据1999年出版的《梓潼县志》考证：“秦之梓潼设置的乡亭，见于史册和碑记的有神乡、上亭、雍亭。神乡(又名乘乡、绳乡、蛇乡)，即今七曲山南麓连枝坝。”2012年12月中旬，在位于梓潼县城西北文昌镇莲枝村的县水厂施工时，挖出筒瓦、汉砖等古建材残片。经绵阳市文物局现场勘验，初步认为该地可能是汉代遗址。在对遗址进行抢救性发掘中，又陆续挖掘出一批筒瓦、板瓦、铺地砖等建筑构件，上面的花纹线条流畅，十分精美。还发现了大型建筑遗址、城墙遗址及陶器烧制作坊。还有大量的陶罐、陶瓮残片，另有古砖窑遗址和两座古墓。根据出土的文物以及地层里砖瓦残片的堆积情况，绵阳市文物局人员认定，该地可能是古广汉郡治遗址。

梓潼也是金牛道上的重镇。刘备、诸葛亮等多次经过此地。在刘备攻打刘璋时，留中郎将霍峻守葭萌，张鲁派杨帛说霍峻，要求共同守城，峻断然拒绝："头可得，城不可得！"（《资治通鉴·汉纪》）后刘璋派扶禁、向存率兵万人溯嘉陵江北上围攻葭萌，霍峻仅以八百人，坚守葭萌达一年之久，后乘隙出击，大获全胜，杀了向存，刘备之后方赖以巩固。刘备为嘉奖霍峻军功，在定蜀之后，分广汉郡北部为梓潼郡，以霍峻为太守。郡治梓潼。

五、七曲山

七曲山在梓潼县城东北，早在晋代就有庙宇。据《华阳国志》载："梓潼县……有善板祠，一曰恶子，民岁上雷杼十枚，岁尽不复见，云雷取去。"可见晋代这里是一座雷神庙，善板或恶子当是雷神之名。又传说恶子或亚子姓张，本越嶲人，为避仇迁居梓潼七曲山，经常为百姓治病施药，死后百姓怀念其德，为之立祠，名亚子祠或善板祠。张亚子本是地方保护神，后经历代统治者尊崇、追封，又由地方神成为著名的道教神祇文昌帝君，七曲山大庙也成了文昌祖庭。明末，张献忠在成都当了大西皇帝后，将张亚子认为先祖，将其庙宇认作太庙，张献忠死后，老百姓改称为大庙。

明代时，在七曲山大庙中建有关帝庙。关帝庙建筑宏伟，由皋门、拜殿、关圣殿组成。关圣殿仍保留明代的建筑特色，皋门、拜殿为清代乾隆时所修，整个建筑古朴典雅、雄伟壮观。关圣殿高 14.8 米，正中为关羽坐像，生铁铸造，通体鎏金，高 5 米，宽 3.1 米，头戴冕鎏，金脸长须，身穿金色龙袍，腰束玉带，手执象笏，神情威严，一幅帝王模样。关羽左侧为关平、关兴、王甫，右侧为周仓、关索、赵累。

七曲大庙的金脸金袍关公在全国是少见的。全国各地的关帝庙的关公大都是象征武勇刚烈的红脸，着绿袍。七曲山大庙关羽的金脸金袍是张献忠改过来的。传说张献忠当了大西皇帝，认为统治天下要文武双全，因此在他的家庙里供

奉着一文一武，既然文昌帝张亚子是金脸金袍，武帝关云长也应涂成金脸金袍。

七曲山下有瓦口关，古金牛道穿岩而过，地势十分险要，为兵家必争之地。《三国演义》第七十回写了"猛张飞智取瓦口隘"，那是在渠县，张飞曾在此大战张郃。传说张飞当年经过此处时，见这关口上是悬崖峭壁，下是绝壁千仞，滨临潼江，不禁想起了大败张郃的情景，于是对左右赞道："这地方太像当年杀得张郃落荒而逃的瓦口关啊！"当地人出于对智勇双全张飞的崇敬，就把这地方叫瓦口关了。现在修复的"瓦口关"以条石砌成城墙关门。依山就势，城楼高耸，形势险峻。有"一夫当关，万夫莫开"之势。关口下的古驿道犹存，石板上尚有车辄、马蹄印。箭楼上塑有刘、关、张、诸葛亮等塑像。其中的彩塑张飞像，"豹头环眼，燕颔虎须"，栩栩如生。关口有"张飞趟脚石"，相传张飞走在这里，马失前蹄，蹬石为槽，后来行人走在这里，也要在石槽上趟脚，于是石槽愈来愈深，至今仍是游人趟脚之处。

此外，在阆中双山垭也有个瓦口关，现存石砌城墙遗址。张飞大战张郃的瓦口关在渠县东宕渠寨，山壁上有张飞题刻："汉将张飞率精卒万人，大破贼首张郃于八濛。立马勒石。"

六、金牛道——翠云廊

金牛道是西蜀通往中原最重要的通道。早在春秋中期，蜀国开明王朝就派五丁力士修建了金牛道。李白《蜀道难》："地崩山摧壮士死，然后天梯石栈相钩连。"就是对古代开蜀道的英雄们的赞颂。金牛道又称石牛道，从成都经德阳、绵阳、梓潼、剑门关、广元一直通到汉中，再越过秦岭到长安。历代统治者十分重视这条通道的修建和管理，刘备曾在金牛道上"起馆舍、筑亭障，从成都至白水关，

四百余区”（《三国志·蜀志·先主传》引鱼豢《三国典略》）。诸葛亮亦在该道“凿石架空，为正阁道，以通行路”（《元和郡县志》卷三十三）。由于金牛道的整治和畅通，在这条路上官私商旅来往频繁。现在的川陕公路、宝成铁路也基本上是沿这条路线修筑的。

金牛道中最著名的一段路叫翠云廊。以七曲山国家森林公园为起点，向北经剑阁到广元昭化，又从剑阁东至阆中，约 300 里的古金牛道两旁，古柏郁郁苍苍，浓荫蔽日，盘根错节，展翠抹云，像一条矫健的青龙，蜿蜒蟠绕在丛山峻岭之中；置身其间，像进入了一条绿色隧道，幽深莫测，又似一条翡翠长廊，溢光流彩。古人给它取了一个最富诗意的名字——翠云廊。

翠云廊上的古柏传说是张飞所植，他带领一支大军行进在金牛道上，正值赤日炎炎，士兵汗流浃背，张飞手持丈八蛇矛，一杵一个坑，让士兵栽下柏树苗，早上植树，下午就可遮荫，士兵不再感到酷热难当，以后的行人也能夏遮炎热、冬避风寒。为怀念张飞，故名“张飞柏”。这个传说与史籍记载能相印证，蜀汉大将张飞曾镇守阆中，经常与成都有信使往来，令士卒在驿道旁“植柏表道”，现在翠云廊上有 1700 多年树龄的古柏，就是张飞下令所植。实际上张飞之前、之后，

都有人在这条驿道旁植树。翠云廊又称“皇柏大道”，这“皇”就是指秦始皇，他在统一全国后，命令以咸阳为中心，修筑四通八达的道路，并要求在道边植树。翠云廊是咸阳通往成都的古金牛道的一部分，整修这条道路时必然要植树，翠云廊中最古老的柏树，应当是秦始皇时代所植。在晋代，当地人民又再次在驿道两旁大量种植松柏。当时的尚书郎郭璞为此写下了《种松记》刻于石碑。宋代苏轼又重书碑文，如今尚存于武连觉苑寺，碑文中说，“线路翠，武功贵，线路青，武功

荣”，把栽树与一方的荣贵联系在一起。七曲山大庙中的晋柏，正是这一时期所植，距今已有 1400 多年历史。保存至今的翠云廊上的大部分古柏是明代正德年间，剑州知州李壁倡导驿道两旁的人民所植，距今已有 400 多年了。李壁还制定了“官民相禁砍伐”的制度。从此以后，尽管朝代更替，州官调换，但保护古柏，相沿成风，各任州官都要派差役巡查，发现破坏古柏者，缉拿严办。州官交接时，要把古柏情况作为交接的重要内容，如有短缺，必定追究责任。由于李壁倡导种植和保护古柏有功，为人民做了件大好事，人民也永远怀念他，为他铸造了一尊铜像供奉。到了清代驿道两旁的柏树长得更加郁郁葱葱，形成了绿色长廊，康熙年间的剑州知州乔钵正式将她命名为“翠云廊”，并写诗称赞：“剑门路，崎岖凹凸石头路，两行古柏何人值？三百里程十万。翠云廊，苍烟护，苔花荫雨湿衣裳，回柯垂叶凉风度。无石不可眠，处处堪留句，龙蛇蜒蜿山缠互。休称蜀道难，莫错剑门路。”

民国时期由于军阀混战，古柏遭严重破坏，特别是修川陕公路时，明令可以砍伐阻挡车道的古柏，致使古柏数量大大下降，引起当地人民不满。到张群当四川省政府主席时，下达训令，严禁砍伐，并拟定了保护古柏的具体实施办法，对破坏古柏的情况有所抑制。至 1949 年，翠云廊回到人民手中，才被真正保护起来，现存古柏 12351 株，都编号挂牌，并常喷药除虫，又以条石砌扎，培土护根，还大量补栽柏树，使翠云廊永葆青春。翠云廊上有不少三国传说和遗迹，如阿斗柏，传说刘禅投降后，押解北上，在这棵柏树下躲过雨。

翠云廊的古柏数量之多，长势之旺，历史文化遗存之多，保护之良好，在国内实属罕见，在全球也堪称一绝！

七、演武铺

原名阳沔戌，在梓潼县城北 30 公里，是金牛道上著名的驿站。因诸葛亮曾在此操演兵马而改名演武铺。这里是诸葛亮北伐必经之地，《舆地纪胜》记载：“蜀汉建兴五年，诸葛亮北伐，曾在此驻兵，操练八卦阵法。”在界牌子梁有演武厅、校场坝、点将台等遗址。演武厅以东有七星山，相传诸葛亮曾在此操练七星阵法。山上有烽火台遗址。

八、卧龙山

卧龙山在梓潼城西 15 公里。传说诸葛亮率兵北伐，路过此山，登高眺望，但见山清水秀，田畴交错，男耕女织，怡然自得，不禁想起自己曾经隐居多年的地方，于是喟然长叹曰：“此处似吾南阳卧龙岗也！”决定将此处作为屯粮练兵之地。此后这座山便名为卧龙山,又名葛山、亮山。此事在《三国志》《三国演义》中虽无记载,但在许多地方史志中都有记载。如宋代王象之的《舆地纪胜》记载:"葛山:旧名亮山,在梓潼县西二十五里。旧经云:昔诸葛亮北征尝营此山,因名。有景福院石碑,梁大同置,此又有石碑云贞观年造。"宋代祝穆的《方舆胜览》记载:"葛山,在梓潼县北(应在西)二十五里。昔诸葛亮置营于此。"明代曹学佺的《蜀中名胜记》载:"梓潼县……有葛山。《志》云:县西南二十里。葛山又名卧龙山,相传武侯伐魏,驻兵于此,见虎豹蛇虫势恶,自卧草中,兽皆俯伏。有古碑,在此山之景福院。"清乾隆年间的《直隶绵州志》载:"武侯庙,(梓潼县)治西葛山上,有八卦井,今废。"清咸丰重修的《梓潼县志》载:"葛山,县西三十里,亦名亮山,今名卧龙山。昔诸葛武侯置营于此。有葛山寺,久圮。寺后有泉,石刻孔明泉,今犹引溉田亩。寺后有磐石,如车轮,由石穴转折而入,内有石龛、佛像、石碑,镌唐贞观年立。"在《四川通志》也记载了卧龙山是诸葛亮屯兵设营之地,后世为纪念诸葛亮而在山上建有庙宇。

笔者实地考察看卧龙山虽不在金牛道上,但从山形地势看,适合于积草囤粮。山顶平坦,有诸葛寨,为椭圆形山寨,周长3000余米,尚有寨墙遗迹可寻。从残存的南寨门上,依稀可见石刻对联:"纶巾羽扇驱司马;神兵逶迤达卧龙。"这应当是南宋末年为抗元兵,重修山寨时,题写的怀念诸葛亮北伐的对联。诸葛寨最高点诸葛亮点将台,相传诸葛亮曾站在此处检阅操练兵马。点将台下有跑马坪,长约900米,宽约60米。跑马坪西侧有古柏两株,铁干虬枝,苍老遒劲;树冠高耸,堆云积翠。相传诸葛亮检阅兵马时,曾将战马拴此树上,故名诸葛拴马树。拴马树下有两个马蹄印,下有一小水坑,相传诸葛亮曾在此饮马,故称饮马池。从此东行500余米,又有孔明泉,有"卧龙山诸葛亮剑穿孔明泉"的传说,是诸葛亮屯兵于此时,开凿出的饮用水。泉水从岩隙中喷出,清冽甘甜,入口甚爽。经化验含多种人体所需的微量元素,实为优质矿泉水。1991年,当地民众集资,在泉眼处建大殿一座,内塑诸葛亮像,羽扇纶巾,神态安详。

在卧龙山上早已有纪念诸葛亮的庙宇。在诸葛寨内的黄花地,曾发掘出基础、条石、石板、筒瓦、方砖碎片,应是最早的诸葛庙遗址。在此遗址下侧的台地上,有梁大同年间(535—546)修建的景福院遗址,在这里出土了景福院碑。到隋唐时期又重建庙宇,现存的千佛岩摩崖造像尚有300余躯,雕琢在一块2.5米见方的巨石上。人物造型十分生动,比例适度,刀法流畅,显然是隋唐风格。更可宝贵的是,崖壁上还完整地保留了几则题记和碑文,最早的题记是隋开皇元年(581),最完整的碑文是唐贞观八年(634)的《阿弥陀佛并五十二菩萨传》,楷书工整,笔迹清晰,实为书法珍品。历代庙宇屡经兴废,现在已修复的有山顶的千佛寺,山腰的葛山寺,山下的板凳寺。其中除供佛像外,都供有诸葛亮、刘备、关羽、张飞、赵云等三国人物像。板凳寺在卧龙山下,寺中有两株古木,胸围2米有

余，相互交结，长成板凳形状。相传诸葛亮曾坐在上面休息过。唐代即在此兴修庙宇，明末废于战火。清康熙时再建，今存正殿还是清代建筑。

卧龙山南寨门下200米有诸葛亮养子诸葛乔墓。诸葛乔是诸葛谨之子，过继给诸葛亮。随诸葛亮北伐，去世于卧龙山。在墓碑上刻有“都驸马诸葛乔墓”。

卧龙山东麓的井冈坪三泉乡白雀村有魏延祠。在祠前的魏家河东，原有魏家河庙，庙前有三块石碑，其中一块刻有“魏延率兵驻此”。该庙毁于1968年。现在当地村民重建祠庙。

卧龙山千佛岩唐代摩崖造像已列为全国重点文物保护单位。现在卧龙山尚未开发为旅游景区。

九、御马岗

御马岗在梓潼县城东10公里马鸣乡。建安十八年(213)，刘备率兵南下攻打刘璋，进军到梓潼时，王连坚守不出，刘备只得绕道而行，曾将军队驻扎在御马岗。至今尚有拴马桩、饮马缸遗址，传说刘备曾在此拴马、饮马。

十、李严祠

李严祠在梓潼县城南，长卿山下。是尚书令李严被贬为庶民后的住地。李严在北伐的后勤供应上搞两面派手法，被诸葛亮揭穿后，“乃废为民，徙梓潼郡”(《三国志·李严传》)。在梓潼城南的长卿山下，有横造庐旧址，就是李严被贬后思过之处。相传李严被贬后仍盼望重兴起用。其夫人数落丫头之过，李严连想自己“横造无端”，贻误诸葛亮北伐，于是将住处改名“横造庐”。李严死后此处名李严祠，曾有李严墓，现已不可考。

十一、阴平道江油关

阴平道有正道和“邪径”，历史上由陇入蜀多取阴平正道，然后沿景谷(青川河谷)经白水关(今青川县白水镇西隍坝)再沿白龙江至嘉陵江在葭萌(今广元市昭化)与金牛道会合。秦昭王二十七年(前280)“司马错发陇西兵，因蜀伐攻楚黔中”。就是走的这条路，陇西在陇山以西，“本冀戎、貊戎、氐羌之地，秦累世攘柘，以其地置陇西郡”(《资治通鉴·周纪》)，在今甘肃东南部。从这里出发入蜀，必走阴平道正道。蜀汉时期多次沿这条路出兵陇右，“刘玄德起馆舍，筑亭障，成都至白水关”，说明对这条路进行过大规模整修。263年，邓艾伐蜀，从甘南翻越摩天岭，“自阴平由景谷道旁入”，到江油关(今平武县南坝镇)。《太平寰

宇记》说:“马阁山在阴平县(今江油市小溪坝)北六十里,北接梁山,西接岷峨,昔魏将邓艾伐蜀,从景谷道出龙州江油县(今平武县南坝),至此悬崖绝壁,乃束马悬车作栈阁,方得通路,因名。”《方舆胜览》卷六十七也有相同内容的记载。《三国演义》第一百一十七回,描述了邓艾在渺无人烟的崇山峻岭中行军 700 里,经 20 多天跋涉,直抵江油关下,江油关守将马邈不战而降的全过程。现在阴平道上留下了许多邓艾伐蜀的遗迹及传说故事。其中有些民间传说是《三国演义》上没有的,如传说邓艾至江油关前,使用疑兵之计,在当地收集了大批山羊,晚上在羊角上绑火把,羊群在关外遍布山野,马邈以为魏军甚多,不敢与战,不听妻子李氏苦苦劝告,开关投降邓艾,李氏夫人投河殉国(《三国演义》说“马邈夫人自缢身死”)。南坝人民对这位忠烈的李氏夫人十分敬重,建修了李氏夫人祠、李氏夫人墓,可惜这些都已毁坏。仅有明代立的“汉守将马邈忠义妻李氏故里”碑尚存。此外有传说李氏投河的“落河盖”。到南梁时,在此割据称雄的李龙迁在原江油关的基础上筑城,现在还可看到一段城墙遗迹。2008 年“5.12”大地震后,河北省对口支援,重建南坝镇时,也重建了江油关,成为至九寨沟路上的一处新景观。在江油关对岸有马刨泉,传说是邓艾的马蹄刨出了一股泉水,让士兵饮用。此泉的具体地点尚需寻找。

传说涪江涨水,将李氏夫人墓内的棺材冲至江油武都镇(原江油县城)外的

河滩上，当地百姓发现后，重新埋葬，并在城中修李氏夫人祠。祠已毁，而今李氏夫人墓尚在武都镇桃花岛上供人凭吊。

关于邓艾伐蜀的具体路线，史籍记载较略。刘琳校注的《华阳国志》在其中的《汉中志》平武县的注释中说：邓艾军从阴平（今甘肃省文县）出发后，翻越摩天岭，由景谷道（今青川河谷），经德阳亭（今江油市雁门镇），再向西翻越马阁山，下山西行至江油关（今平武县南坝镇），再沿涪江河谷至涪县。笔者经实地考察否定了这条路线。邓艾军在翻越摩天岭后，沿青溪河谷进到青溪时，距江油关仅 60 公里，不必再向东南绕到比江油关还远的德阳亭，再向西翻越马阁山攻取江油关。如果真的到了德阳亭，向南翻越 1000 米左右的山口就进入丘陵与河谷平坝地带，可以直取涪城。在《三国志·邓艾传》说："艾上言：'今贼摧折，宜遂乘之，从阴平由邪径经汉德阳亭趣涪……'"《锺会传》中也说："邓艾追姜维到阴平，简选精锐欲从汉德阳亭入江油、左担道诣绵竹，趣成都。"从"艾上言"和"欲"看出，走德阳亭是原订计划，在行军中根据实际情况作了改变。邓艾从清溪南下经马转关，此处海拔 1400 米，是清溪河与涪江的分水岭。传说邓艾在此未继续向前到刚氐县（今平武县古城镇），而是转马向江油关，故有马转关之名。从马转关南下即抵江油关。此次行军是奇袭，当然只能选这一条捷径。

邓艾打通了阴平小道，为以后川西北与甘青的经济文化交流打下了基础。这条路也是沟通刚氐道（今平武古城）、甸氐道（今九寨沟）、阴平道（今甘肃文县）与川西平原的要道。甘南以至西北的药材、山货可以由马帮运至江彰平原而后水运。

十二、养马坝

《方舆胜览》卷六十七云："马阁山在阴平县（今江油市小溪坝）北六十里，峻峭崚嶒，极为艰险。邓艾伐蜀，行军至，路不得通，乃束马悬车，造作栈阁，始通江油，故名马阁。"此记载与《太平寰宇记》相同。说明邓艾军的确曾翻过马阁山，应当是从江油关向东南翻越马阁山，不可能到德阳亭后又回过头向西北翻越马阁山。邓艾占领江油关后，得到马邈献的地图（《三国演义》一百一十七回说"邓艾得马邈献地理图一本"），根据地形地势，分兵两路：一路向东南，突破马阁山天险后，经养马坝，进入丘陵、平原，再沿潼江、涪江南下。另一路沿涪江峡谷南下，（此峡谷有六十余里，两岸全是悬崖绝壁，即使搭建栈道也只有单兵通过，邓艾的几万人马不可能只从此险路通过）。两支人马在江彰平原与另一支会师，前去偷袭涪县（绵阳），断姜维退路。在江彰平原河西乡发现的三件铜弩机，铭刻有"景初二年"，正是魏国的年号，证明邓艾军队曾经过此处。

笔者到江油市文胜乡的养马坝考察，查看地形，收集到民间传说。养马坝位

于江油关之南偏东，马阁山之南麓，原名野马坝，古代坝中常有大群野马出没，故得其名。三国时邓艾伐蜀，占领江油关后，曾分兵一股，在此处将野马驯养为战马，故称养马坝，又称养马峡。这里峰峦叠翠、飞泉奔泻、碧水潺潺。有原始森林可以猎奇，有无数溶洞可以寻幽。古朴宁静，气候宜人，很适于休闲度假。

十三、五层山

在今三台县建设镇北六里，蜀汉时属涪县。刘备入蜀时，曾经过此处，留下传说和遗迹。清光绪《潼川府志》载："五层寺在县北九十里五层山，亦呼五泉山。上有碑，长丈余，刻'汉昭烈帝扬兵处'，未记年代。其碑已埋荒埂中，今不可觅。好事者复竖小碑于寺右，书如其字。又路侧有石磴，方广三尺余，高二尺余，中作圆孔，大如升，相传为昭烈竖旗磴。"民国《三台县志》载："五层山寨……形势五层，上有旗磴，相传为蜀汉昭烈帝观兵处。今筑为寨，势甚雄峻。""旁有小字数行，模糊难辨，惟'大汉建兴元年'(223)六字大概犹存。"刘备从荆州率兵入蜀，溯涪江，至涪县，必经五层山，在此扎营、阅兵是完全可能的。与五层山隔涪江相对的地方叫刘营，也是为纪念刘备曾在此扎营。

关于五层山的民间传说有《水打涪城坝》《刘备丢剑》。相传刘备入川，曾驻扎涪城坝（今三台花园乡），刘璋之子刘循引涪江水，淹刘备军营，刘备及时带领士兵上东边的五上避洪水。《三国演义》第六十三回，也写有引涪江水淹刘备军营之事，但与民间传说不同的是，不是刘循，而是冷苞计划引涪江水淹刘备军营，而被彭羕告之刘备，由于早有防备，冷苞未及决堤引水就被魏延俘获。《刘备丢剑》是说刘备驻军在五层山上，不小心将佩剑落入八角井中。又有传说刘备将金镶玉印和兵书藏入八角井中。今尚有井口为八角形的井。

十四、郪道

郪道也是蜀中一条重要的交通要道，从成都出发东经五城县（今中江县）到郪县（今属三台县），再向东经今盐亭县境，至巴西郡（今阆中），沿嘉陵江北上，至葭萌（今广元市昭化）与金牛道汇合；南下可达垫江（今合川）、巴郡（今重庆市），这是一条东通三巴、西接三蜀的交通大动脉。

邓艾占领涪县后，"姜维未知后主降……乃回由巴西（今阆中），出郪（今三台郪江镇）、五城"（《华阳国志》）。准备救援成都。投降了邓艾的后主刘禅，下诏书命令姜维就地向魏军投降。"乃投戈放甲，诣回于涪军前。将士咸怒，拔刀斫石"（《三国志·姜维传》）。今三台郪江镇通往成都的古郪道上，尚有剑砍石、"五里斑"、"十里斑"的地名及遗迹，与正史记载可以相互印证。

《三国演义》第一百一十八回，写姜维向锺会假投降的地点在剑阁。“且说太仆蒋显到剑阁，入见姜维，传后主敕令，言归降之事。维大惊失语。帐下众将听知，一齐怨恨，咬牙怒目，须发倒竖，拔剑砍刀。”今剑门关也有剑砍石，是据《三国演义》而来。

十五、郪江崖墓群

三国时期的墓葬是三国文化的集中表现。其中最负盛名的是三台郪江崖墓群。据考古学家考证，这些崖墓群属于东汉晚期至蜀汉（唐光孝：《绵阳崖墓的初步研究》，载《绵阳文史丛书》之十）。历史学上说的三国时期大体也是指的这段时期。早在春秋战国时期在郪江一带有郪国，西汉高帝六年（201）在这里设了郪县，据《华阳国志·蜀志》载：“郪县有山原田、富国盐井……大姓王、李氏。又有高、马家，世掌部曲。蜀时高胜、马秦皆叛，伏诛。”这里在汉代井盐业十分发达，出了不少的富商，他们买田置地，成为豪强地主，拥有大量土地和依附农民，还拥有私人武装（部曲）。他们的子弟读书做官，出了不少显赫人物。他们对刘备的统治不服，在东汉建安二十三年（218）叛乱，高胜、马秦率部曲数万人，一直打到资中。刘备派李严率兵镇压，可见郪县豪强地主势力之大。这些豪强地主聚族而居，死后也凿岩安葬在一起，因而形成了庞大的崖墓群。在三台郪江镇，郪江两岸的崖墓密如蜂巢，数以千计，好像走进了1800年前的地下村落，规模最大的达80平方米，有前、中、后三厅加两个耳室。墓室内有大面积彩绘装饰、圆雕、浮雕、线雕，生动地表现了神话传说、日常生活和劳动场面，反映了三国时代创造的物质文明和精神文明，有很高的艺术价值、历史价值和旅游开发价值。1996年被列为全国重点文物保护单位。

此外，在绵阳还有些三国的传说故事及其相应的文化遗存。其中有关刘备的有曾扎过营的“刘营”“御营坝”；有关诸葛亮的有三台“云台山孔明点七星灯”“一箭之地”（诸葛亮设计迁白马人到平武）；有关蒋琬的有“蒋琬四入涪县城”“蒋琬降龙救百姓”。有关张飞的传说特别多，如安县的乐兴和塔水的“上高冠”和“下高冠”，传说是张飞筑城留下的一挑土；梓潼建兴乡的石靴村的一双像靴子的石头，传说是张飞的靴子所化；还有“扁担石”（在梓潼演武铺，传说是张飞担军粮的扁担）、“书箱石”（在梓潼县城南五里，传说是张飞的两个书箱）、“骂牛坝”（七曲山下，传说张飞在此骂牛啃食他栽的柏树）、“挓马渠”（在三台县老马乡，传说张飞过河，马不愿意过，张飞就挓着即扛着马过河）、“石鼓坝”（在三台县刘营镇，有巨石似鼓，传说是张飞擂过的鼓）。这些传说故事大多是歌颂张飞的神勇和刚毅，表现了人民对张飞的敬慕之情。但有不少传说和由此传说附会的遗迹与真实的历史事实不合。如张飞“书箱石”实际上是汉阙。三台云台山上的孔明七星灯与历史事实也不合,并无史料证明他到过三台云台山。

在一些地方志上记载:梓潼县有杨修阙、魏延墓、邓芝墓。都缺乏历史依据。

有学者撰文论证绵阳平阳府君阙是蜀汉大臣李福的阙。笔者经认真考察后,予以否定。

平阳府君阙位于绵阳市区仙人桥头,古金牛道边。早在 1961 年就被列为全国重点文物保护单位。该阙造型匀称稳定,仿木结构逼真,各部件比例协调,为研究汉代建筑艺术与雕刻艺术提供了珍贵的实物资料。阙身材质为青灰砂岩,略呈黄色,双阙左右相距 26 米,全阙由阙基、阙身、楼部、顶盖四部分构成。其主阙共分 15 层,副阙现存 12 层,整阙由石材叠砌而成,每层由 2 至 6 块石条或石板合成。平阳府君阙上所雕刻的装饰图案主要分布在阙身上部、阙额以及楼部,这些表现汉代现实生活、描绘祥瑞、神话故事、自然景物等内容的雕刻,其中《车骑出行图》雕刻于双阙主阙阙额部位,并绕阙身一周,充分表现了墓阙主人生前豪华而悠闲的仕宦生活。从《车骑出行图》可以看出阙主身份的高贵。

有学者认为阙上铭文有“汉平阳府君叔神道”,墓主是蜀汉时被封为“平阳亭侯”的涪县人李福。据《华阳国志》载:“李福,字孙德,涪人也。先主初,为成都令。建兴元年,迁巴西太守,后为江州都督、扬武将军,入为尚书仆射,封平阳亭侯。”按李福的高贵身份死后应当建阙,既为涪县人,死后应归葬于涪,所以,平阳府君阙是李福的阙。但是此说显然与阙上铭文不合。据宋代娄彦发《汉隶字原•碑目》载,在南阙檐枋的枋头上有“汉平杨府君叔神道”的铭文。清乾隆时期绵州人李调元经过实地考察写的《蜀碑记补》中,记载阙上留存铭文仍为“汉平杨府君叔神道”八字,应当说是可靠的。清嘉庆年间编的《四川通志》抄录《蜀碑记补》,将两处“平杨”改抄成了“平阳”。1933 年编的《绵阳县志》记载:“今仙人桥侧所存石阙,刻有梁大同造像多种。阙上端并有‘汉’‘平’二字。如瓦当式隶书。第一‘汉’字,第二坏烂,第三‘平’字,谓是平阳府君阙。汉、平二字不相连属,又多刻大通造像杂其间,且汉、平字外无字,殊难臆定,姑两识之。”笔者对该阙反复考察,阙上铭文尚有“汉”“平”“杨”“府”四字可以辨认。这四字位于南阙之主阙枋头上,主阙四面共 22 个枋头,“汉”字在东面第一个枋头上,“平”字在第四个枋头上,“杨”字在第六个枋头上,“府”字在南面第一个枋头,也即是 22 个枋头的第七个枋头上。其分布为“汉□□平□杨府”。这一发现,排除了墓主为李福之说。若认为是李福之墓阙,应是“李府君福神道”,其封号应是完整的“平阳亭侯”,不可能只取平阳二字,称“平阳府君”。况且“平”与“阳”字并不相连属。更重要的是该阙铭文上的“杨”并非“阳”,说明《隶续》和李调元的《蜀碑记补》都是正确的,而《直隶绵州志》和《四川通志》改“杨”为“阳”是错误的。它不可能是封为平阳亭侯的李福之墓阙。我们从现存的一些铭文较完整的汉代碑刻来看其行文规则。约建于东汉延光年间(122—125)位于四川渠县的冯焕阙,

其铭文是“故尚书侍郎河南京令豫州幽州刺史冯使君神道”。略晚一点的沈府君阙铭文是“汉新丰令交趾都尉沈府君神道”。四川芦山县樊敏碑的题刻是:“汉故领校巴郡太守樊府君碑”。“使君”“府君”在汉代是对州郡长官的尊称,也只有州郡级二千石以上的长官,才有资格死后建墓阙。按这些铭文的惯例,在“府君”之前应为阙主之姓。那么这座阙的主人是谁呢?应当是姓杨名叔的一位汉代郡守。这位郡守做官的地方带一个“平”字,而且这个“平”字应是地名中的第二字,若是第一字是“平”就无官名的位置了。查《后汉书·郡国志》第二字为“平”的郡国只有安平、东平和右北平三处,前二处为“国”,其长官称相,后一处为郡,其长官称太守。右北平太守应排除,因阙枋上没有那么多缺空可安排,故这座汉阙铭文应当是“汉故安(或东)平相杨府君叔神道”,也就是说这位叫杨叔的阙主,曾在安平或东平国作过相。安平在河北,东平在山东,死后为何葬于绵阳?因古人风俗是“叶落归根”,退休后,特别是死后,哪怕千万里也要回归故里。《华阳国志》载:“涪县……大姓杨、杜、李。”杨姓为汉代涪县第一大姓,也就是出了不少当大官的豪强地主。这些大姓都有自己的祖坟山,死后归葬在一起。

总之,“平阳府君阙”确切应称“杨府君阙”或“杨氏阙”,而不是李福的墓阙。

绵阳市境内的三国文化遗存主要集中在蜀道(主要是指古金牛道和阴平道)上。现在蜀道正在向联合国教科文组织申报为人类文化与自然双遗产的工作。在古金牛道和阴平道上,不仅有丰厚的文化遗产,还有秀丽的自然风光,申报为人类文化与自然双重遗产的条件是完全具备的。申遗是为了更好的保护历史文化遗产和自然环境,这必须要处理好保护与开发的关系。现在许多申遗成功的地方已成为旅游热点,如四川的青城山—都江堰、峨眉山—乐山大佛、九寨沟、黄龙等都已成为闻名世界的旅游热点。蜀道开发出来也会成为闻名世界的旅游热点。旅游资源的开发与保护是矛盾对立统一的辩证关系,处理得好可以进入可持续发展的良性循环状态,如果处理得不好,会形成恶性循环,旅游资源会被破坏。在这对矛盾中,矛盾的主要方面是保护,也就是说保护是开发的前提,如旅游资源受到了破坏,还谈得到什么开发。首先把好规划关。严禁没有长远规划的盲目开发。在作开发规划时要把保护旅游资源,美化生态环境放在第一位考虑。严禁建设性的破坏。建筑道路、房屋等旅游基础设施时,要把对环境的破坏减少到最低程度,建筑废渣和一切污染物都要作好处理。对文物的维修绝对禁止“整旧如新”,搞假古董,而要尽可能恢复文物原貌。在原生态保持比较好的地方搞开发,特别要注意人文和自然环境协调,追求”天人合一”的意境,尽可能不破坏原始风貌。现在已经有已申遗成功的地方搞旅游开发,却不注意保护,而被联合国教科文组织黄牌警告,应吸取其教训。

制定规划应主要依靠本地熟悉蜀道的专家。现在有一种“外来和尚会念经”的思维,认为高起点、高水平的规划就一定得请国际知名的外国的专家学者来做。我们有充分的根据说明:洋人不懂中华传统,不肯承认我中华文化的博大精深。搞的规划往往不切实际,甚至歪曲文化内涵。

蜀道开发要注意整体性原则。蜀道上不仅有三国文化遗存,还有其他历史文化遗产,如丝绸文化、李白文化、文昌文化、红色文化等。蜀道也是北方丝绸之路与南方丝绸之路的连接线。现在实现"一带一路"战略,蜀道的重要性是不言而喻的。世界知名的伟大诗人李白出生于阴平道上的青莲,在阴平道和金牛道上留下了著名诗篇和生动的传说故事,也是很宝贵的旅游资源。金牛道上的七曲山大庙是文昌祖庭,吸引着海内外的游人。阴平道也曾经是红军长征走过的地方。所以蜀道的历史文化遗产非常丰厚。蜀道不仅人文旅游资源价值颇高,其自然旅游资源的观赏价值和科学考察价值也很高,可以说是自然与人文旅游资源高度融合统一,有很高的开发价值。

蜀道涉及多个省市区县,目前申遗工作就需要有关省市区县共同努力,争取申遗成功。今后对蜀道的开发与保护更需要有整体观念。现在倡导全域旅游。全域旅游是将特定区域作为完整旅游目的地,将区域的全部旅游资源进行整体规划布局、综合统筹管理、一体化营销推广,促进旅游业全区域、全要素、全产业链发展,实现旅游业全域共建、全域共融、全域共享的发展模式。若以行政区划来开发,条块分割,很可能形成各自为政,不能得到整体的规划、开发和宣传。因此为开发蜀道旅游资源,必须打破行政区划的条块分割,实行全域旅游模式,进行跨行政区域的协作,整体规划布局、综合统筹管理,整体包装,统一宣传、促销,打造出蜀道旅游精品,推向全世界。

(作者工作单位:绵阳师范学院)

罗学论坛暨第二十四届中国《三国演义》学术研讨会综述

苏欣莉

正当深入贯彻执行中共中央办公厅、国务院办公厅印发的《关于实施中华优秀传统文化传承发展工程的意见》和省委、省政府关于加强文化产业和旅游产业发展的意见，迎接党的十九大胜利召开之际，罗学论坛暨第二十四届中国《三国演义》学术研讨会，全国市县三国研究机构第四届学术会议于9月26—28日在清徐县成功举办。此次会议视野开阔、视角多样、纵贯古今、会通文史，为深度挖掘《三国演义》的学术价值、思想价值和社会价值提供了良好的平台和载体，是对贯中文化的又一次深入研究，将罗学研究和《三国演义》学术研究推向了一个新水平，同时极大地提升了清徐地域文化影响力，增强了清徐传统文化软实力。

一、会议筹备

罗学论坛暨第二十四届中国《三国演义》学术研讨会是我县承办的第四次全国《三国演义》研讨会。会议由中国三国演义学会、罗学学会、全国市县《三国演义》研究机构学术会、中共清徐县委、清徐县人民政府共同主办，由清徐县文联、清徐县罗贯中研究会具体承办。大会收到论文75篇，提前编印了《罗学论坛暨第二十四届中国〈三国演义〉学术研讨会论文集》。大会分发了这次学术研讨会议的论文集及《清徐金石文字钞注》《三国戏集成》《我看三国》《我对族史和贯中公的一点粗浅研究》等著作，展现了罗贯中研究的丰硕成果，为学者们提供了丰厚的精神食粮。大会组委会经过前期周密筹划，县委举行了三次专题协调会议，在全体人员的共同努力下，会议如期圆满举行。

二、会议内容

罗学论坛暨第二十四届中国《三国演义》学术研讨会由开幕式、三个交流研讨会、一个座谈会与闭幕式四大部分组成，并形成了《清徐共识》，充分展示了专家学者的新视角，收获了对罗学研究与三国文化研究的最新成果，是一次全国性的高规格、高水平会议。

9月27日上午，研讨会开幕式在我县紫林醋业隆重举行，会议宣读了罗学学会会长、中国三国演义学会名誉会长刘世德先生的贺信，县委书记王琳玉致欢迎词，复旦大学出版社总编辑王卫东发言，中国三国演义学会会长关四平致辞并发表主旨演讲。开幕式由中国三国演义学会副会长范光耀主持，中国三国演义学会名誉副会长胡世厚、齐裕焜，副会长郑铁生、杜贵晨、卫绍生、王玉国、王益庸，中共清徐县委副书记、代县长王剑峰，县委副书记邢蕴武等出席会议，来自全国23个省市区的100余位专家学者参加了开幕式。开幕式结束后，与会专家学者在紫林醋业参观了刚刚开馆的“三晋醋苑”及食醋生产工艺流程，随后赴三晋奇石馆进行参观。

9月27日下午，“三国演义研究”“罗学与罗贯中文化研究”“市县三国研究及文化传承交流”三个研讨会场同时分别进行，研讨会紧凑、高效、富有成果。全国市县三国研究机构第四届学术会议各组成单位为清徐罗贯中文化产业园建言献策。

9月27日晚上在县政府多功能厅举行了《三国戏曲集成》与《罗学》编辑出版总结座谈会，学会领导及戏曲研究与爱好者30余人参加座谈会，大家对《三国戏曲集成》的出版与《罗学》会刊的发行给予了高度评价。

9月28日上午，罗学论坛暨第二十四届中国《三国演义》学术研讨会举行全体会议，会议第一阶段，由傅承洲、卫绍生、王益庸分别代表第一、二、三会场向大会报告各自学术讨论的情况。会议第二阶段，进行大会学术发言，胡世厚、傅承洲、杜贵晨、张蕊青、周文业、石麟等专家学者分别发表了自己的研究成果，给与会者以不同角度的启发，受到大家的欢迎，提升了研讨会的学术层次。第三阶段，罗学论坛暨第二十四届中国《三国演义》学术研讨会举行闭幕式，闭幕式由副会长范光耀主持，名誉副会长胡世厚，副会长杜贵晨、卫绍生、王益庸出席。中国三国演义学会副会长兼秘书长郑铁生作会议总结，副会长王玉国宣读《清徐共识》，中共清徐县委副书记邢蕴武讲话，中国三国演义学会会长关四平致闭幕词。闭幕式上还举行了全国市县三国研究机构学术会议会旗交接仪式，确定第五届市县三国演义研究机构学术研讨会将于2018年在杭州举行。

三、会议成果

1.《三国演义》研究、罗贯中研究及文化内涵的挖掘与传承方面都有了新内容、新观点，取得了新进展。大会收到的论文，研究内容涉及《三国演义》和罗贯中文化研究的多个方面，形成了多内容、多视角的格局，规模之大、论文之多、质

量之高、成果之丰，都达到了近年来国家级学会主办的学术会议的一流水准。这些论文从不同角度提出了许多新观点、新成果。《三国演义》"上报国家，下安庶民"的主题就是儒家民本思想的集中体现，也是罗贯中创作思想的深刻内涵。罗贯中将其形象化、艺术化体现在《三国演义》之中，这为我们研究阐述罗贯中文化指明了方向。经过各位专家学者的研讨发言，从文化研究的角度，界定了三国文化研究应包括《三国演义》学术体系研究、《三国演义》物质文化与非物质文化的研究范畴。通过文化理论的阐述，阐明了三国文化与罗贯中文化之间既相互联系又各有侧重，从文化理论的高度厘清了三者之间的关系，为我们界定《三国演义》文化研究范畴，深化对三国文化与贯中文化的研究，为挖掘和传承中华优秀传统文化，厘清关系，厘清文路，起到了极大的指导作用。

2. 将全国市县三国研究机构年会与第二十四届中国《三国演义》学术研讨会结合起来举办，是一个创举。2014 年"全国市县三国研究机构学术会议"在镇江创立以来，取得了很大的成绩。此次，清徐将全国和地市级《三国演义》研究的队伍集中到一起组织会议，上下结合开展研究，形成了合力，壮大了队伍，促进了相互学习，提高了会议质量。将两个会议有机结合、合并召开，创立了一个新的模式，是继"镇江共识"之后又一个创新点，大会形成的《清徐共识》，今后要将穿插安排会议的经验推广开来，把中国《三国演义》学术研究推向了一个新阶段。关四平会长闭幕式总结发言时说，这次会议很成功，达到了国家级学会主办学术会议应有的学术层次。

3.《罗学》及《三国戏集成》对于研究罗贯中及《三国演义》、传承中华优秀传统文化有着极其重要的作用。会议专设了《罗学》及"《三国戏集成》座谈会"，对编辑出版第五期中国三国演义学会的会刊《罗学》和清徐罗研会与上海复旦大学出版社合作出版的《三国戏集成》编辑发行进行了座谈讨论。学者们一致认为《罗学》的出版发行意义重大，《罗学》是学者们相互交流学术的大舞台，共刊登优秀论文 120 余篇。它不仅展示了学者们对罗贯中文化研究的新成果，传承了中华优秀传统文化，也极大地增强了我们对中华优秀传统文化自信心，是继《红学》之后的又一文化奇葩。《三国戏集成》的出版发行耗费了编者们极大的心血，是一项浩大的文化工程，填补了戏剧史编辑的空白，是国家文库的瑰宝，对于深入研究罗贯中及罗贯中文化，挖掘和传承中华优秀传统文化将发挥不可低估的作用。

4. 清徐是一个有着深厚且丰富的罗贯中文化资源的县区，应当突出特色，可以建设罗贯中文化产业园。大会对三国文化研究新理论的建立，对罗贯中文化、《三国演义》的传承与保护进行了深入的探讨与研究，研究保护传承中华优秀传统文化是义不容辞的责任。随着社会的进步，全国各地依托当地人文、文化资源优势，与旅游业紧密结合，建立文化产业园的新模式取得了成功的经验，值

得推广开来。清徐县依托当地人文优势、文化底蕴深厚的优势,建设罗贯中文化产业园的设想成为大会的热议话题,并形成了大会的共识。大会建议清徐积极借鉴许昌、舒城、镇江、富阳等地运用自身三国文化资源,建立三国文化产业园的先进经验,在清徐建立罗贯中文化产业园,既能达到保护传承优秀传统文化的目的,提高人民群众的思想境界,拓宽知识视野,增加文化自信,又能促进经济的发展和社会事业的全面进步。

5.县委县政府高度重视文化建设得到了与会专家学者的一致好评。这次大会能有如此丰硕的成果,主要在于县委县政府的高瞻远瞩和强有力的支持。县委县政府贯彻中共中央办公厅、国务院办公厅印发的《关于实施中华优秀传统文化传承发展工程的意见》和省委、省政府关于加强文化产业和旅游产业发展的意见,高度重视本次会议的召开,这是把当地的文化建设工作摆在了重要位置的具体体现。县委书记王琳玉、代县长王剑峰、副书记邢蕴武出席会议并发表讲话,这是尊重知识、尊重人才、重视文化的体现,特别是把建设罗贯中文化产业园的想法提到了大会上,认真听取专家学者的意见,得到了与会专家学者的高度赞扬:“文化产业发展需要这样的县委、政府领导者,清徐的经济社会的发展必将会迎来更好的明天,清徐这一经验我们希望能够推广开来。”

四、下一步打算

今后,要进一步挖掘、提升罗学和中国《三国演义》研究的水平,不断提高罗学研究和《三国演义》学术研究的质量和档次;弘扬与传承中华优秀传统文化,积极支持、参与三国文化和罗贯中文化产业园的建设。同时,办好中国三国演义学会的会刊——《罗学》,不断提高学术质量,不断扩大学术影响,不断提高学术档次,推动罗学研究和中国《三国演义》研究取得新发展,为我县做好贯中文化的研究传承、开发利用和宣传推介,打造创新活力之城,美丽幸福清徐提供强大的文化支撑。

清徐共识

罗学论坛暨第二十四届中国《三国演义》学术研讨会、全国市县三国研究机构第四届学术会议于2017年9月26日至28日在清徐举行，经过会议集体讨论，达成《清徐共识》如下：

一、罗学研究和中国《三国演义》研究都是挖掘、提升、传承中华优秀传统文化的有机组成部分。2017年1月，中共中央办公厅、国务院办公厅印发了《关于实施中华优秀传统文化传承发展工程的意见》，对于我们学会具有重要的意义。为此，要明确中华优秀传统文化与罗学·三国文化的关系；要从罗学和《三国演义》的内涵中解析、阐释、宣传中华优秀传统的成分；要深入研究《三国演义》学术体系；要积极参与保护和利用三国历史文化遗产，加强三国物质文化和三国非物质文化的开发利用。

二、创造条件、积极筹办中国三国演义学会的全国性学术研讨会，不断提高罗学研究和《三国演义》学术研究的质量和档次。“全国市县三国研究机构学术会议”在镇江创立以来，取得了很大的成绩。此次，清徐将两个会议有机结合、合并召开，创立了一个新的模式，是继“镇江共识”之后又一个创新点，今后要将穿插安排会议的经验推广开来。

三、积极支持、参与三国文化和罗贯中文化产业园的建设。许昌、舒城、镇江、富阳等地运用自身三国文化资源，建立了三国文化产业园。我们认为清徐是一个有着深厚且丰富的罗贯中文化资源的县区，应当突出特色，建设罗贯中文化产业园。

以上“清徐共识”，我们要共同努力，互相借鉴，推动罗学研究和中国《三国演义》研究取得新发展！

秘书处

2017年9月28日

中国三国演义学会“2018《三国演义》高端论坛”会议综述

2018年6月29日至7月1日，中国三国演义学会“2018《三国演义》高端论坛”会议在湖北省黄石湖北师范大学文学院举行。参加研讨会的代表来自北京、黑龙江、山西、江苏、河南、浙江、湖北、广东等省市，还有湖北师范大学文学院青年教师、硕士研究生等共计三十余人。收到论文基本上都是围绕会议邀请函中提议的“如何使《三国演义》研究与传承中国传统文化大战略相结合”“对《三国演义》蕴含的传统文化方方面面的新阐释”“当代制约《三国演义》研究的瓶颈问题”这三个方面而展开的。

开幕式由中国三国演义学会副会长兼秘书长郑铁生教授主持。湖北师范大学文学院院长景遐东教授致欢迎辞。景院长对远道而来的专家学者表示热烈欢迎，对中国三国演义学会在学术界的重要地位进行了充分肯定，对能够承办此次会议深表荣幸。他还向代表介绍了湖北师范大学尤其是文学院的发展历史和中国语言文学学科的建设历程与所取得的成绩，同时还介绍了黄石市的自然景观与人文景观，并预祝大会圆满成功。接着中国三国演义学会会长关四平教授致辞。关会长代表中国三国演义学会及与会学者向湖北师范大学文学院表示感谢，并简介了中国三国演义学会班子换届以来对学术的开拓，一方面继续两年组织和召开一次全国性的《三国演义》学术研讨活动，另一方面每年召开地方性全国市县三国研究机构的学术活动，把《三国演义》与三国文化从下至上蓬勃开展起来，既有深度又有广度，不断提升学术品格。同时学会还主抓大型的基础性的学术研究，并取得重大成果，今年将由复旦大学出版社出版国家重点科研项目八卷十二本精装的《三国戏曲集成》，囊括了元明清三国戏曲，其文献价值是不可估量的。

高端论坛举行第一场发言讨论，继续由郑铁生教授主持。扬州大学文学院博士生导师董国炎教授做了题为《谈书场叙事的阐述特点和艺术魅力——以扬州评话〈火烧赤壁〉“关羽施威”为例》的发言，江苏第二师范学院文学院院长冯保善教授做了题为《昭往昔盛衰，寓褒贬训诫：〈三国志通俗演义〉创作命意蠡测》的发言，中国三国演义学会副会长、清徐县罗贯中研究会会长范光耀先生做

了题为《浅谈三国文化产业园的建设》的发言，中国三国演义学会会长、哈尔滨师范大学文学院博士生导师关四平教授做了题为《张昭形象与历史原型比较论—兼及历史小说史料取舍问题》的发言，许昌学院学报编辑部李俊恒教授做了题为《"忠义"观的赞歌——对〈三国演义〉"忠义"观的重新审视》的发言，武汉大学文学院博士生导师鲁小俊教授做了题为《"泛谋略化"与"去诗心化"：以谋略学为中心的〈三国演义〉应用研究的理论误区》的发言，许昌学院文学与传媒学院马宝记教授做了题为《〈三国演义〉与文化传承、开发》的发言，湖北师范大学文学院石麟教授做了题为《三方君主的"疑""信"与鼎足之势形成的多重矛盾—兼论〈三国演义〉"赤壁之战"发生地》的发言，中国三国演义学会副会长、杭州市三国水浒学会会长王益庸先生做了题为《三国时期书法概略》的发言，中国《三国演义》学会副会长、副秘书长、镇江《三国演义》学会会长王玉国先生做了题为《读〈三国演义〉，讲道德文明》的发言。

高端论坛第二场发言由石麟教授主持。广州大学人文学院院长、中国三国演义学会副秘书长纪德君教授做了题为《〈三国演义〉文化精神的时代观照》的发言，清徐县罗贯中研究会副会长康守勤先生做了题为《浅议传承发展罗贯中文化》的发言，太原师范学院文学院王增斌教授做了题为《比"戏说"更严重的是学术研究中的小说家思维——评浦玉生先生〈湖海散人罗贯中传〉》的发言，中国三国演义学会副会长、河南省社会科学院文学研究所卫绍生研究员做了题为《略论〈三国演义〉的春秋笔法》的发言，中国三国演义学会副会长、秘书长、天津外国语大学郑铁生教授做了题为《日本民间对〈三国演义〉认知的跨文化研究》的发言，首都师范大学周文业教授做了题为《〈三国演义〉主要版本比对本—解决〈三国演义〉版本研究瓶颈的有力工具》的发言，中州古籍出版社副总编、编审马达先生提交了题为《论三国演义研究的各个层面——评郑铁生的新作〈三国论稿〉》的发言。此外，尚有因故未及到会的《明清小说研究》编辑部主编、江苏省社会科学院文学研究所徐永斌研究员提交了题为《从〈三国演义〉中孙策处斩于吉事看中国早期道教在江东的发展》的书面发言。

主持人针对发言者的论题，进行了简明扼要的评点，与会者也针对某些发言和相关问题进行了讨论和争鸣。有的专家认为，目前《三国演义》研究的瓶颈问题主要有研究队伍、文献资料、研究方法、文本与文化的结合点等方面。有的专家认为要重视域外的三国文化研究，要注意本体研究与文化应用研究之间的有机结合。有的专家认为《三国演义》的研究要拓宽思路，做到文献、文学、文化三者的相互渗透、有机结合。有的专家认为由《三国演义》研究扩展到"罗学"研究，对罗贯中相关的其他作品《水浒传》《三遂平妖传》《残唐五代史演义传》《隋唐两朝志传》《宋太祖龙虎风云会》都要深入研究。专家们还就如何撰写诸如罗贯中、施耐庵这样的小说作者的传记问题进行了热烈的争鸣。

会议召开了中国三国演义学会常务理事扩大会，形成了三项决议:(一)郑铁生教授担任中国三国演义学会常务副会长兼秘书长。(二)增补湖北师范大学石麟教授为中国三国演义学会副会长。(三)增补舒城周瑜文化研究会执行会长李卫生为中国三国演义学会副秘书长。同时，广州大学人文学院院长、中国三国演义学会副秘书长纪德君教授宣布承办2019年第二十五届全国《三国演义》研讨会的相关事宜。

“2018《三国演义》高端论坛”的与会者一致认为这是一次成功的学术研讨会，首都师范大学周文业教授会后撰写述评，他认为这次会议举办得很成功，并强调中国三国演义学会领导班子很团结，对未来《三国演义》以及“三国文化”的研究具有积极的指导和引领作用。

(学会秘书处)

图书在版编目(CIP)数据

罗学.第六辑 / 胡世厚,郑铁生主编.
—郑州:中州古籍出版社,2018.10
ISBN 978-7-5348-8080-3

Ⅰ.①罗… Ⅱ.①胡…②郑… Ⅲ.①罗贯中(约1330-约1400)-人物研究-文集 Ⅳ.①K825.6-53

中国版本图书馆CIP数据核字(2018)第247366号

出 版 社:中州古籍出版社
(地址:郑州市经五路66号 邮编:450002)
发行单位:新华书店
承印单位:山西润金容印业有限公司
开 本:710mm×1000mm 1/16
印 张:17
字 数:300千字
印 数:1—1200册
版 次:2018年10月第1版
印 次:2018年10月第1次印刷

定 价:50.00元
本书如有印装质量问题,由承印厂负责调换。

图书在版编目(CIP)数据